Abhandlungen zum schweizerischen Recht · Heft 574

Markus Dill Die staatsrechtliche Beschwerde wegen Verletzung der
Gemeindeautonomie

D1640278

Abhandlungen zum schweizerischen Recht

Neue Folge

Begründet von † Prof. Dr. Max Gmür
Fortgesetzt durch † Prof. Dr. Theo Guhl
und † Prof. Dr. Hans Merz

Herausgegeben von

Dr. Heinz Hausheer

Professor an der Universität Bern

VERLAG STÄMPFLI+CIE AG BERN · 1996

Markus Dill

Dr. iur.

Die staatsrechtliche Beschwerde wegen Verletzung der Gemeindeautonomie

VERLAG STÄMPFLI+CIE AG BERN · 1996

Berner Dissertation

©
Verlag Stämpfli+Cie AG Bern · 1996
Druck- und Buchbinderarbeiten Stämpfli+Cie AG,
Graphisches Unternehmen, Bern
Printed in Switzerland
ISBN 3-7272-0220-3

VORWORT

Allen, welche mich bei der Ausfertigung der vorliegenden Arbeit unterstützt haben, möchte ich herzlich danken. Mein besonderer Dank geht an Herrn Professor Dr. Walter Kälin, der die Arbeit betreut und durch seine wertvollen Anregungen zu ihrem Gelingen beigetragen hat.

Rechtsprechung und Literatur sind bis Juli 1995 berücksichtigt worden.

St. Gallen, im Oktober 1995   Markus Dill

INHALTSUEBERSICHT

INHALTSVERZEICHNIS

XVI

LITERATURVERZEICHNIS

ACHTERBERG, Norbert: Die Bedeutung des Rechtsverhältnisses für die Grundrechtssubjektivität von Organisationen, in Gedächtnisschrift für Friedrich Klein, München 1977, 1ff.

AUBERT, Jean-François: Traité de droit constitutionnel suisse, *Supplément* 1967-1982, Neuenburg 1982.
- Bundesstaatsrecht der Schweiz, Fassung von 1967, Neubearbeiteter Nachtrag bis 1994, Band *II*, Basel/Frankfurt a.M. 1995.

AUER, Andreas: Die schweizerische Verfassungsgerichtsbarkeit, Basel 1984.

BAUMANN, Margrit: Die Legitimation des Gemeinwesens zur staatsrechtlichen Beschwerde, (Diss. Zürich), Winterthur 1955.

BERTOSSA, Francesco: Der Beurteilungsspielraum, Diss. Bern 1984.

BETHGE, Herbert: Grundrechtsträgerschaft juristischer Personen, Zur Rechtsprechung des Bundesverfassungsgerichts, in AöR 1979, 54ff.

BETTERMANN, Karl August: Juristische Personen des öffentlichen Rechts als Grundrechtsträger, in NJW 1969, 1321ff.

BIRCHMEIER, Wilhelm: Handbuch des Bundesgesetzes über die Organisation der *Bundesrechtspflege*, Zürich 1950.
- Ueber die *Legitimation* des Staates, der Gemeinde und der Behörden zur staatsrechtlichen Beschwerde an das Bundesgericht, in ZBl 1950, 121ff.

BLECKMANN, Albert: Allgemeine Grundrechtslehren, Köln 1979.

BOECKENFOERDE, Ernst-Wolfgang: Grundrechtstheorie und Grundrechtsinterpretation, in NJW 1974, 1529ff.

BUSCHOR, Ernst: Die europäische Charta der kommunalen Selbstverwaltung, in ZBl 1982, 97ff.

BRIDEL, Marcel: Précis de droit constitutionnel et public suisse, Band 1, Lausanne 1965.

BUETIKOFER, Gottfried: Die Rechtssetzungsbefugnis der Gemeinden, Ein Beitrag zur Lehre von der Gemeindeautonomie unter besonderer Berücksichtigung des zürcherischen Rechts, Diss. Zürich 1950.

BURMEISTER, Joachim: Verfassungstheoretische Neukonzeption der kommunalen Selbstverwaltungsgarantie, München 1977.

DAHINDEN, Philippe: Le partage des compétences entre l'Etat et la commune en droit suisse, Diss. Lausanne 1979.

DREIER, Ralf: Zur Grundrechtssubjektivität juristischer Personen des öffentlichen Rechts, in Oeffentliches Recht und Politik, Festschrift für Hans Ulrich Scupin, Berlin 1973, 81ff.

DUELP, Heinrich: Die Voraussetzungen, unter denen sich juristische Personen des öffentlichen Rechts auf Grundrechte berufen können, in ZBl 1964, 481ff, 513ff.

EICHENBERGER, Kurt: Verfassung des Kantons Aargau, Textausgabe mit Kommentar, Aarau 1986.

FAGAGNINI, Hans Peter: Kanton und Gemeinden vor ihrer Erneuerung, St. Galler Studien zur Politikwissenschaft, Band 2, Bern 1974.

FLEINER-GERSTER, Thomas: Grundzüge des allgemeinen und schweizerischen Verwaltungsrechts, 2. Aufl., Zürich 1980.

GADOLA, Attilio R.: Der Genehmigungsentscheid als Anfechtungsobjekt in der Staats- und Verwaltungsrechtspflege, in AJP 1993, 290ff.

GEIGER, Willi: Die Gemeindeautonomie und ihr Schutz nach schweizerischem Recht, Veröffentlichungen der Handels-Hochschule St.Gallen, Reihe A, Heft 24, Zürich/ St.Gallen 1950.

GHIRINGHELLI, Stefano: La legittimazione ricorsuale giusta l'art. 88 OG tra diritto materiale e diritto processuale, in Verfassungsrechtsprechung und Verwaltungsrechtsprechung, Zürich 1992, 265ff.

GIACOMETTI, Zaccaria: Die *Verfassungsgerichtsbarkeit* des Schweizerischen Bundesgerichts, Zürich 1933.
- Das *Staatsrecht* der schweizerischen Kantone, Zürich 1979 (unveränderter Nachdruck der Ausgabe 1941).

GLAUS, Pius: Konzeption der Gemeindeautonomie mit besonderer Darstellung der Autonomie der sanktgallischen Gemeinde, Diss. Zürich 1984.

GRISEL, André: Traité de droit administratif, Band 1, Neuenburg 1984.

GYGI, Fritz: *Bundesverwaltungsrechtspflege*, 2. Aufl., Bern 1983.
- Freie und beschränkte *Prüfung* im staatsrechtlichen Beschwerdeverfahren, in Recht als Prozess und Gefüge, Festschrift für Hans Huber, Bern 1981, 191ff.
- *Verwaltungsrecht*, Bern 1986.
- Zur bundesgerichtlichen *Kognition* im staatsrechtlichen Beschwerdeverfahren wegen Verletzung verfassungsmässiger Rechte, in ZBl 1985, 97ff.

HAEFELIN, Ulrich/HALLER, Walter: Schweizerisches Bundesstaatsrecht, 3. Aufl., Zürich 1993.

HAEFELIN, Ulrich/MUELLER, Georg: Grundriss des Allgemeinen Verwaltungsrechts, 2. Aufl., Zürich 1993.

HANGARTNER, Yvo: *Rechtsstellung* der Gemeinden, in: Das neue st. gallische Gemeindegesetz, Veröffentlichungen des Schweizerischen Instituts für Verwaltungskurse an der Hochschule St. Gallen, Band 15, St. Gallen 1980, 25ff.
- Grundzüge des schweizerischen Staatsrechts, 2. Band: *Grundrechte*, Zürich 1982.

- Neuere *Entwicklungen* der Gemeindeautonomie, in ZBl 1983, 521ff.
- *Rechtsetzung* durch Gemeinden, in Aktuelle Probleme des Staats- und Verwaltungsrechts, Festschrift für Otto K. Kaufmann, Bern 1989, 209ff.
- Verfassungsmässige *Rechte* juristischer Personen des öffentlichen Rechts, in Festschrift für Ulrich Häfelin, Zürich 1989, 111ff.

HENDLER, Reinhard: Das Prinzip Selbstverwaltung, in Handbuch des Staatsrechts der Bundesrepublik Deutschland, Band IV, Heidelberg 1990, 1133ff.

HEINZE, Christian: Die Verfassungsbeschwerde der Selbstverwaltungskörperschaften nach Bundesrecht, in BayVBl 1970, 7ff.

HINDEN, Jakob: Die Legitimation zur staatsrechtlichen Beschwerde, Art. 88 OG, Diss. Zürich 1961.

HUBER, Hans: Der *Kompetenzkonflikt* zwischen dem Bund und den Kantonen, Diss. Bern 1926.
- Die Staats- und verwaltungsrechtliche *Rechtsprechung* des Bundesgerichts im Jahre 1963, in ZBJV 1964, 389ff.

IMBODEN, Max: Gemeindeautonomie und Rechtsstaat, in Demokratie und Rechtsstaat, Festgabe zum 60. Geburtstag von Zaccaria Giacometti, Zürich 1953, 89ff.

IMBODEN, Max/RHINOW, René: Schweizerische Verwaltungsrechtsprechung, 2 Bände, 6. Aufl., Basel/Frankfurt a.M. 1986.

JAAG, Tobias: Die Gemeindeaufsicht im Kanton Zürich, in ZBl 1993, 529ff.

JAGMETTI, Riccardo: Die Stellung der Gemeinden, in ZSR 1972 II 225ff.

KAELIN, Walter: *Chancen* und Grenzen kantonaler Verfassungsgerichtsbarkeit, in ZBl 1987, 233ff.
- *Verfassungsgerichtsbarkeit* in der Demokratie, Funktionen der staatsrechtlichen Beschwerde, Bern 1987.
- Die *Legitimation* zur staatsrechtlichen Beschwerde - Neuere Entwicklungen der bundesgerichtlichen Rechtsprechung, in ZBJV 1988, 169ff.
- Das *Verfahren* der staatsrechtlichen Beschwerde, 2. Aufl., Bern 1994.

KARLEN, Peter: Planungspflicht und Grenzen der Planung, Insbesondere bezüglich der Nutzung leerstehenden Gebäudevolumens ausserhalb des grossräumigen Siedlungsgebiets, in ZBJV 1994, 117ff.

KENNEL, Adrian: Die Autonomie der Gemeinden und Bezirke im Kanton Schwyz, Diss. Zürich 1989.

KIRCHHOFER, Emil: Ueber die Legitimation zum staatsrechtlichen Rekurs, in ZSR 1936, 136ff.

KNAPP, Blaise: Grundlagen des Verwaltungsrechts, Band *I*, Basel/Frankfurt a.M. 1992.
- Grundlagen des Verwaltungsrechts, Band *II*, Frankfurt a.M. 1993.

KOELZ, Alfred: Die *Beschwerdebefugnis* der Gemeinde in der Verwaltungsrechtspflege, in ZBl 1977, 97ff.

- Die *Legitimation* zur staatsrechtlichen Beschwerde und das subjektive öffentliche Recht, in Mélanges André Grisel, Neuenburg 1983, 739ff.
- Neuere schweizerische *Verfassungsgeschichte*, Bern 1992.

KUTTLER, Alfred: Zum Schutz der Gemeindeautonomie in der neueren bundesgerichtlichen Rechtsprechung, in Verfassungsrechtsprechung und Verwaltungsrechtsprechung, Zürich 1992, 45ff.

LEVI, Robert: Verfahrensrechtliche Aspekte der staatsrechtlichen Beschwerde, in SJZ 1980, 237ff.

LIVER, Peter: Gemeinderecht, in ZBl 1949, 40ff.

MACHERET, Augustin: La qualité pour recourir: clef de la jurisdiction constitutionnelle et administrative du Tribunal Fédéral, in ZSR 1975 II 131ff.

MARTI, Hans: *Probleme* der staatsrechtlichen Beschwerde, in ZSR 1962 II 1ff.
- Die staatsrechtliche *Beschwerde*, 4. Aufl., Basel/Stuttgart 1979.

MATTER, Hans Peter: Die Legitimation der Gemeinde zur staatsrechtlichen Beschwerde, Abhandlungen zum schweizerischen Recht, Heft 370, Bern 1965.

MEYLAN, Jean: Problèmes actuels de l'autonomie communale, in ZSR 1972 II 1ff.

MOOR, Pierre: La *garantie* de l'autonomie communale, in Revue du droit Public et de la science Politique en France et à l'étranger 1974, 1629ff.
- Droit administratif, Band *II*: Les actes administratifs et leur contrôle, Bern 1991.
- Droit administratif, Band *III*: L'organisation des activités administratives, Les Biens de l'Etat, Bern 1992.

MUELLER Georg: Interessenabwägung im Verwaltungsrecht, in ZBl 1972, 337ff.

MUELLER, Jörg Paul: Die *Verfassungsgerichtsbarkeit* im Gefüge der Staatsfunktionen, in VVDStRL 39, Berlin/New York 1981, 53ff.
- *Elemente* einer schweizerischen Grundrechstheorie, Bern 1982.
- Die *Grundrechte* der schweizerischen Bundesverfassung, 2. Aufl., Bern 1991.

NAWIASKY, Hans: Grundbegriffe der Gemeindeautonomie, in: Die Gemeindeautonomie, Veröffentlichungen der Schweizerischen Verwaltungskurse an der Handels-Hochschule St.Gallen, Band 6, Einsiedeln/Köln 1946, 14ff.

PFISTERER, Thomas: Die verfassungsrechtliche *Stellung* der aargauischen Gemeinden bei der Erfüllung der öffentlichen Aufgaben, St. Gallen 1983.
- Die neuere *Entwicklung* der Gemeideautonomie, insbesondere im Kanton Aargau, in ZBJV 1989, 1ff.

PIGUET, Jean-Michel: La jurisprudence du Tribunal fédéral suisse en matière d'autonomie communale: une "charte prétorienne" de l'autonomie locale, in RDAF 48/1992, 145ff.

REINHARDT, Fritz: Die Gemeindeautonomie nach solothurnischem Recht, Diss. Zürich 1934.

RHINOW, René: *Grundrechtstheorie*, Grundrechtspolitik und Freiheitspolitik, in Festschrift Hans Huber, Bern 1981, 427ff.
- Oeffentliche *Prozessrecht*, Basel/Frankfurt a.M. 1994.

RHINOW, René/KRAEHENMANN, Beat: Schweizerische Verwaltungsrechtsprechung, Ergänzungsband (s. Imboden/Rhinow), Basel/Frankfurt a.M. 1990.

RICHTER, Ingo/SCHUPPERT Gunnar: Casebook Verfassungsrecht, München 1987.

SALADIN, Peter: *Bemerkungen* zur schweizerischen Rechtsprechung des Jahres 1967, in ZSR 1968 I 603ff.
- *Grundrechte* im Wandel, 3. Aufl., Bern 1982.

SCHAFFHAUSER, René: Die direkte *Demokratie* in den komplexen Formen der Gemeindeorganisation, Diss. St. Gallen 1978.
- Zur *Konzeption* der Gemeindeautonomie im schweizerischen Recht, in Oesterreichische Gemeinde-Zeitung, Heft 20, Wien 1979, 463ff.

SCHINDLER, Dietrich: Schweizerischer und europäischer Föderalismus, in ZBl 1992, 193ff.

SCHOLLER, Heinrich/BROSS, Siegfried: Grundrechtsschutz für juristische Personen des öffentlichen Rechts, in DöV 1978, 238ff.

SCHUERMANN, Leo/HAENNI, Peter: Planungs-, Bau- und besonderes Umweltschutzrecht, 3. Aufl., Bern 1995.

SPUEHLER, Karl: Der *Rechtsschutz* von Privaten und Gemeinden im Raumplanungsrecht, in ZBl 1989, 97ff.
- Die *Praxis* der staatsrechtlichen Beschwerde, Bern 1994.

STEINLIN, Christoph: Eidgenössische und kantonale Raumplanungskompetenzen, Eine Untersuchung zur Rechtssetzung im Rahmen von Art. 22quater der Bundesverfassung, Zürich 1978.

STERN, Klaus: Das Staatsrecht der Bundesrepublik Deutschland, Band III/1: Allgemeine Lehren der Grundrechte, München 1994.

THUERER, Daniel: *Bund* und Gemeinden, Berlin u.a. 1986.
- Schweizerische *Gemeindeautonomie* und die Europäische Charta der kommunalen Selbstverwaltung, in Aktuelle Probleme des Staats- und Verwaltungsrechts, Festschrift für Otto K. Kaufmann, Bern 1989, 221ff.

THUERER, Georg: Geschichtliche Entwicklung der Gemeindeautonomie in der Schweiz, in: Die Gemeindeautonomie, Veröffentlichungen der Schweizerischen Verwaltungskurse an der Handels-Hochschule St. Gallen, Band 6, Einsiedeln/Köln 1946, 27ff.

WALTHARD, Rudolf: Die Gliederung der Gemeinden im schweizerischen Recht nach ihren Zwecken, Diss. Bern 1924.

ZIMMERLI, Ulrich: Die neuere bundesgerichtliche *Rechtsprechung* zur Gemeindeautonomie, in ZBl 1972, 257ff.
- Der Grundsatz der *Verhältnismässigkeit* im öffentlichen Recht, in ZSR 1978 II 1ff.

- *Gemeinden,* in Handbuch des bernischen Verfassungsrechts, Bern/ Stuttgart/Wien 1995, 195ff.

ZULEEG, Manfred: Hat das subjektive öffentliche Recht noch eine Daseinsberechtigung?, in DVBl 1976, 509ff.

ZWAHLEN, Henri: L'autonomie communale à la lumière de la jurisprudence récente du Tribunal fédéral suisse, in Mélanges Marcel Bridel, Lausanne 1968, 631ff.

Weitere Literaturangaben in den Fussnoten des Textes.

ABKUERZUNGS- UND QUELLENVER-
ZEICHNIS

a.a.O.	am angegebenen Ort
AGVE	Aargauische Gerichts- und Verwaltungsentscheide
AJP	Aktuelle juristische Praxis
a.M.	anderer Meinung
AöR	Archiv des öffentlichen Rechts (BRD)
AS	Amtliche Sammlung der Bundesgesetze und Verordnungen
ASA	Archiv für Schweizerisches Abgaberecht
BayVBl	Bayerisches Verwaltungsblatt (BRD)
BBl	Bundesblatt der Schweizerischen Eidgenossenschaft
BGE	Entscheidungen des schweizerischen Bundesgerichts
BV	Bundesverfassung der schweizerischen Eidgenossenschaft vom 29. Mai 1874
BVerfGE	Entscheidungen des Bundesverfassungsgerichts (BRD)
BVerfGG	Gesetz über das Bundesverfassungsgericht vom 12. Dezember 1985 (BRD)
B-VG	Bundesverfassungsgesetz (A)
BZP	Bundesgesetz über den Bundeszivilprozess vom 4. Dezember 1947
DöV	Die Oeffentliche Verwaltung (BRD)
DVBl	Deutsches Verwaltungsblatt (BRD)
E.	Erwägung
EJPD	Eidgenössisches Justiz- und Polizeidepartement
EMRK	Europäische Menschenrechtskonvention vom 4. November 1950
ExpertBer.	Bericht der Expertenkommission für die Vorbereitung einer Totalrevision der Bundesverfassung 1977
ExpertEntw.	Verfassungsentwurf der Expertenkommission für die Vorbereitung einer Totalrevision der Bundesverfassung 1977
Fn	Fussnote
GG	Grundgesetz für die Bundesrepublik Deutschland vom 23. Mai 1949

GVG	Bundesgesetz über den Geschäftsverkehr der Bundesversammlung sowie über die Form, die Bekanntmachung und das Inkrafttreten ihrer Erlasse (Geschäftsverkehrsgesetz) vom 23. März 1962
GVP	Gerichts- und Verwaltungspraxis
Hrsg./hrsg.	Herausgeber/herausgegeben
Kommentar BV	Kommentar zur Bundesverfassung der Schweizerischen Eidgenossenschaft vom 29. Mai 1874, hrsg. von Jean-François Aubert u.a., Basel/Zürich/Bern 1987ff.
KV	Kantonsverfassung
m.w.V.	mit weiteren Verweisen
N	Note
NJW	Neue Juristische Wochenschrift (BRD)
n.p.	nicht publiziert
NZZ	Neue Zürcher Zeitung
OG ge	Bundesgesetz über die Organisation der Bundesrechtspflege vom 16. Dezember 1943
Pra	Die Praxis des Bundesgerichts
PTT	Post-, Telefon- und Telegrafenbetriebe
RDAF	Revue de droit administratif et de droit fiscal
RPG	Bundesgesetz über die Raumplanung vom 22. Juni 1979
RPV	Verordnung über die Raumplanung vom 2. Oktober 1989
SJZ	Schweizerische Juristenzeitung
SR	Systematische Sammlung des Bundesrechts
UebBest.	Uebergangsbestimmung
VVDStRL	Veröffentlichungen der Vereinigung deutscher Staatsrechtslehrer (BRD)
VwVG	Bundesgesetz über das Verwaltungsverfahren vom 20. Dezember 1968
ZBJV	Zeitschrift des Bernischen Juristenvereins
ZBl	Schweizerisches Zentralblatt für Staats- und Gemeindeverwaltung
ZSR	Zeitschrift für Schweizerisches Recht

Die Kantone werden mit den üblichen Abkürzungen bezeichnet.

EINLEITUNG

Die schweizerischen Gemeinden gelten als "Selbstverwaltungskörperschaften". Sie bilden, neben Bund und Kantonen, eine eigene politische Ebene. Den Gemeinden kommt eine Doppelstellung zu: Sie sind einerseits Organisationsform und Trägerinnen der lokalen Selbstverwaltung, anderseits obliegt ihnen der Vollzug kantonalen und eidgenössischen Rechts. Im Verhältnis zum Kanton können sich die Gemeinden, als vom Kanton verschiedene Rechtssubjekte, auf ihre Autonomie berufen, welche ihnen die Kantonsverfassungen garantieren. Eine genaue Bestimmung des Begriffs der Gemeindeautonomie bereitet indes Schwierigkeiten. Es fehlt an einem vorgegebenen und beschreibbaren Inhalt. Aus den unterschiedlichen Begriffsverwendungen lassen sich aber folgende Gehalte ermitteln: *Politisch* steht Gemeindeautonomie für die als Grundzelle und Wesensmerkmal der schweizerischen Staatsordnung verstandene, historisch bewährte freie Gemeinde. In *programmatischer* Hinsicht bedeutet Gemeindeautonomie die verfassungsrechtliche Zielvorgabe an den Staat, den Gemeinden Handlungsfreiheit zuzuweisen und diese zu respektieren. Ein *prozessualer* Gehalt schliesslich weist auf die Beschwerdeberechtigung und die Rügemöglichkeiten im Rahmen des staatsrechtlichen Beschwerdeverfahrens hin. Diese verfahrensrechtliche Bedeutungsschicht ist Thema der vorliegenden Arbeit. Die Gemeinde kann gegen kantonale Hoheitsakte, die ihre Selbständigkeit als öffentlichrechtliche Körperschaft verletzen, staatsrechtliche Beschwerde beim Bundesgericht führen. Der Umfang der Beschwerdemöglichkeiten im Rahmen einer solchen Autonomiebeschwerde hat sich im Lauf der Zeit mehrmals verändert. Die wechselvolle Praxis zur Autonomiebeschwerde steht vor dem Hintergrund einer allgemeinen verfassungstheoretischen Fragestellung: Inwiefern kann eine Gemeinde als öffentlichrechtliche Körperschaft eine Verfassungsbeschwerde erheben? Welche Rügen darf sie vor dem Verfassungsrichter vorbringen? Im Raum steht auch die heikle Frage der Grundrechtsträgerschaft juristischer Personen des öffentlichen Rechts.

Im folgenden wird in einem *ersten Teil* auf diese Grundsatzprobleme eingegangen. Dabei sollen zuerst die Entwicklungsstufen der bundesgerichtlichen Praxis nachgezeichnet werden. Anschliessend ist zu untersuchen, welche Konzeption der Autonomiebeschwerde aus der Praxis des Bundesgerichts und aus der Theorie abgeleitet werden kann. Dabei wird sich zeigen, dass sich die verschiedenen Argumente im Kern auf drei Ansätze zurückführen lassen: einen grundrechtlichen, einen organisationsrechtlichen und einen verfahrensrechtlichen.

Die Gemeinde kann im Rahmen der Autonomiebeschwerde eine Verletzung ihrer Autonomie geltend machen. Damit stellt sich die Frage, wann eine Gemeinde über Autonomie verfügt (Autonomiebereich) und wann diese Autonomie verletzt ist (Autonomieverletzung). Dem wird im *zweiten Teil* der vorliegenden Arbeit nachgegangen.

1

Im *dritten Teil* sind sodann prozessuale Fragen zu erörtern. Es ist die Rede vom Ablauf des Beschwerdeverfahrens, der Kognition und den Prozessvoraussetzungen.

Im *vierten Teil* schliesslich werden - aufbauend auf dem ersten Teil - ein grundrechtliches und ein verfahrensrechtliches Modell entworfen, mit Hilfe derer sich die Gemeindeautonomiebeschwerde in das System der schweizerischen Verfassungsgerichtsbarkeit einfügen lässt. Dabei wird einem verfahrensrechtlichen Modell der Vorzug gegeben.

ERSTER TEIL

GRUNDLAGEN

EINLEITUNG

Art. 88 des Bundesgesetzes über die Organisation der Bundesrechtspflege (OG) lässt nicht nur Private, sondern auch "Korporationen" zur staatsrechtlichen Beschwerde zu. Das Bundesgericht versteht die Gemeindeautonomie[1] als kantonales verfassungsmässiges Recht. Somit kann eine Gemeinde[2] staatsrechtliche Beschwerde führen, um eine Verletzung der Gemeindeautonomie zu rügen[3]. Dies ist die scheinbar klare Ausgangslage bei der Gemeindeautonomiebeschwerde. Eine Analyse der Bundesgerichtspraxis zeigt jedoch einige Ungereimtheiten und Widersprüche. Hauptproblem ist der Umstand, dass eine kohärente verfassungstheoretische Grundlage zur Autonomiebeschwerde der Gemeinde fehlt. Dieser Frage soll im ersten Teil der Arbeit nachgegangen werden[4]. Den Anfang macht ein kurzer historischer Rückblick. Dies rechtfertigt sich deshalb, weil die verschiedenen Rechtsprechungsphasen die mit der Autonomiebeschwerde verbundenen Fragestellungen einschliesslich möglicher Lösungsansätze bereits enthalten. Darauf aufbauend werden in einem zweiten Kapitel die bundesgerichtliche Konzeption dargestellt sowie drei theoretische Ansätze zur Autonomiebeschwerde formuliert.

---

[1] Das Wort "Autonomie" stammt aus dem Altgriechischen und bedeutet soviel wie Unabhängigkeit, Selbständigkeit, nach eigenen Gesetzen lebend. Vgl. FAGAGNINI 26f.

[2] Unter "Gemeinde" wird im folgenden in erster Linie die politische/Einwohner-Gemeinde verstanden. Erfasst sind aber auch Spezialgemeinden, wie bspw. Kirch- oder Schulgemeinden und Zusammenschlüsse von Gemeinden (Gemeindeverbände). In einzelnen Kantonen geniessen weitere öffentlichrechtliche Körperschaften Autonomieschutz, wie bspw. die Kreise in GR oder die Bezirke in SZ. Zu einer Definition der Gemeinde vgl. GLAUS 45; JAGMETTI 246ff, 266.

[3] Nicht Thema dieser Arbeit bildet die staatsrechtliche Beschwerde der Gemeinde wegen Verletzung ihrer Existenz- oder Bestandesgarantie; vgl. dazu BGE 110 Ia 50f; 104 Ia 381; 99 Ia 110; 96 I 467; 94 I 351.

[4] Sie wird im vierten Teil vertieft, hinten S. 169ff.

ERSTES KAPITEL : ENTWICKLUNGSSTUFEN DER RECHTSPRECHUNG

I. Einleitung

Die Offenheit der Bundesverfassung (BV) und des OG[5] hinsichtlich der Autonomiebeschwerde der Gemeinden[6] und die Schwierigkeit ihrer dogmatischen Begründung widerspiegeln sich in der Rechtsprechung des Bundesgerichts[7]. Explizite Erörterungen über die Natur der Gemeindeautonomie[8] oder die Konzeption der Autonomiebeschwerde finden sich selten. Rückblickend lässt sich feststellen, dass das Bundesgericht in seiner Rechtsprechung zur Gemeindeautonomie verschiedene Phasen durchlaufen hat, wobei auffällt, dass die Gemeinde in recht unterschiedlichem Masse zur Verfassungsbeschwerde zugelassen wurde. In einem kurzen Ueberblick sollen die wichtigsten Phasen der bundesgerichtlichen Praxis zur Gemeindeautonomie dargestellt werden.

II. Autonomiebeschwerde vor 1874

Bevor das Bundesgericht 1874 zur Behandlung von Verfassungsbeschwerden zuständig erklärt wurde, konnten Gemeinden wie auch Private gegen sie treffende kantonale Hoheitsakte (staatsrechtlichen) Rekurs an den Bundesrat führen. Gegen den Entscheid des Bundesrats war ein Weiterzug an die Bundesversammlung möglich. Bundesrat und Bundesversammlung hatten zu prüfen, "ob eine Verletzung der Bundesverfassung oder einer Kantonsverfassung vorliege"[9] oder ob die kantonale Behörde ihre "Kompetenz überschritten" habe[10]. Die Gemeinde konnte nicht nur eine Verletzung einer speziellen Autonomiegarantie der Kantonsverfassung, sondern auch anderer verfassungs-

---

[5] Einzig im Reglement für das Schweizerische Bundesgericht (SR 173.111.1) wird die staatsrechtliche Beschwerde wegen Verletzung der Gemeindeautonomie ausdrücklich erwähnt (Art. 2 Abs. 1 Ziff. 2).

[6] Eine völkerrechtliche Grundlage der Gemeindeautonomie enthält die "Europäische Charta der kommunalen Selbstverwaltung", die vom Ministerkomitee des Europarates 1986 verabschiedet wurde und seit 1.9.1988 in Kraft ist. Die Schweiz hat die Charta bisher nicht ratifiziert. Vgl. dazu D. THUERER, Charta 221ff; BUSCHOR 97ff; SCHINDLER 222f; BBl 1989 I 1321.

[7] Untersuchungsgegenstand bilden die in der Amtlichen Sammlung publizierten Entscheide.

[8] Allgemein wird unter "Gemeindeautonomie" das Recht der Gemeinde zur Selbstgesetzgebung und -verwaltung verstanden. Das Bundesgericht spricht vereinzelt (und etwas übertrieben) von einem "Selbstbestimmungsrecht" der Gemeinde: BGE 119 Ia 219 *(Küsnacht u.a.)*; 108 Ia 85 *(Straubenzell)*; 72 Ia 21 *(Flawil)*; 52 I 353 *(Frauenfeld)*.

[9] Bericht der ständerätlichen Kommission über den Rekurs der *Forstkommission Davos* vom 14. Dezember 1872, in BBl 1873 I 255.

[10] Bundesratsbeschluss vom 14. März 1873 i.S. *Burgergemeinde Neuenburg*, in BBl 1873 II 710.

mässiger Rechte der Bundesverfassung oder der Kantonsverfassung geltend machen[11]. Ausführungen zur Beschwerdeberechtigung fehlen gänzlich.

III. Praxis von 1874 bis 1967

1. Die ursprüngliche Praxis war durch eine gewisse Grosszügigkeit gekennzeichnet. Den Gemeinden als Korporationen des öffentlichen Rechts war seit jeher die Befugnis zur Beschwerdeführung zuerkannt[12]. Voraussetzung für eine Autonomiebeschwerde war allerdings eine ausdrückliche Autonomiegarantie in der Kantonsverfassung[13]. Die Frage der Legitimation wurde meist gar nicht abgehandelt, sondern stillschweigend bejaht. Die Gemeinde konnte sich auf eine Autonomieverletzung sowie auf andere verfassungsmässige Rechte berufen[14]. Im Entscheid *Luzern*[15] erweckte das Bundesgericht sogar den Eindruck, die Gemeinde könnte jedes verfassungsmässige Recht geltend machen.

Immerhin kannte bereits die ältere Praxis gewisse Einschränkungen. Einmal sollte eine Popularklage zur Wahrung objektiven Rechts ausgeschlossen werden. Dieser Ausschluss konnte auch die Gemeinde treffen, die sich allein auf die Verletzung allgemeiner staatlicher Interessen berief, ohne einen Eingriff in ihre eigene Rechtssphäre geltend zu machen[16]. Sodann waren die Behörden von der staatsrechtlichen Beschwerde ausgeschlossen. Behörden sind gemäss Bundesgericht keine Korporationen. Sie üben keine Befugnisse aus, welche ihnen als besonderes Rechtssubjekt aus eigenem Recht zustehen[17]. Es fehlt ihnen somit bereits an der Parteifähigkeit[18]. Entsprechend wurde der Gemeinde das Recht zur Beschwerdeführung abgesprochen, wenn sie bloss als untere Behörde des Kantons auftrat. Die Verfassungsbeschwerde dient gemäss Bundesgericht nicht der Austragung von Kompetenzkonflikten zwischen verschiedenen Staatsbehörden[19].

---

[11] Thematisch standen v.a. Konflikte im Zusammenhang mit der Schaffung von Einwohnergemeinden im Vordergrund; vgl. BBl 1871 I 503 *(Pruntrut);* BBl 1873 II 699 *(Neuenburg);* BBl 1873 III 1014 *(Murten).*

[12] Vgl. BGE 29 I 203; vgl. dazu MATTER 7. In BGE 33 I 706f trat das Bundesgericht sogar auf eine staatsrechtliche Beschwerde des Bundes ein, der einen Beschluss des Grossen Rates des Kantons St. Gallen vom 23. Mai 1907 wegen Verletzung verfassungsmässiger Rechte anficht; vgl. auch BGE 24 I 78; 35 I 387; 49 I 373.

[13] BGE 2, 459 *(Jberg).*

[14] Z.B. BGE 3, 90 *(Mollis):* Niederlassungsfreiheit; 31 I 115 *(Büren):* Eigentumsgarantie; 64 I 313 *(Aarburg):* Gewaltenteilung; 36 I 376 *(Kirchgemeinde Neumünster):* Kultusfreiheit; 47 I 219 *(Nidau)* und 49 I 83 *(Emmen):* Art. 4 BV.

[15] BGE 45 I 129.

[16] Vgl. BGE 56 I 105 *(Uttwil).*

[17] BGE 6, 232f *(Bezirksgericht Oberegg).*

[18] GIACOMETTI, Verfassungsgerichtsbarkeit 163.

[19] BGE 30 I 635f *(Gemeinderat Neudorf);* 48 I 109 *(Staatsanwaltschaft Zürich).*

2. Im Entscheid *La Chaux-de-Fonds*[20] bejahte das Bundesgericht eine Autonomiegarantie trotz Fehlens einer expliziten Norm in der Kantonsverfassung (NE). Die Gemeindeautonomie ist seither als allgemeine, ungeschriebene Garantie in sämtlichen Kantonsverfassungen anerkannt[21]. Sie ist somit ein Institut des kantonalen Rechts[22]. Die Zugehörigkeit zum Bundesverfassungsrecht wird in ständiger Praxis verneint[23]. Der Grund hierzu liegt in erster Linie in der Rücksichtnahme auf die Organisationshoheit der Kantone. Dazu tritt die Ansicht, dass die Gemeindeautonomie auch bei blosser Anerkennung als verfassungsmässiges Recht der Kantone wirksamen Schutz erfährt[24].

3. Die zu Beginn des 20. Jahrhunderts vertretene Auffassung von der staatsrechtlichen Beschwerde als Rechtsbehelf des Privaten gegen den Staat sowie die Fiktion von der einheitlichen Staatsgewalt führte 1922 in einem ersten Schritt dazu, den Kanton von der Beschwerdeberechtigung auszuschliessen[25]. 1939 ging das Bundesgericht im Entscheid *Hundwil*[26] noch einen Schritt weiter und schloss auch die (hoheitlich handelnde) Gemeinde abgesehen von der Rüge der Verletzung der Gemeindeautonomie von der staatsrechtlichen Beschwerde aus. Das Bundesgericht erwog, die Verfassungsbeschwerde sei ein Rechtsbehelf zum Schutz der Einzelnen, d.h. der natürlichen und juristischen Personen, gegen Uebergriffe der öffentlichen Gewalt. Die Beschwerde könne daher nicht dazu benützt werden, um umgekehrt Entscheidungen anzufechten, die gegen den Inhaber jener Gewalt ergangen seien. Das gelte auch für Gemeinden, soweit sie als Träger öffentlicher Gewalt auftreten würden[27]. Entsprechend trat das Bundesgericht mangels Legitimation nicht auf eine staatsrechtliche Beschwerde der Gemeinde Hundwil ein, die eine Verletzung von Art. 4 BV rügte. Die Autonomiebeschwerde erscheint seither als Ausnahmetatbestand[28]. Im erwähnten Entscheid

---

[20] BGE 40 I 272.

[21] MEYLAN 89 m.w.V.

[22] Verfassungsmässige Rechte wie die Gemeindeautonomie, die in allen Kantonsverfassungen geschrieben oder ungeschrieben enthalten sind, werden etwa als "gemeineidgenössisches" Recht bezeichnet; vgl. KAELIN, Verfassungsgerichtsbarkeit 244.

[23] Vgl. BGE 46 I 384 *(betr. Bottmingen);* 72 I 21 *(Flawil);* 100 Ia 274 *(Parpan);* 113 Ia 206 *(Egerkingen);* ZBl 1981, 550 *(Gemeinde X. u.a.).*

[24] Diese Gründe sind freilich nicht zwingend. Der Umstand, dass der Gemeindeautonomie unbestrittenermassen eine eminente staatspolitische Bedeutung zugeschrieben wird, und die Feststellung, dass das Bundesgericht bei der Behandlung von Autonomiebeschwerden relativ abstrakt und z.T. losgelöst von kantonalen Besonderheiten des Gemeinderechts argumentiert, führen zum Schluss, dass de constitutione ferenda eine Anerkennung der Gemeindeautonomie als Bundesverfassungsrecht durchaus angemessen wäre. Zu differenzieren ist zudem, welcher Gehalt der Gemeindeautonomie bundesrechtlich abgestützt werden kann; vgl. hinten S. 15 und 16ff.

[25] BGE 48 I 108; seither ständige Praxis. Vgl. neuestens BGE 120 Ia 95; dazu YVO HANGARTNER, in AJP 1994, 1307f.

[26] BGE 65 I 129.

[27] BGE 65 I 132. Vgl. BGE 72 I 21 *(Dorfkorporation Flawil)* und BIRCHMEIER, Legitimation 124ff.

[28] Dazu hinten S. 11.

bekannte sich das Bundesgericht auch explizit zur Lehre vom eigenen und übertragenen Wirkungskreis der Gemeinden[29]. Autonomie und damit verfassungsgerichtlicher Schutz sollte der Gemeinde nur im eigenen Wirkungskreis zukommen. Dieser engen Umschreibung des Autonomiebereichs entsprachen auch die Voraussetzungen einer Autonomieverletzung. Eine solche lag nach dieser Rechtsprechung nur dann vor, wenn sich der Staat eine Entscheidungsbefugnis anmasste, die ihm nicht zustand, oder wenn er formell seine Zuständigkeit überschritt[30].

4. Die Rechtsprechung des Bundesgerichts in den Jahren 1939 bis 1967 zeichnete sich dadurch aus, dass sie vor dem Hintergrund der dualistischen Konzeption der Gemeindeaufgaben ein geeignetes Kriterium zur Umschreibung des Autonomiebereichs zu entwickeln suchte[31]. Der Ausbau der Kompetenzen des Bundes und der Kantone zu Lasten der Gemeinden nach dem zweiten Weltkrieg führte zu einer zunehmenden Einschränkung der "eigenen Angelegenheiten" der Gemeinden. Dieser Umstand bewog das Bundesgericht, die Theorie der Wirkungskreise zu überdenken[32]. Im Entscheid *Dürnten*[33] bekannte sich das Bundesgericht zur Ermessenstheorie. Danach genoss die Gemeinde Autonomie, wenn und soweit ihr durch Verfassung und Gesetz freies Ermessen in Rechtssetzung und Verwaltung eingeräumt wird und sie dieses Ermessen frei von staatlicher Kontrolle betätigen darf. Abgesehen von einzelnen Ausnahmen[34] ist in späteren Urteilen von der Theorie der Wirkungskreise nicht mehr die Rede. Auch der Uebergang zur Ermessenstheorie bewahrte das Bundesgericht nicht vor dem Vorwurf, es schütze die Gemeindeautonomie nicht hinreichend[35].

5. Eine weitere Praxisänderung erfolgte 1965 hinsichtlich der Voraussetzungen einer Autonomieverletzung. Im Entscheid *St. Moritz*[36] wurde festgehalten, der Schutz der Gemeindeautonomie durch das Bundesgericht würde zum blossen Schein, wenn dieses sich mit der Feststellung begnügen müsste, dass sich die kantonale Instanz formell in

---

[29] Sinngemäss bereits BGE 45 I 131 *(Luzern)*; 46 I 384 *(betr. Bottmingen)*. Diese Zweiteilung stammt aus der französisch-belgischen Lehre vom "pouvoir communal" oder "municipal", nach der die Gemeindegewalt neben der Staatsgewalt steht und die Gemeinde über einen bestimmten, originären Aufgabenkreis verfügt. Vgl. dazu SCHAFFHAUSER, Demokratie 60 und hinten S. 64.

[30] Vgl. BGE 83 I 123f *(Neuenburg)*.

[31] Zur Vielzahl vorgeschlagener Kriterien vgl. SCHAFFHAUSER, Demokratie 61; MEYLAN 55ff und hinten S. 64.

[32] KUTTLER 45f.

[33] ZBl 1950, 424; vgl. auch BGE 89 I 107 *(Speicher)*.

[34] Vgl. BGE 83 I 123 *(Neuenburg)*; ZBl 1965, 302 *(Grenchen)*.

[35] Kritisiert wurde die Ermessenstheorie v.a. von LIVER 40f und HUBER, Rechtsprechung 419.

[36] ZBl 1965, 400. Vgl. auch BGE 94 I 547f *(Grandson)*.

den Grenzen ihrer Zuständigkeit gehalten hätte, und nicht auch die materielle Verfassungsmässigkeit des getroffenen Entscheides überprüfen könnte[37].

IV. Praxisänderung im Jahre 1967

Im Jahre 1967 änderte das Bundesgericht seine Praxis zur Gemeindeautonomie in grundlegender Weise[38], und zwar in den Entscheiden *Volketswil*[39] und *Zuchwil*[40].

1. Begrifflich wurde die Gemeindeautonomie umschrieben als Zuständigkeit der Gemeinde zur selbständigen Erfüllung öffentlicher Aufgaben.

2. Hinsichtlich der Beschwerdelegitimation[41] führte das Bundesgericht im Urteil *Zuchwil* aus, auf eine Autonomiebeschwerde der Gemeinde sei einzutreten, wenn der angefochtene Entscheid die Gemeinde als Trägerin hoheitlicher Gewalt treffe und die Gemeinde eine Verletzung der Gemeindeautonomie behaupte. Ob ihr im betreffenden Sachbereich tatsächlich Autonomie zustehe, sei keine Frage der Legitimation, sondern Gegenstand des Sachentscheids[42].

3. Was die Umschreibung des Autonomiebereichs[43] angeht, verwarf das Bundesgericht seine früheren Theorien von den beiden Wirkungskreisen und der Ermessenskontrolle. Es lehnte es auch ab, die in der Lehre vorgeschlagenen Kriterien zur Abgrenzung des Autonomiebereichs nach dem "Herkommen" und der "inneren Kennzeichnung"[44] zu übernehmen. Vielmehr wurde der Autonomiebereich in Anlehnung an eine Formulierung Livers[45] neu wie folgt definiert:

---

[37] Dieser Entscheid erweckt den Eindruck, dass die Autonomie verletzt sei, wenn die kantonale Behörde zu Unrecht eine Rechtsverletzung, begangen durch die Gemeinde, annimmt. In späteren Entscheiden wird allerdings klar, dass es um Rechtsanwendungswillkür gehen muss; dazu MEYLAN 85 und hinten S. 103ff.

[38] Vgl. ZIMMERLI, Rechtsprechung 261ff.

[39] BGE 93 I 154.

[40] BGE 93 I 427.

[41] Dazu hinten S. 152.

[42] Daran hat das Bundesgericht bis heute festgehalten; vgl. BGE 120 Ia 204 E.2a *(Bern);* 119 Ia 216f. E.1c *(Küsnacht)*, 294 *(Winterthur);* 117 Ia 354f *(Kloten u. Uster);* 114 Ia 76 *(Klosters)*.

[43] Dazu hinten S. 42ff.

[44] LIVER 40f; HUBER, Rechtsprechung 419.

[45] S. 45.

Gemeindeautonomie auf dem Gebiete der Rechtssetzung ist dort anzunehmen, wo die Gemeinde zur Rechtssetzung ermächtigt ist, das kantonale Gesetzesrecht keine abschliessende Regelung enthält und der Gemeinde eine relativ erhebliche Entscheidungsfreiheit belässt[46]. Wann dies zutrifft, kann nur aufgrund einer Auslegung des kantonalen Rechts gesagt werden.

4. Auch die Voraussetzungen einer Autonomieverletzung[47] wurden präzisiert. Der in einzelnen Urteilen[48] sichtbar gewordene Uebergang von der formalen Betrachtungsweise zur Prüfung (auch) der materiellen Verfassungsmässigkeit wurde bestätigt[49]. Somit ist es der Gemeinde seither insbesondere möglich, eine willkürliche Ausübung der Rechtskontrolle zu rügen[50]. Durch das Abrücken von der Ermessenstheorie konnte sodann auch ein Ermessensmissbrauch der kantonalen Instanz als Autonomieverletzung bewertet werden[51].

V. Entwicklung der Rechtsprechung seit 1967

In der Folge wurde die Rechtsprechung zur Gemeindeautonomie vom Bundesgericht laufend weiterentwickelt. Nachdem sich die Urteile *Volketswil* und *Zuchwil* nur über die Autonomie auf dem Gebiet der Rechtssetzung ausgesprochen hatten, erkannte das Bundesgericht 1969 im Entscheid *St. Moritz*[52], dass eine Autonomieverletzung auch dann vorliege, wenn die zuständige kantonale Behörde autonomes Gemeinderecht qualifiziert unrichtig anwende. Der Gemeinde wurde zudem unter gewissen Voraussetzungen Autonomie bei der Auslegung unbestimmter Rechtsbegriffe des kommunalen Rechts zuerkannt[53]. Ein weiterer Schritt erfolgte 1970 mit der grundsätzlichen Anerkennung, auch bei der Anwendung kantonalen Rechts eine Autonomieverletzung geltend machen zu können[54]. Autonomie bei der Anwendung unbestimmter Rechtsbegriffe des kantonalen Rechts wurde nach dem üblichen Kriterium der relativ erheblichen Entscheidungsfreiheit geprüft[55] und in einem Walliser Entscheid bejaht[56].

---

[46] BGE 93 I 160 *(Volketswil)* und 432 *(Zuchwil)*.
[47] Dazu hinten S. 85ff.
[48] BGE 92 I 369 *(Celerina)*; 91 I 39 *(Ilanz)*; ZBl 1965, 398 *(St. Moritz)*.
[49] BGE 93 I 433 *(Zuchwil)*.
[50] Eine selbständige Willkürrüge steht ihr jedoch nicht zu, BGE 93 I 433 *(Zuchwil)*.
[51] BGE a.a.O.
[52] BGE 95 I 37.
[53] BGE 96 I 373f *(Flims)*. Dazu hinten S. 76.
[54] BGE 96 I 718 *(Regensdorf)*; n.p. Urteil vom 17. Februar 1971 i.S. *Morschach*. Im Urteil vom 20. Januar 1965 i.S. *Grenchen* (ZBl 1965, 301) hatte das Bundesgericht die Frage noch verneint.
[55] BGE 100 Ia 272 *(Parpan)*.
[56] BGE 110 Ia 197 *(Zermatt)*. Dazu hinten S. 79.

Für die Gemeinden von entscheidender Bedeutung ist die (wiedergeschaffene) Möglichkeit, sich neben der Gemeindeautonomie auch auf andere verfassungsmässige Rechte und Verfassungsgrundsätze zu berufen[57]. Voraussetzung ist allerdings, dass diese Rügen, die nicht selbständig erhoben werden können, mit jener der Verletzung der Gemeindeautonomie eng zusammenhängen[58].

Die Praxis seit 1967 führte - verglichen mit den Phasen der Theorie der Wirkungskreise bzw. der Ermessenstheorie - zu einer Erweiterung des Autonomieschutzes. Die Rechtsprechung des Bundesgerichts zur Gemeindeautonomie ist auch heute noch im Fluss. Anlass zu Verdeutlichung und Verfeinerung der Gemeindeautonomie bieten vor allem Konflikte im Zusammenhang mit der Raumplanung. Die Entwicklung der Rechtsprechung nach 1967 ist in den Entscheiden *Lugano*[59] und *Cadro*[60] zusammenfassend dargestellt. Nach diesem Ueberblick über die wichtigsten Rechtsprechungsschritte soll im folgenden die bundesgerichtliche Konzeption der Gemeindeautonomie bzw. der Autonomiebeschwerde erörtert werden.

---

[57] Bspw. Rechtsgleichheit (BGE 97 I 509), Treu und Glauben (BGE 98 Ia 432), Anspruch auf rechtliches Gehör (BGE 96 I 234), Art. 58 BV (BGE 97 I 639); dazu hinten S. 93ff und 107ff.

[58] Vgl. BGE 116 Ia 224 *(Kappel)* m.w.V. Siehe hinten S. 113.

[59] BGE 103 Ia 468, nicht in Pra.

[60] BGE 116 Ia 252, nicht in Pra.

ZWEITES KAPITEL : KONZEPTION DER AUTONOMIE-BESCHWERDE IN PRAXIS UND LEHRE

I. Einleitung

Die Autonomiebeschwerde der Gemeinde ist eine staatsrechtliche Beschwerde, mit der die Verletzung der Gemeindeautonomie gerügt wird. Sowohl der Begriff der Gemeindeautonomie ist klärungsbedürftig als auch die Frage, inwiefern die Gemeinde zur staatsrechtlichen Beschwerde zuzulassen ist. Im folgenden soll deshalb vorerst auf die verfassungstheoretischen Grundlagen der Autonomiebeschwerde eingegangen werden.

II. Konzeption des Bundesgerichts : Autonomiebeschwerde als Ausnahmetatbestand im Verfahren der staatsrechtlichen Beschwerde

1. Berechtigung der Gemeinde zur staatsrechtlichen Beschwerde

Das Bundesgericht erachtet die Gemeinde in ständiger Praxis als berechtigt, mit staatsrechtlicher Beschwerde eine Verletzung der Gemeindeautonomie zu rügen. Nach Auffassung des Bundesgerichts handelt es sich bei der staatsrechtlichen Beschwerde wegen Verletzung verfassungsmässiger Rechte um einen Rechtsbehelf zum Schutz der Träger verfassungsmässiger Rechte gegen Uebergriffe der Staatsgewalt. Allein diesen Trägern steht sie zur Verfügung. Dementsprechend sind öffentlichrechtliche Korporationen - wie Kantone und Gemeinden oder deren Behörden, öffentlichrechtliche Genossenschaften usw. -, die als Inhaber öffentlicher Gewalt handeln, zur staatsrechtlichen Beschwerde gegen einen sie in dieser Eigenschaft treffenden Entscheid grundsätzlich nicht legitimiert[61]. Die Beschwerdebefugnis der Gemeinde - und anderer öffentlichrechtlicher Körperschaften, denen Autonomie zukommt wird als Ausnahme[62] verstanden. Es bleibt die Frage, wie sich dieser Ausnahmetatbestand theoretisch begründen lässt.

---

[61] BGE 120 Ia 96f *(Kanton BS);* 119 Ia 216 E.la *(Küsnacht);* 109 Ia 174 *(Schwellenbezirk Beatenberg)* m.w.V.

[62] So ausdrücklich BGE 107 Ia 177 *(Arosa).*

2. Gründe für die Anerkennung der Gemeindeautonomie als verfassungsmässiges Recht

Die Berechtigung der Gemeinde zur Autonomiebeschwerde wird vom Staatsgerichtshof materiellrechtlich begründet. Die Gemeindeautonomie wird als kantonales[63] verfassungsmässiges Recht im Sinne von Art. 113 Abs. 1 Ziff. 3 BV bzw. Art. 84 Abs. 1 lit. a OG verstanden, dessen "Träger" die Gemeinde ist[64]. Die Anerkennung als verfassungsmässiges Recht gründet auf folgenden Ueberlegungen:

a) *Politisch* wird die Gemeinde als Grundzelle unseres Staates charakterisiert, womit ihr eine eminente Bedeutung im Gefüge des Bundesstaates zukommt[65]. Die Gemeinde soll durch verfassungsgerichtlichen Schutz davor bewahrt werden, von einem selbständigen Wesen mit eigener Willensbildung zu einem blossen kantonalen Verwaltungsbezirk herabzusinken[66]. In dieser Argumentationslinie zeigt sich auch ein föderalistisches Element[67].

b) In *historischer* Hinsicht wird der Gemeinde von alters her ein bestimmter, vor Eingriffen der staatlichen Behörde geschützter Bereich der Selbstgesetzgebung und Selbstverwaltung zuerkannt. Die schweizerische Gemeinde hat ihre Wurzeln nach herrschender Auffassung in der mittelalterlichen Markgenossenschaft und geht der Bildung der Kantone weit voraus[68].

c) Sodann wird die Gemeinde idealtypisch als Körperschaft betrachtet, deren Organisation und Entscheidungsprozess auf *demokratischer* Willensbildung beruhen. In den Gemeinden - als "Urzellen demokratischer Meinungsbildung"[69] - wird das Prinzip der Demokratie als weitgehend verwirklicht und lebendig erhalten gesehen[70].

d) Entscheidend ist schliesslich, dass sich die Gemeinde in den Fällen, in denen ihre Autonomie verletzt wird, in einer *ähnlichen Gefährdungslage* befindet wie ein in sei-

---

[63] Auch die Verletzung verfassungsmässiger Rechte der Kantonsverfassungen kann mit staatsrechtlicher Beschwerde gerügt werden; vgl. KAELIN, Verfahren 44.

[64] Zusammenfassung der Rechtsprechung in BGE 103 Ia 474 *(Lugano)*.

[65] In BGE 100 Ia 274 *(Parpan)* ist von der "grossen staatspolitischen Bedeutung" der Gemeindeautonomie die Rede. Vgl. auch BGE 99 Ia 757f. Als "politische Garantie" wird die Gemeindeautonomie von AUBERT II, N 1646, bezeichnet.

[66] BGE 109 Ia 176 *(Schwellenbezirk Beatenberg)*.

[67] Vgl. BGE 99 Ia 757.

[68] Vgl. PIGUET 150f; G. THUERER 29f. Zu verschiedenen Gemeindetypen in der West- und Deutschschweiz und in Berg- und Mittellandkantonen im 19. Jahrhundert vgl. KOELZ, Verfassungsgeschichte 365f.

[69] ZBl 1980, 210 *(Zürich)*.

[70] BGE 109 Ia 176 *(Schwellenbezirk Beatenberg)*; 111 Ia 70 *(Trimbach)*; 102 Ia 7; 94 I 66; n.p. BGE vom 13. Juni 1989 E.2b i.S. *Altstätten*; ZBl 1980, 210 und neuestens BGE 118 Ia 222 *(Gemeinde X)*. Vgl. dazu PIGUET 151; HANGARTNER, Entwicklungen 522; IMBODEN 89ff.

nen Freiheitsrechten tangierter Bürger. Aus dieser Betroffenheit erwächst ein Rechts-schutzbedürfnis, das die Auffassung der Gemeindeautonomie als verfassungsmässiges Recht "ähnlich" denjenigen der Bürger rechtfertigen soll[71].

3. *Voraussetzungen der bundesgerichtlichen Konzeption*

Das Bundesgericht gewährt der Gemeinde aufgrund einer pragmatischen Anerkennung eines speziellen Rechtschutzbedürfnisses[72] verfassungsgerichtlichen Schutz. Es setzt sich damit theoretischen Bedenken aus, die von der These des Ausschlusses öffent-lichrechtlicher (und hoheitlich handelnder) Körperschaften von der Verfassungsbe-schwerde ausgehen. Um die bundesgerichtliche Konzeption der Autonomiebeschwerde zu verdeutlichen, sind die Prämissen sichtbar zu machen, die sich hinter der "Regel", nämlich dem Ausschluss juristischer Personen des öffentlichen Rechts von der Ver-fassungsbeschwerde, verbergen.

a) Zentral ist die Idee von einer (vorgegebenen) Einheit der Staatsgewalt. Da die Ge-meinde selbst Träger dieser Staatsgewalt ist, steht ihr - in formeller Hinsicht - die Verfassungsbeschwerde als Schutzmittel gegen den Staat nicht zu. Die Zuständigkeit des Bundesgerichts im Rahmen der Verfassungsbeschwerde gründet sich (materiell) auf die Verletzung verfassungsmässiger Rechte. Verfassungsmässige Rechte richten sich gegen den Staat, weshalb der Staat nicht selbst Träger solcher Rechte sein kann[73]. Dieses Verständnis wiederum beruht auf dem Bild der Polarität von grundrechtlichen Freiheitsräumen und staatlichen Kompetenzbestimmungen. Konflikte zwischen öf-fentlichrechtlichen Körperschaften werden als Kompetenzkonflikte gesehen. Die Funktion der Verfassungsbeschwerde ist nicht die Schlichtung von Konflikten zwi-schen Staatsorganen[74].

b) Zugrunde liegt ein liberal-rechtsstaatliches Grundrechtsverständnis. Verfassungs-gerichtlicher Schutz wird hier als Antwort auf die Bedrohung der Freiheit des Einzel-nen durch den Staat verstanden[75]. Das Verfassungsgericht hat Freiheitssphären zu schützen[76]. Dies führte folgerichtig zur Vorstellung von verfassungsmässigen Rechten der Bürger als Abwehrrechte. Ideengeschichtlich steht dahinter das Bild von der Dichotomie von Gesellschaft und Staat im Sinne des politischen Liberalismus des 19. Jahrhunderts[77].

---

[71] BGE 48 I 109; 65 I 131 *(Hundwil)*; 68 I 86 *(Boswil)*; 94 I 66 *(Chur)*.

[72] Ausdrücklich von Rechtsschutzbedürfnis ist die Rede bspw. in BGE 94 I 66 *(Chur)*.

[73] Sog. Konfusions-Argument; BETTERMANN 1323.

[74] BGE 48 I 109. Vgl. aber BGE 113 Ia 212 *(Winterthur)*, wo eine politische Gemeinde gegen ihren Stadtrat prozessierte.

[75] BGE 107 Ia 177 *(Arosa)*.

[76] Vgl. BGE 68 I 86f *(Boswil)*.

[77] Vgl. BURMEISTER 4.

4. Ergebnis

Zusammenfassend zeigt sich in der bundesgerichtlichen Argumentation ein gewisses (Vor-) Verständnis von der Verfassungsbeschwerde als Mittel des Individualrechtsschutzes. Das Bundesgericht vertritt einerseits die These vom grundsätzlichen Ausschluss öffentlichrechtlicher Körperschaften von der Verfassungsbeschwerde, stellt der Gemeinde anderseits jedoch bei Autonomieverletzungen gerade die Verfassungsbeschwerde zur Verfügung und beruft sich dabei auf ein Aehnlichkeitsargument hinsichtlich des Schutzbedürfnisses. Die Autonomiebeschwerde wird als Ausnahmetatbestand qualifiziert. Eine dogmatische Begründung dieser Regel-Ausnahme-Situation liefert das Bundesgericht freilich nicht, unter Rückzug auf seine Aufgabe, im Einzelfall Rechtsschutz zu gewähren. Bei dieser Sachlage zeigt sich eine Notwendigkeit, nach theoretischen Ansätzen zur konzeptionellen Erfassung der Gemeindeautonomie bzw. der Autonomiebeschwerde zu suchen.

III. Drei theoretische Ansätze zur Autonomiebeschwerde

1. Einleitung

Im folgenden ist der Frage nachzugehen, inwiefern sich eine dogmatische Begründung dafür finden lässt, dass die Gemeinde unter dem Titel "Autonomieverletzung" eine Verfassungsbeschwerde erheben kann. Vorerst sollen in einem kurzen historischen Abriss die Hauptreaktionen der Literatur zu den Entwicklungsstufen der bundesgerichtlichen Praxis nachgezeichnet werden (nachfolgend Ziff. 2). Anschliessend wird versucht, aufgrund der in Praxis und Lehre vertretenen Meinungen Ansätze zu einer dogmatischen Erfassung der Autonomiebeschwerde zu bilden. Die Untersuchung der Argumente führt dabei zu drei verschiedenen Konzeptionen: einer grundrechtlichen, einer organisationsrechtlichen und einer verfahrensrechtlichen (nachfolgend Ziff. 3 bis 5).

2. Grundzüge der in der Lehre vertretenen Standpunkte

a) Die ursprüngliche Auffassung

Ursprünglich bereitete die Berechtigung der Gemeinde zur Autonomiebeschwerde in der Literatur überhaupt keine Probleme. Die Gemeinde wurde als Korporation verstanden und es wurde ihr - mit einer gewissen Selbstverständlichkeit - die Legitimation zur staatsrechtlichen Beschwerde zuerkannt. Ausgenommen vom Beschwerderecht wurde lediglich die Behörde, soweit sie nicht als Vertreter der Gemeinde handelte[78].

---

[78] Vgl. MATTER 22 m.w.V.

b) Giacometti

Nach GIACOMETTI[79] kann der Begriff der Korporation im Sinne des OG[80] die juristischen Personen des öffentlichen Rechts - im Gegensatz zu jenen des Privatrechts - nicht umfassen. Dem Staat sprach GIACOMETTI die Trägerschaft von verfassungsmässigen Rechten, deren Adressat er ja sei, ab. Entsprechend dem Verständnis der Verfassungsgerichtsbarkeit als Schutz von Individualinteressen vor dem Staat wurde die zu jener Zeit grosszügige Zulassung der Gemeinde zur Verfassungsbeschwerde als aus Praktikabilitätsgründen verständlich, aber letztlich systemfremd beurteilt[81]. Vor diesem Hintergrund eines prinzipiellen Ausschlusses öffentlichrechtlicher Körperschaften von der Verfassungsbeschwerde, der sich in der Folge in der bundesgerichtlichen Praxis niederschlug[82], sind die Stellungnahmen weiterer Autoren zur Frage der Autonomiebeschwerde zu sehen.

Vereinzelt wurde postuliert, der Gemeinde sei selbst im Falle der Verletzung ihrer Autonomie die Beschwerdebefugnis abzusprechen[83]. Nach überwiegender Ansicht der Lehre wurde der Gemeinde jedoch - mindestens im Bereich der Autonomie - die Beschwerdebefugnis zuerkannt[84].

c) Die neuere Lehre

In der neueren Literatur sind keine grundsätzlichen Bedenken über die Zulassung der Gemeinde zur Autonomiebeschwerde mehr ersichtlich[85]. Die herrschende Meinung betrachtet die Gemeindeautonomie als Garantie des kantonalen Verfassungsrechts[86]. Nur vereinzelt wird die Ansicht vertreten, die Gemeindeautonomie sei bereits heute eine ungeschriebene Garantie der Bundesverfassung[87]. Sehr unterschiedlich und im Ergebnis nicht geklärt sind jedoch die Ansätze zu einer dogmatischen Begründung. Darauf ist im folgenden einzugehen.

---

[79] Verfassungsgerichtsbarkeit 161.

[80] Damals Art. 178 Ziff. 2 aOG (1893), der materiell der heutigen Regelung entsprach; vgl. hinten S. 32 und 152.

[81] Verfassungsgerichtsbarkeit 164.

[82] MATTER, 23, sieht die Einengung der bundesgerichtlichen Praxis betreffend die Legitimation der Gemeinde theoretisch durch Giacometti sowie Kirchhofer begründet.

[83] So BAUMANN 82f.

[84] BIRCHMEIER, Bundesrechtspflege 362ff; HINDEN 125; KIRCHHOFER 136ff; IMBODEN 103.

[85] Vgl. u.a. ZIMMERLI, Rechtsprechung 257ff; SCHAFFHAUSER, Konzeption 463ff; HANGARTNER, Entwicklungen 521ff; D. THUERER, Bund 221ff.

[86] HANGARTNER, Entwicklungen 523; MEYLAN 90; D. THUERER, Bund 207; JAGMETTI 342; MOOR III 191; GLAUS 18ff; PFISTERER, Stellung 51; DAHINDEN 101f; AUBERT, Supplément 188; GEIGER 97; GRISEL 261; FLEINER 473, 475; sinngemäss auch ZWAHLEN 640 und ZIMMERLI, Rechtsprechung 257.

[87] SALADIN, in Kommentar BV, Art. 3, N 54; ders. spricht in ZSR 1972 II 569 von einer Verfassungslücke; ExpertBer. 101. Die Expertenkommission verweist auf die bundesgerichtliche Praxis. Den publizierten Entscheiden lässt sich jedoch eine solche Auffassung nicht entnehmen. Die Frage einer bundesverfassungsrechtlichen Garantie der Gemeindeautonomie de constitutione ferenda wird aufgeworfen bei D. THUERER, Bund 210, 263; bejahend KUTTLER 60.

3. Der grundrechtliche Ansatz

Entsprechend der Natur der Verfassungsbeschwerde als Instrument zum Schutz vor allem von Grundrechten wird die Ansicht vertreten, die Gemeindeautonomie stelle ein Grundrecht oder wenigstens ein grundrechtsähnliches Institut dar. Auf diese *grundrechtliche* Konzeption soll zuerst eingegangen werden.

a) Ausgangspunkt: Hinweise in der Rechtsprechung des Bundesgerichts

Die Vorstellung von der Gemeindeautonomie als Grundrecht stand während der Phase der beiden Wirkungskreise[88] im Vordergrund. Auch unter der neueren Praxis lassen einzelne Formulierungen eine grundrechtliche Betrachtungsweise der Gemeindeautonomie erkennen, obwohl das Bundesgericht zur Frage der Konzeption der Gemeindeautonomie nicht ausdrücklich Stellung nimmt[89]: Wenn in BGE 103 Ia 187 *(Savognin)* von einem "Eingriff in die Gemeindeautonomie" die Rede ist, steht dahinter die Idee von der Gemeindeautonomie als materielle, mindestens grundrechtsähnliche Rechtsposition. Nur bei Annahme eines (Grund-)Rechts, das über einen bestimmten Schutzbereich verfügt, ist der Gedanke eines Eingriffs verständlich. Noch deutlicher ist BGE 103 Ia 195 *(Moosseedorf)*, wo das Bundesgericht von einem "Eingriff in den Wesenskern der Gemeindeautonomie" spricht[90]. In einem neueren Entscheid wird auf die "Gemeindefreiheit" Bezug genommen[91]. Die Diskussion von Teilgehalten lässt ebenfalls auf einen grundrechtlichen Ansatz schliessen: In BGE 96 I 239 *(Bachs)* anerkannte das Bundesgericht einen Anspruch der Gemeinde auf rechtliches Gehör, der seine verfassungsmässige Grundlage in der Gemeindeautonomie selbst, und nicht etwa in Art. 4 BV, fände. Schliesslich deutet auch die Möglichkeit eines privaten Beschwerdeführers, hilfsweise die Gemeindeautonomie anzurufen, auf eine grundrechtliche Konzeption.

b) Die Gemeindeautonomie als Grundrecht

Die Gemeindeautonomie wird in der Lehre etwa als "unterentwickeltes Grundrecht"[92], als "korporatives" oder als "hinkendes Grundrecht"[93] und vereinzelt sogar als eigentliches "Grundrecht"[94] bezeichnet. Bereits in den Formulierungen wird die Problematik des grundrechtlichen Ansatzes deutlich. Grundrechte sind Individualrechte; sie berechtigen die Privaten und verpflichten den Staat[95]. Während Grundrechte als subjek-

---

[88] Vgl. vorne S. 7 und hinten S. 64.

[89] Das Bundesgericht erachtet dies nicht als seine Aufgabe: BGE 103 Ia 475 *(Lugano)*.

[90] Ebenso ZBl 1980, 210f *(Zürich)*.

[91] BGE 118 Ia 222 *(Gemeinde X.)*.

[92] HANS HUBER, in ZBJV 1964, 339.

[93] HANGARTNER, Grundrechte 41 und 46, der - analog der Eigentumsgarantie - von einer Bestandesgarantie und einer Institutsgarantie spricht, in AJP 1993, 1522.

[94] SPUEHLER, Praxis 181.

[95] HANGARTNER, Rechte 111.

tive Ansprüche und gleichzeitig konstitutive Elemente des Rechtsstaates prinzipiell einen Geltungsanspruch gegenüber allen Staatsorganen - insbesondere gegenüber dem Gesetzgeber[96] - beinhalten, ist dies bei der Gemeindeautonomie gerade nicht der Fall[97]. Selbst gegenüber Verfassungsänderungen entfalten gewisse menschenrechtlich begründete und zum Teil völkerrechtlich garantierte Grundrechte eine Sperrwirkung[98]. Eine weitere Schwierigkeit ergibt sich bei der Besinnung auf den Ausgangspunkt und den Zweck der Grundrechte: der Schutz des Menschen[99]. Unabhängig von der verfassungsrechtlichen Relevanz der Konfliktsituation, in der sich die Gemeinde befindet, wenn sie sich gegenüber dem Kanton wegen einer Autonomieverletzung zur Wehr setzt, fehlt solchen Konflikten der unmittelbare Bezug zum Menschen[100]. Insofern als dieser Bezug zum Menschen als wesentliches Merkmal eines Grundrechts verstanden wird, geht die Bezeichnung der Gemeindeautonomie als Grundrecht[101] fehl[102].

c) Die Gemeindeautonomie als Kollektivrecht

Erwähnenswert, wenn auch heute nur noch von historischer Bedeutung, ist in diesem Zusammenhang die Figur des kollektiven (Grund-)Rechts[103]. Die Kollektivrechte stehen im Gegensatz zu den Freiheitsrechten und würden sich grundsätzlich als Gefäss für verfassungsmässige Rechte von juristischen Personen des öffentlichen Rechts eignen[104]. Ausgehend von der Gemeinde als Kollektivverband vor dem historischen Hintergrund einer Markgenossenschaft bzw. eines Gesamthandverhältnisses mag die Vorstellung einer weitgehenden Kongruenz von Individual- und Gruppeninteresse - zumindest im Verhältnis gegenüber höherrangigen Gebietskörperschaften - nicht abwe-

---

[96] Vgl. J.P. MUELLER, Elemente 48; HANGARTNER, Grundrechte 45ff.

[97] Die Gemeinde kann sich nur in sehr beschränktem Umfang gegen eine Einschränkung ihrer Autonomie durch den kantonalen Gesetzgeber zur Wehr setzen; vgl. hinten S. 89.

[98] Zur kontrovers diskutierten Problematik von materiellen Schranken der Verfassungsrevision vgl. J.P. MUELLER, Elemente 127 Fn 92 m.w.V. In der Botschaft über die Volksinitiative "für eine vernünftige Asylpolitik" vom 22. Juni 1994 werden elementare Grundrechte, wie das Recht auf Leben, die dem zwingenden Völkerrecht angehören, vom Bundesrat in Uebereinstimmung mit der h.L. als materielle Schranken der Verfassungsrevision bezeichnet, BBl 1994 III/2 1486, 1493ff; dazu WALTER KAELIN, Internationale Menschenrechtsgarantien als Schranke der Revision von Bundesverfassungsrecht, in AJP 1993, 243ff.

[99] Vgl. J.P. MUELLER, Elemente 1f m.w.V.; ders., in Kommentar BV, Einleitung zu den Grundrechten, N 1; vgl. auch SALADIN, Grundrechte 379.

[100] Vgl. das deutsche Bundesverfassungsgericht, das die Grundrechtsträgerschaft juristischer Personen des öffentlichen Rechts - von einzelnen Ausnahmen abgesehen - mit dieser Begründung ablehnt; z.B. BVerfGE 21, 362; dazu BETHGE 88ff m.w.V.

[101] Festzuhalten ist, dass in der Schweiz eine eigentliche, zusammenhängende Grundrechtstheorie bislang fehlt. Vgl. dazu SALADIN, Grundrechte 379; RHINOW, Grundrechtstheorie 427ff.

[102] Ebenso PFISTERER, Stellung 334.

[103] Ein Beispiel eines solchen Kollektivrechts - bei dem auch eine Beschwerdeberechtigung des Kollektivs in Frage kommt - ist das Selbstbestimmungsrecht, das u.a. bei der Jura-Frage zur Diskussion stand. Vgl. WERNER STOCKER/STEFAN WEHRENBERG, Die Legitimation des Kantons Jura zur Anfechtung der Jura-Plebiszite, in ZBl 1994, 49ff, 55f.

[104] Vgl. HANGARTNER, Rechte 114.

gig sein[105]. So gesehen liesse sich die Gemeindeautonomie in ihren Ursprüngen als eine Art Gruppenrecht[106] konstruieren, das einen gewissen Bezug zum individualrechtlichen Gehalt modern verstandener Grundrechte aufweist[107]. Die aktuelle Autonomierechtsprechung lässt sich jedoch nicht mit der Vorstellung eines Kollektivrechts[108] vereinbaren. Die bereits begrifflich zu Tage tretende Idee von der Zusammenfassung mehrerer Einzelinteressen, die bis zu einem gewissen Grad korrelieren, entspricht den heutigen Verhältnissen nicht mehr[109].

d) Die Gemeindeautonomie als institutionelle Garantie

Einzelne Autoren betonen die Notwendigkeit eines *institutionellen* Grundrechtsverständnisses[110]. Hervorgehoben wird dabei, dass die verfassungsrechtliche Garantie nur die Gewährleistung der Einrichtung der Gemeindeautonomie an sich umfasst. Die konkrete Ausgestaltung bleibt dem Gesetzgeber vorbehalten. Der Verfassungsgeber erhebt damit nur den allgemeinen Begriff einer Institution zum Bestandteil der Verfassungsordnung[111]. Bei dieser Betrachtungsweise lässt sich auch die Frage der Bindung des Gesetzgebers spezifizieren. Es wird etwa postuliert, die Gemeindeautonomie beinhalte eine gegenüber dem Gesetzgeber wirkende Wesensgehaltssperre, der kantonale Gesetzgeber habe mithin die Autonomie der Gemeinden in einem Mindestmass zu respektieren[112]. Umfang und Inhalt des Wesensgehalts der Gemeindeautonomie bleiben allerdings offen.

---

[105] So sprach GIACOMETTI von der Gemeindeautonomie als verfassungsmässiges Recht der Gemeinde "und der Gemeindeeinwohner" (Staatsrecht 74).

[106] Es könnte von einer verfassungsrechtlichen "actio pro societate" gesprochen werden, HERBERT BETHGE, Grundrechtsschutz für die Medienpolizei?, in NJW 1995, 559.

[107] Immerhin gibt es in der bundesgerichtlichen Rechtsprechung Phasen, die sich mit einem solchen Ansatz in Einklang bringen liessen, so bspw. die frühere, grosszügige Zulassung stimmberechtigter Gemeindebürger zur Autonomiebeschwerde; vgl. BGE 42 I 191 *(betr. Schaffhausen).*

[108] Vgl. zu den kollektiven Grundrechten HANGARTNER, Grundrechte 41, und aus der *deutschen* Literatur SCHOLLER/BROSS 239, die von kollektiven Grundrechten als "Urgrundrechten" ausgehen, welche später "individualisiert" worden seien, sowie DREIER 88, der festhält, dass deutschen Verfassungen der ersten Hälfte des 19. Jahrhunderts Grundrechte oder grundrechtsähnliche Garantien zugunsten öffentlichrechtlicher Körperschaften keineswegs fremd waren; sie bezogen sich auf diejenigen öffentlichen Körperschaften, die dem Bereich der Gesellschaft zugeordnet wurden, besonders Gemeinden und Religionsgesellschaften; weiter BURMEISTER 112 und HENDLER 1150, die beide die kommunale Selbstverwaltung historisch als Grundrecht bezeichnen; a.M. ACHTERBERG 2, der zum Schluss kommt, dass die in frühkonstitutionellen Verfassungen vorgesehenen Beschwerderechte von Korporationen nicht auf einer Anerkennung von (materiellen) Grundrechten beruhten.

[109] In BGE 102 Ia 436 *(Lostorf)* wird festgehalten: "Beschränkungen der Gemeindeautonomie (berühren) nur die Rechtsstellung der Gemeinde selber, nicht jedoch der einzelnen Gemeindegenossen ..."

[110] GIACOMETTI, Verfassungsgerichtsbarkeit 55f; SALADIN, Bemerkungen 625; SCHAFFHAUSER, Konzeption 465; MEYLAN 93; JAGMETTI 344; DAHINDEN 196. Vgl. auch ZIMMERLI, Verhältnismässigkeit 94. Vgl. zum institutionellen Grundrechtsverständnis J.P. MUELLER, in Kommentar BV, Einleitung zu den Grundrechten, N 26; BLECKMANN 170ff m.w.V.; BOECKENFOERDE 1532f.

[111] BURMEISTER 90.

[112] SCHAFFHAUSER, Konzeption 465; YVO HANGARTNER, in AJP 1993, 1522 Ziff. 4; ZIMMERLI, Verhältnismässigkeit 95. Der Begriff "Wesensgehalt" stammt aus dem deutschen Verfassungsrecht;

Auch dieser Ansatz stösst an Grenzen. So wird zu Recht bemerkt, dass bei der Gemeindeautonomie, anders als etwa bei der Eigentumsgarantie, ein Auftrag an den kantonalen Gesetzgeber bezüglich einer gemeindefreiheitlichen Abgrenzung staatlicher und kommunaler Tätigkeiten nicht besteht[113]. Das institutionelle Grundrechtsverständnis vermag an der fehlenden Grundrechtsqualität der Gemeindeautonomie nichts zu ändern. Die Anerkennung eines objektiv-rechtlichen Teilgehalts von Grundrechten führt nicht umgekehrt dazu, verfassungsmässige Organisationsprinzipien unbesehen in den Rang eines Grundrechts zu erheben. Wesentlicher Gehalt einer institutionellen Garantie ist die verfassungsrechtliche Bindung des Gesetzgebers. Bei der Gemeindeautonomie wird nicht eine Institution vor einer Aenderung durch den Gesetzgeber geschützt. Vielmehr entscheidet gerade der kantonale Gesetzgeber, ob der Gemeinde in einem bestimmten Sachbereich Autonomie zukommt.

Der Nutzen des institutionellen Verständnisses besteht darin, auf den objektiven Gehalt der verfassungsrechtlichen Gewährleistung der Gemeindeautonomie hinzuweisen. Gleichzeitig wirft es die Frage auf, welche Einrichtungen der sozialen und politischen Wirklichkeit Gegenstand einer verfassungsrechtlichen Garantie sein sollten. Da die Gemeindeautonomie vom Bundesgericht nicht institutionell verstanden und geschützt wird[114] und der Begriff des institutionellen Denkens in der Literatur nicht unumstritten ist[115], scheitert der Versuch, die Gemeindeautonomie als institutionelle Garantie zu beschreiben[116].

e) Exkurs: Zur Gemeindeautonomie als Rechtssubjektsgarantie

Bereits die Frage, ob die Gemeindeautonomie (wenigstens) eine Rechtssubjektsgarantie beinhaltet, bereitet Probleme. Ausgehend von der Zugehörigkeit der Gemeindeautonomie zum kantonalen Verfassungsrecht und der Organisationshoheit der Kantone wäre es verfassungstheoretisch - wenn auch kaum politisch - denkbar, dass ein Kanton die Gemeindeautonomie abschaffen würde. Das Problem wird allerdings dadurch entschärft, dass sich die Gemeinde auf die Bestandesgarantie berufen kann.

---

vgl. Art. 19 Abs. 2 GG. In der schweizerischen Literatur wird auch vom "Kerngehalt" gesprochen; vgl. J.P. MUELLER, Elemente 141.

[113] Zumindest nicht im Sinne einer gerichtlich durchsetzbaren Institutsgarantie. Im Sinne eines programmatischen Teilgehalts kann ein solcher Auftrag allerdings einzelnen Kantonsverfassungen entnommen werden; z.B. Art. 109 Abs. 2 KV BE: "Das kantonale Recht gewährt den Gemeinden einen möglichst weiten Handlungsspielraum" oder Art. 101 Abs. 2 KV AR: "Alle kantonalen Organe wahren eine möglichst grosse Selbständigkeit der Gemeinden."

[114] Gerade die Frage nach den konkret geschützten Einrichtungen - bspw. Personal-, Finanz- oder Organisationshoheit - macht sichtbar, dass in der Rechtsprechung nicht institutionell argumentiert wird. Das Bundesgericht prüft nicht, welche Einrichtungen verfassungsrechtlichen Schutz verdienen, um anschliessend deren Verletzung festzustellen; es untersucht vielmehr im Einzelfall, ob der Gemeinde in einer bestimmten Rechtssetzungs- oder Rechtsanwendungsfrage eine gewisse Handlungsfreiheit zukommt.

[115] J.P. MUELLER, Elemente 14f, verzichtet wegen der Missverständlichkeit gar auf den Begriff des "institutionellen" Grundrechtsdenkens.

[116] Ebenso PFISTERER, Stellung 111f.

f) Die Gemeindeautonomie als subjektives Recht

In Uebereinstimmung mit einzelnen Entscheiden des Bundesgerichts[117] wird die Gemeindeautonomie auch als *subjektives öffentliches Recht* bezeichnet[118]. Von der überwiegenden Lehre wird dies jedoch abgelehnt[119]. In der Kritik wird etwa darauf hingewiesen, dass sich die Autonomie besser als Kompetenz, denn als subjektives Recht verstehen lasse[120]. Sodann steht der Gemeinde keine absolute, isolierte Rechtsposition zu, die sie gegenüber allen anderen Staatsorganen geltend machen könnte. Ihre Selbständigkeit und deren Schutz bestehen lediglich nach Massgabe der Gesetze. Festzuhalten ist, dass für die Figur des subjektiven öffentlichen Rechts in der schweizerischen Lehre und Praxis ein einheitlicher Begriffsinhalt nicht existiert[121]. Insofern als damit eine Klagebefugnis eines in seiner Rechtsstellung Betroffenen verstanden wird[122], spricht nichts dagegen, rügefähige verfassungsrechtliche Positionen wie die Gemeindeautonomie als subjektive öffentliche Rechte zu bezeichnen[123]. Ein subjektives Recht stellt die Gemeindeautonomie somit dar, weil die Rechtsordnung Verfahren zu ihrem Schutz bereitstellt. Dies steht sodann mit Art. 88 OG in Einklang, da auch dort als historische Wurzel die Theorie der subjektiven öffentlichen Rechte auszumachen ist[124].

g) Zwischenergebnis

Es ergibt sich, dass weder ein Verständnis als Grundrecht noch als institutionelle Garantie die Gemeindeautonomie dogmatisch befriedigend zu erfassen vermag. Nicht über den Versuch einer Etikettierung hinaus führt die Auffassung, die Gemeindeautonomie stelle ein subjektives öffentliches Recht dar. Trotzdem bleibt der Eindruck, dass zwischen Gemeindeautonomie und Grundrechten eine gewisse Affinität besteht. Diese Problemnähe zeigt sich unter zwei Gesichtspunkten: Einerseits ist der Gedanke grundrechtlicher Ursprünge nicht von der Hand zu weisen[125]. Andererseits besteht eine gewisse Aehnlichkeit des Schutzbedürfnisses der Gemeinde gegenüber dem Kanton mit der Situation eines sich auf eine Grundrechtsverletzung berufenden Bürgers. Letzteres kann als Aehnlichkeitsargument bezeichnet werden. Es bot Grundlage so-

---

[117] BGE 65 I 131 *(Hundwil);* 94 I 456 *(Lausanne);* ZBl 1957, 299 *(Bütschwil).*

[118] GEIGER 16; BRIDEL 252f; NAWIASKY 25; MOOR, garantie 1638; ZWAHLEN 631; KENNEL 42. Ueber die Figur des subjektiven öffentlichen Rechts wird vor allem in Deutschland kontrovers diskutiert; vgl. dazu ZULEEG 509 und STERN 508 je m.w.V.

[119] IMBODEN 98; BAUMANN 83f; ZWAHLEN 632; MEYLAN 95. GIACOMETTI hat die Gemeindeautonomie ursprünglich als subjektives öffentliches Recht bezeichnet (Verfassungsgerichtsbarkeit 59), gab diese Auffassung aber später offenbar wieder auf (vgl. Staatsrecht 74ff i.V.m. 153).

[120] MEYLAN 95. Vgl. aber BETHGE 107, nach dessen Ansicht auch Kompetenzen zu klagbaren subjektiven öffentlichen Rechten umgepolt werden können.

[121] Vgl. Anwendungsbeispiele bei IMBODEN/RHINOW 493 und 863.

[122] Vgl. BGE 81 I 170.

[123] Vgl. HEINZE 8. Vgl. zur Rechtsschutzgarantie auch RHINOW, Prozessrecht 39f.

[124] KOELZ, Legitimation 745ff; KAELIN, Legitimation 177.

[125] Vgl. vorne S. 17.

wohl für die verfassungsrechtliche Anerkennung der Gemeindeautonomie als auch für theoretische Versuche, die Gemeindeautonomie grundrechtlich erklären zu wollen.

h) Die Gemeindeautonomie als verfassungsmässiges Recht

aa) Vorbemerkung
Schutzobjekt der staatsrechtlichen Beschwerde bilden "verfassungsmässige Rechte"[126]. Allgemein ausgedrückt bilden die Grundrechte nur eine Teilmenge der verfassungsmässigen Rechte[127]. Auch wenn die Konzeption der Gemeindeautonomie als Grundrecht abgelehnt wird, bleibt die Subsumtion unter den Begriff des verfassungsmässigen Rechts somit möglich.

bb) Begriff des verfassungsmässigen Rechts
Weder Verfassung noch Gesetz präzisieren den Kreis verfassungsmässiger Rechte[128]. Nach der bundesgerichtlichen Rechtsprechung "verbürgen diejenigen Verfassungsbestimmungen von Bund und Kantonen verfassungsmässige Rechte, die dem Bürger einen Schutzbereich gegen staatliche Eingriffe sichern wollen"[129]. Bei der Festlegung verfassungsmässiger Rechte geht das Bundesgericht jedoch nicht einfach von einer bestimmten begrifflichen Konstruktion aus, mithin von der Figur subjektiver Abwehrrechte, sondern nimmt eine Art Rechtfertigungsprüfung vor. Es untersucht, welche Normen verfassungsgerichtlichen Schutz verdienen[130]. Dabei lässt es sich vor allem von vier Entscheidkriterien leiten: Schutz individueller Interessen, verfassungsrelevantes Rechtsschutzbedürfnis, Justiziabilität sowie Konsensfähigkeit[131]. In Erfüllung seines Verfassungsauftrages geht es dem Bundesgericht um die Sicherung der Essentialien einer demokratischen, rechts- und bundesstaatlichen Ordnung[132]. Vor dem Hintergrund dieser prinzipiellen Offenheit des Kreises der verfassungsmässigen Rechte hat das Bundesgericht auch die Gemeindeautonomie als solches Recht bezeichnet, ohne das Problem einer grundrechtstheoretischen Begründung zu erörtern[133].

cc) Zum Problem des Individualrechtsschutzes
Verfassungstheoretische Bedenken ergeben sich hinsichtlich der Voraussetzung der individualschützenden Natur der Norm. Wenn der Gemeindeautonomie früher ein individualschützender Gehalt zugesprochen werden konnte, so ist dies heute nicht mehr

---

[126] Art. 113 Abs. 1 Ziff. 3 BV.
[127] Vgl. zur Abgrenzung J.P. MUELLER, in Kommentar BV, Einleitung zu den Grundrechten, N 7/8.
[128] KAELIN, Verfahren 39; HALLER, in Kommentar BV, Art. 113, N 89.
[129] BGE 104 Ia 287.
[130] KAELIN, Verfahren 58; RHINOW, Grundrechtstheorie 438.
[131] KAELIN, Verfahren 58ff.
[132] J.P. MUELLER, Verfassungsgerichtsbarkeit 68; vgl. auch KAELIN, Verfassungsgerichtsbarkeit 166.
[133] Zu denken ist etwa an die umstrittene Frage der Grundrechtsträgerschaft juristischer Personen des öffentlichen Rechts; dazu HANGARTNER, Rechte 112; BETHGE 56ff; BETTERMANN 1321ff.

der Fall[134]. Auch von der Autonomiebeschwerde als Beschwerde gleichsam "gebündelter" Individualinteressen kann nicht die Rede sein, wie die Erörterungen zum Problem des Kollektivrechts[135] gezeigt haben. Die Autonomiegarantie kommt der Gemeinde unmittelbar zu, ohne individualrechtliche Begründung[136]. Mit der Anerkennung der Gemeindeautonomie als verfassungsmässiges Recht stösst das Bundesgericht mit seinem herkömmlichen Verständnis der Verfassungsbeschwerde als Rechtsbehelf zum Schutz des Einzelnen gegen Uebergriffe der öffentlichen Gewalt[137] somit an eine Grenze. Eingewendet werden könnte, dass im Verfahren der staatsrechtlichen Beschwerde auch andere Rechtspositionen, denen ebenfalls der unmittelbare Bezug zum Individuum abgeht, als verfassungsmässige Rechte verstanden werden. Das trifft bspw. auf das Prinzip der Gewaltentrennung oder den Grundsatz der derogatorischen Kraft des Bundesrechts zu. Verfassungsnormen organisatorischer oder programmatischer Art, die eine sachgerechte Organisation und Ausgestaltung des Gemeinwesens bezwecken, werden gemäss bundesgerichtlicher Praxis nur dann als verfassungsmässige Rechte anerkannt, wenn sie auch individuelle Interessen schützen[138]. Der Grundsatz der Gewaltentrennung und das Prinzip der derogatorischen Kraft des Bundesrechts enthalten auch ein Element der Wahrung individueller Interessen[139]. Bei der Autonomiebeschwerde in der heutigen Ausgestaltung lässt sich dieser Ansatz jedoch nicht mehr aufrecht erhalten. Die Autonomiebeschwerde als Verbandsbeschwerde der Gemeindebürger gegen den Kanton ist eine Fiktion[140]. Gerade die Auseinandersetzung mit privaten Interessen von Gemeindebürgern machen typische Streitsituationen bei staatsrechtlichen Beschwerden wegen Verletzung der Gemeindeautonomie aus. Trotzdem kann auch bei der Gemeindeautonomie vom "Schutz individueller Interessen" gesprochen werden, nur muss dieses Merkmal einer erweiterten Bedeutung zugeführt werden. "Individuell" kann verstanden werden als durch die Besonderheit einer eigenen Rechtsperson geprägt. Bei der Zulassung der Gemeinde zur staatsrechtlichen Beschwerde wird eine so verstandene Eigenartigkeit der Gemeinde bejaht. Einen Ansatzpunkt liefert auch die Rechtsprechung zur Anerkennung ungeschriebener Grundrechte. Danach werden u.a. jene Rechtspositionen trotz fehlender Positivierung als verfassungsmässige Rechte anerkannt, welche unentbehrliche Bestandteile der rechts-

---

[134] Vielfach steht das Interesse der Gemeinde sogar jenem einzelner Privater gegenüber. Zu denken ist etwa an den Fall, in dem sich die Gemeinde gegen einen ein Baugesuch eines Gemeindebürgers gutheissenden Entscheid des Kantons zur Wehr setzt.

[135] Dazu vorne S. 17.

[136] HANGARTNER, Rechte 114.

[137] BGE 103 Ia 59; 99 Ia 756.

[138] BGE 104 Ia 287.

[139] KAELIN, Verfahren 61.

[140] In BGE 103 Ia 198 - die Gemeinde *Moosseedorf* setzte sich für längere Ladenöffnungszeiten ein - hielt das Bundesgericht in bezug auf die vom Kanton zur Anpassung des kommunalen Rechts gewährte Uebergangsfrist ausdrücklich fest: "Zur Rüge, dass diese Frist aus der Sicht der betroffenen Gewerbetreibenden zu kurz sei und verfassungsmässige Individualrechte verletze, ist die Gemeinde ... nicht legitimiert."

staatlichen und demokratischen Ordnung sind[141]. Als solches unentbehrliches Strukturprinzip lässt sich die Gemeindeautonomie durchaus verstehen.

Mit der Autonomiebeschwerde erfährt die staatsrechtliche Beschwerde - soweit sie im klassischen Sinn des Individualrechtsschutzes verstanden wird - somit eine Zusatzfunktion.

dd) Zum Problem der Justiziabilität

Auch das Kriterium der Justiziabilität bereitet bei der Gemeindeautonomie gewisse Probleme. Justiziabel sind nur jene Verfassungsregeln, die normativ genügend bestimmt sind, damit der Richter sie im Einzelfall anwenden kann[142]. Bei der Gemeindeautonomie hängt nun der gerichtliche Schutz weitgehend davon ab, ob der kantonale Gesetzgeber der Gemeinde im strittigen Sachbereich einen Gestaltungsspielraum offenhält. Somit stellt sich die Frage, ob es bei der Gemeindeautonomie nicht regelmässig an normativer Bestimmtheit auf Verfassungsebene fehlt. Freilich ist die unmittelbare Anwendbarkeit nicht bereits dadurch ausgeschlossen, dass das verfassungsmässige Recht von gesetzlichen Anordnungen abhängt[143]. Allerdings ist die Situation bei der Gemeindeautonomie diesbezüglich eine besondere. Es geht nicht darum, dass die allgemeine Autonomiegarantie auf Verfassungsebene der näheren Ausführung durch den Gesetzgeber bedarf, damit der Richter sie anwenden kann. Autonomie und damit gerichtlicher Schutz besteht - zufolge regelmässigen Fehlens ausdrücklicher und konkreter Gewährleistung auf der Ebene der Kantonsverfassung - in der Regel überhaupt nur dort, wo der Gesetzgeber der Gemeinde Entscheidungsfreiheit einräumt. In der Lehre wird dem Dilemma, dass gewisse verfassungsmässige Rechte nur unter dem allgemeinen Vorbehalt gesetzlicher Bestimmungen gewährleistet sind, z.T. dadurch begegnet, dass von "hinkenden" (Grund-)Rechten gesprochen wird[144]. Dementsprechend könnte argumentiert werden, die Gemeindeautonomie sei insofern justiziabel, als sie durch das anwendbare kantonale Recht konkretisiert wird. Damit kann aber - im Regelfall - nicht mehr von Bestimmtheit einer Verfassungsnorm gesprochen werden. Normative Bestimmtheit setzt letztlich einen definierbaren Norminhalt voraus. Ob bei der Gemeindeautonomie, bei der das Gesetz nicht (bloss) eine allgemeine Garantie auf Verfassungsebene ausführt, sondern in der Regel einen Autonomiebereich und damit verfassungsgerichtlichen Schutz überhaupt erst entstehen lässt, noch von einem materiellen Verfassungsrecht gesprochen werden kann, erscheint fraglich. Ausschlaggebend für die Anerkennung der Gemeindeautonomie als verfassungsmässiges Recht war allein ein verfassungsrelevantes Rechtsschutzbedürfnis[145]. Erleichtert wurde

---

[141] Vgl. BGE 104 Ia 96.

[142] J.P. MUELLER, Elemente 29; KAELIN, Verfahren 64.

[143] Vgl. BGE 104 Ia 288.

[144] HANGARTNER, Grundrechte 46f; ders., Rechte 114.

[145] Exemplarisch Urteil vom 23. Januar 1980 i.S. *Zürich*: "Diese Praxis beruht auf der wertenden Vorstellung, dass die Gemeinde nach schweizerischer Tradition eine Urzelle der demokratischen Meinungsbildung sei und sie deshalb des verfassungsrechtlichen Schutzes bedürfe" (ZBl 1980, 210).

dies durch den Umstand, dass die Autonomie der Gemeinden in den Kantonen bereits Verfassungswirklichkeit war. Das Rechtsschutzbedürfnis wurde offenbar als so gross bewertet, dass verfassungstheoretische Bedenken bei der Umschreibung der Gemeindeautonomie als verfassungsmässiges Recht in den Hintergrund traten. Diese Oeffnung der Verfassungsgerichtsbarkeit zugunsten der Gemeinde ist zu begrüssen.

i) Ergebnis

Im Ergebnis zeigt sich, dass ein grundrechtliches Modell, das während der Phase der beiden Wirkungskreise Sinn machte, die Autonomiebeschwerde in der heutigen Ausgestaltung nur unzureichend zu beschreiben vermag. Kernpunkt dieses Ansatzes ist die Bezeichnung der Gemeindeautonomie als Grundrecht. Ausgehend von einer individualbezogenen Grundrechtskonzeption ist diese Definition abzulehnen. Selbst die Bezeichnung der Gemeindeautonomie als verfassungsmässiges Recht ist nicht ohne weiteres einleuchtend. Die Ueberprüfung der Gemeindeautonomie nach den vom Bundesgericht angewandten Kriterien für verfassungsmässige Rechte zeigt, dass die Elemente des Individualschutzes und der Justiziabilität Probleme aufwerfen. Allerdings erscheint es nicht gerechtfertigt, die Etikettierung der Gemeindeautonomie als verfassungsmässiges Recht schlicht als systemfremd zu qualifizieren. Dies aus zwei Gründen: Zum einen existiert ein in sich geschlossenes, kohärentes, klar begrenzbares System verfassungsmässiger Recht gar nicht. Zum andern bestand für das Bundesgericht nicht nur die Möglichkeit, sondern aufgrund seines Verfassungsauftrages sogar das Gebot, schutzwürdige und justiziable Positionen als verfassungsmässige Rechte zu bezeichnen, um seine Zuständigkeit bejahen zu können. Das Bundesgericht amtet insofern praktisch als Verfassungsgeber. Zudem hat die Verfassungsbeschwerde neben dem Schutz des Einzelnen auch im öffentlichen Interesse der Verfassung zum Durchbruch zu verhelfen[146]. Auch wenn sich die Autonomiebeschwerde heute nicht mehr grundrechtlich erklären lässt, wirkt der grundrechtliche Ansatz in Teilbereichen nach:

So bspw. bei der Möglichkeit eines privaten Beschwerdeführers, die Gemeindeautonomie hilfsweise anzurufen.

Offen bleibt, ob und inwieweit die Gemeindeautonomie heute tatsächlich als materielle Rechtsposition, mithin als verfassungsmässiges Recht der Gemeinde zu verstehen ist, und weiter, ob die staatsrechtliche Beschwerde das zur Verwirklichung des Autonomieschutzes geeignete Verfahren ist[147]. Dem soll anhand zweier weiterer Konzeptionen nachgegangen werden.

Dahinter steht die Abkehr von einem rein grundrechtlichen Verständnis der verfassungmässigen Rechte als Abwehrrechte gegen den Staat hin zur Auffassung als (auch) staatsgestaltende Ordnungsprinzipien.

[146] Vgl. KAELIN, Verfahren 6.

[147] Interessant ist in diesem Zusammenhang Art. 109 Abs. 1 des Verfassungsentwurfes von 1977, der die Verfassungsgerichtsbarkeit in Verfassungsbeschwerden, Kompetenzstreitigkeiten und Beschwerden wegen Verletzung der Gemeindeautonomie unterteilt. Vgl. auch Art. 163 Abs. 1 lit. c des "Reformvorschlages Justiz" zum Verfassungsentwurf des Bundesrates 1995.

4. Der organisationsrechtliche Ansatz

Während die grundrechtliche Konzeption die Gemeindeautonomie den verfassungsmässigen Individualrechten zuzuordnen sucht, sieht eine andere Meinung in der verfassungsrechtlichen Autonomiegarantie die Gewährleistung einer bestimmten kantonsinternen Organisation. Die Gemeindeautonomie steht diesfalls in der Nähe einer Kompetenzbestimmung. Diese Betrachtungsweise, die auch Auswirkungen auf den Verfahrensweg impliziert, soll als *organisationsrechtlicher* Ansatz bezeichnet und im folgenden untersucht werden.

a) Ausgangspunkt: Hinweise in der Rechtsprechung des Bundesgerichts

Bis 1965[148] prüfte das Bundesgericht die Rüge der Verletzung der Gemeindeautonomie
grundsätzlich nur darauf, ob die kantonale Behörde formell im Bereich ihrer Zuständigkeit geblieben war[149]. Diese Konzeption hatte zur Folge, dass in Fällen, in denen
die kantonale Behörde von ihrer Kompetenz einen unrichtigen Gebrauch gemacht
hatte, keine Verletzung der Gemeindeautonomie angenommen wurde, solange der
Kanton sich nicht eine Entscheidungskompetenz angemasst hatte, die ihm nicht zustand, oder formell seine Zuständigkeit überschritten hatte[150]. In BGE 83 I 123 *(Neuenburg)* hielt das Bundesgericht sogar ausdrücklich fest, die Gemeindeautonomie stelle in erster Linie ein "Kompetenzproblem" dar. Auch in späteren Entscheiden erscheinen organisationsrechtliche Argumente: In BGE 96 Ia 726f *(Regensdorf)* verneinte das
Bundesgericht eine "Kompetenzüberschreitung" seitens der kantonalen Behörde. In
BGE 103 Ia 196 *(Moosseedorf)* wurde erwogen, dass lediglich unter einem "organisationsrechtlichen Gesichtspunkt" geprüft werde, ob ein neues kantonales Gesetz verfassungsrechtlich garantierte Befugnisse der Gemeinde verletze.

b) Die Autonomiebeschwerde als Kompetenzbeschwerde

Der föderalistische Aufbau der Schweiz weist die drei Stufen Bund, Kantone und Gemeinden auf. Die Gemeinden sind öffentlichrechtliche Körperschaften des kantonalen
Rechts. Genau gleich wie es zu Konflikten zwischen Bund und Kantonen kommen
kann[151], sind Konflikte zwischen Kanton und Gemeinden ein folgerichtiges Phänomen
der bundesstaatlichen Gliederung[152]. Zuständigkeitskonflikte zwischen Bund und Kantonen werden als Kompetenzkonflikte bezeichnet[153]. Zu prüfen ist, inwiefern auch die
Autonomiebeschwerde als Kompetenzbeschwerde verstanden werden kann.

---

[148] Abgesehen von der grosszügigeren Praxis zu Beginn der bundesgerichtlichen Rechtsprechung; dazu
vorne S. 4.

[149] Z.B. BGE 89 I 114 *(Speicher)*; 83 I 123f E.3 *(Neuenburg)*; 72 I 21 *(Flawil)*; 65 I 132 *(Hundwil)*; 40 I
279 *(La Chaux-de-Fonds)*. Praxisänderung in ZBl 1965, 400 *(St. Moritz)*.

[150] Vgl. BGE 65 I 132 *(Hundwil)*.

[151] Art. 113 Abs. 1 Ziff. 1 BV, Art. 83 lit. a OG.

[152] Vgl. AUER 45.

[153] HAEFELIN/HALLER 553, BIRCHMEIER, Bundesrechtspflege 283ff; HALLER, in Kommentar BV,
Art. 113, N 12; HUBER, Kompetenzkonflikt 1ff.

Die Kernaussage des organisationsrechtlichen Ansatzes besteht darin, die Gemeindeautonomie - ausgehend von einer Aufteilung des Verfassungssystems in Kompetenz- und Grundrechtsbestimmungen[154] - als Kompetenz- und nicht als Grundrechtsproblem[155] zu verstehen. Die verfassungsrechtliche Garantie der Gemeindeautonomie gewährleistet eine bestimmte Form der kantonsinternen Organisation. Sie enthält eine objektive, organisatorische Regelung. Ihr Thema sind mithin Kompetenzkonflikte zwischen Gemeinden und Kanton[156]. Die verfassungsgerichtliche Praxis zur Gemeindeautonomie dient also wesentlich zur Ausscheidung von formellen Kompetenzen zwischen Gemeinden und Kanton[157]. Damit geht es bei der Gemeindeautonomie nicht um den Schutz eines Individualrechts, sondern um die Konkretisierung einer im öffentlichen Interesse stehenden, organisationsrechtlichen Verfassungsnorm. Im Unterschied zum institutionellen Verständnis[158], das die Gemeinde als sozialen Befund mit einem zu definierenden Wesensgehalt sichern will, steht hier die Beziehung zwischen Kanton und Gemeinden im Zentrum. Es könnte auch von einem *strukturellen* Ansatz[159] gesprochen werden. Die Gemeindeautonomie stellt ein Staatsorganisationsprinzip dar[160]. Ihre eminente staatspolitische Bedeutung, die über die Funktion der administrativen Dezentralisation hinausgeht[161], begründet ein Bedürfnis nach Rechtsschutz. In subjektiver Hinsicht kann nun aus der verfassungsrechtlichen Gewährleistung der Gemeindeautonomie ein Rechtsschutzanspruch abgeleitet werden. Dieser öffnet der Gemeinde grundsätzlich den Weg zum Verfassungsrichter. Dieser subjektive Aspekt der Gemeindeautonomie braucht freilich keine Abstützung in einem Grundrecht[162]. Trotz Ablehnung einer grundrechtlichen Konzeption ist es nicht ausgeschlossen, die Beziehungen zwischen Kanton und Gemeinden als Rechtsbeziehungen zu begreifen, die auch verfassungsrechtliche und also staatsverfahrensrechtliche Relevanz haben können[163]. Im Falle der Verletzung gewisser Rechtspositionen soll der Weg zum "Staatsgerichtshof" offenstehen[164].

---

[154] BURMEISTER 79.

[155] Zur grundrechtlichen Konzeption vgl. vorne S. 16ff.

[156] So fasst FAGAGNINI 27 die Rechtsprechung vor 1967 zusammen; vgl. auch PFISTERER, Stellung 110.

[157] KOELZ, Beschwerdebefugnis 114.

[158] Vgl. vorne S. 18.

[159] Vgl. ExpertBer. 181.

[160] MEYLAN, 95, der einen Bezug zum Gewaltenteilungsprinzip herstellt.

[161] Vgl. MOOR, garantie 1631.

[162] PFISTERER, Stellung 110.

[163] Vgl. MATTER 41. In *Deutschland* wird in diesem Zusammenhang von einer rechtlichen Erschliessung des staatsorganisatorischen Binnenraumes gesprochen; vgl. BETGHE 107 m.w.V. Verfassungsrechtspositionen, bei deren Verletzung öffentlichrechtliche Körperschaften als Beschwerdeführer auftreten, werden etwa als öffentliche In-sich-Rechte bezeichnet, die Verfassungsbeschwerde der Selbstverwaltungskörperschaften führt mithin zu einem In-sich-Prozess; vgl. HEINZE 8.

[164] Abgesehen vom Verwaltungsverfahren; dazu GYGI, Bundesverwaltungsrechtspflege 167ff; KOELZ, Beschwerdebefugnis 97ff.

c) Die Frage nach dem geeigneten Verfahren

Das verfahrensrechtliche Spiegelbild der Unterteilung von Verfassungsnormen in Kompetenznormen einerseits und Grundrechte anderseits kann in der schweizerischen Verfassungsgerichtsbarkeit in der staatsrechtlichen Klage und der staatsrechtlichen Beschwerde gesehen werden. Die These, bei der Gemeindeautonomie gehe es im Kern um einen Kompetenzkonflikt, beinhaltet auch eine prozessuale Konsequenz. Für Autonomiestreitigkeiten läge eigentlich nicht die Verfassungsbeschwerde, sondern jenes Verfahren nahe, das "zwischenstaatliche" Streitigkeiten zum Thema hat, also die staatsrechtliche Klage gemäss Art. 83 OG.

aa) Staatsrechtliche Klage

Voraussetzung einer staatsrechtlichen Klage nach Art. 113 Abs. 1 Ziff. 1 und 2 BV ist entweder ein Kompetenzkonflikt zwischen Bundesbehörden und Kantonalbehörden oder eine staatsrechtliche Streitigkeit zwischen Kantonen. Im Gegensatz zur staatsrechtlichen Beschwerde dient die staatsrechtliche Klage nicht dem Schutz von Individualrechten, sondern dem Schutz von Regelungen, die im *öffentlichen Interesse* aufgestellt worden sind, insbesondere der Abgrenzung von Zuständigkeiten[165]. Ihrem Typus nach könnten Autonomiestreitigkeiten zum staatsrechtlichen Klageverfahren gehören, da sich mit Kanton und Gemeinde zwei öffentlichrechtliche Körperschaften gegenüberstehen. Somit liegt der Vergleich mit einem Kompetenzkonflikt zwischen Bund und Kanton nahe[166]. Ein solcher liegt vor, wenn Uneinigkeit über die Abgrenzung zweier Zuständigkeitsbereiche herrscht[167]. Die Kompetenzstreitigkeit kann sich grundsätzlich auf sämtliche Staatsfunktionen, mithin auf Rechtssetzung und Rechtsanwendung beziehen[168]. Die Frage ist, ob sich die Autonomiebeschwerde als eine derartige Kompetenzbeschwerde verstehen lässt.

Die Rechtsprechungsphase vor 1874 kannte neben der Rüge der Verfassungsverletzung den Beschwerdegrund der Kompetenzverletzung. Während der "mittleren" Rechtsprechungsphase des Bundesgerichts bis Mitte der sechziger Jahre stand die Autonomiebeschwerde ebenfalls in der Nähe einer eigentlichen Kompetenzbeschwerde. Mit dem Uebergang zur Prüfung (auch) der materiellen Verfassungsmässigkeit des angefochtenen kantonalen Entscheides[169] hat das Bundesgericht in seiner Autonomierechtsprechung jedoch den Boden des reinen Zuständigkeitskonfliktes verlassen. Gewiss lässt sich auch bei der staatsrechtlichen Klage die (formelle) Frage der Zuständigkeit von der (materiellen) Frage nach der Rechtmässigkeit des Hoheitsaktes nicht strikt trennen[170]. Doch zeigt die Entwicklung der bundesgerichtlichen Umschrei-

---

[165] HAEFELIN/HALLER 553.

[166] Der "staatsrechtlichen Streitigkeit" zwischen Kantonen würde eine Auseinandernetzung zwischen Gemeinden entsprechen, um die es hier nicht geht.

[167] BGE 108 Ib 395; HALLER, in Kommentar BV, Art. 113, N 12.

[168] HALLER, in Kommentar BV, Art. 113, N 15.

[169] Vgl. vorne S. 7f.

[170] HALLER, in Kommentar BV, Art. 113, N 25, mit Verweis auf BGE 81 I 135; vgl. auch BGE 117 Ia

bung der Autonomieverletzung, dass Autonomiebeschwerden nicht mehr bzw. nur zu einem kleinen Teil als Zuständigkeitsbeschwerden verstanden werden. Wenn die Gemeinde z.B. gestützt auf Art. 4 BV willkürliche Gesetzesanwendung rügen kann oder die Verkennung der Tragweite eines Grundrechtes der Verfassung, dann steht allein die materielle Verfassungsmässigkeit eines kantonalen Hoheitsaktes zur Diskussion. Bei der staatsrechtlichen Klage hingegen geht es um die Auslegung von "kompetenzverteilenden" Rechtssätzen[171]. Die Bezeichnung von Autonomiestreitigkeiten als (blosse) Kompetenzkonflikte scheint somit überholt. Hinzu kommen Besonderheiten der staatsrechtlichen Klage in prozessualer Hinsicht: Die Parteifähigkeit kommt nur den Kantonen und dem Bund zu. Die staatsrechtliche Klage ist an keine Frist gebunden[172]. Staatsrechtliche Klagen werden sodann vom Bundesgericht in tatsächlicher und rechtlicher Hinsicht frei geprüft[173]. Allein das Vorliegen eines Kompetenzkonfliktes berechtigt schliesslich zur Beschwerdeführung[174]. Insgesamt zeigt sich keine Notwendigkeit, Autonomiebeschwerden im Verfahren der staatsrechtlichen Klage auszutragen, obwohl durchaus auch Zuständigkeitskonflikte Anlass zum Streitverfahren geben können. Der Gemeinde werden mittlerweile jedoch Rügemöglichkeiten, wie bspw. die Verletzung von Art. 4 BV, eingeräumt, die den Rahmen des Zuständigkeitskonflikts sprengen.

bb) Staatsrechtliche Beschwerde

Den Gemeinden kommt ein Rechtsschutzanspruch zu, der demjenigen entspricht, den Private besitzen, wenn sie ein verfassungsmässiges Recht gegen den Staat anrufen[175]. Die verfassungsrechtliche Garantie, die diesen Schutzanspruch begründet, gewährleistet im Ergebnis eine bestimmte Form der kantonsinternen Organisation. Um das Ziel, die Rechtsstellung der Gemeinden gegenüber dem Kanton abzusichern, zu erreichen, bot sich der Weg des Individualrechtsschutzes an, mithin das Verfahren der staatsrechtlichen Beschwerde[176]. Zu betonen ist, dass das verfassungsgerichtliche Individualrechtsschutz-Verfahren aufgrund einer pragmatischen Notwendigkeit und nicht aus grundsätzlichen, dogmatischen Ueberlegungen über die Grundrechtsqualität der Gemeindeautonomie zur Verfügung gestellt wurde[177]. Das Bundesgericht bejahte bei Autonomieverletzungen ein hinreichendes Rechtsschutzbedürfnis der Gemeinde, um ihr die Verfassungsbeschwerde zur Verfügung zu stellen, und anerkannte die Gemein-

---

209. Auch bei einem Kompetenzkonflikt kann es zudem um die richtige *Ausübung* der Kompetenz (z.B. Aufsichtsrecht) gehen.

[171] BGE 74 I 161.

[172] BGE 74 I 29.

[173] BGE 61 I 351; 106 Ib 158f.

[174] HALLER, in Kommentar BV, Art. 113, N 33.

[175] Es zeigt sich die bereits bei der grundrechtlichen Konzeption (vorne S. 16ff) sichtbar gewordene Argumentationsfigur der Aehnlichkeit.

[176] PFISTERER, Stellung 110; vgl. auch AUER 45.

[177] PFISTERER, Stellung 110.

deautonomie als verfassungsmässiges Recht der Gemeinde[178]. Immerhin eignet sich die staatsrechtliche Beschwerde für Konflikte zwischen Gemeinde und Kanton - im Gegensatz zu Auseinandersetzungen zwischen Kanton und Bund -, da die Gemeinde gegenüber dem Kanton in einem Unterordnungsverhältnis steht. Insofern kann von "rechtsmachtmässiger" Verschiedenheit gesprochen werden[179]. Ziel des Verfassungsbeschwerde-Verfahrens ist die Sicherung und Entfaltung eigener Interessenbereiche derjenigen Rechtssubjekte, die der staatlichen Rechtsmacht ausgesetzt sind. In der Lehre taucht mitunter die Forderung auf, die staatsrechtliche Beschwerde nicht nur als Individualrechtsschutz-Verfahren, sondern auch als eine "institution communautaire" zu verstehen, gerichtet auf die Verwirklichung objektiven Rechts[180].

Die Aehnlichkeit der Gemeinde in der Rolle als Beschwerdeführerin im Verfahren der staatsrechtlichen Beschwerde mit dem eine Grundrechtsverletzung rügenden Privaten darf aber nicht darüber hinwegtäuschen, dass materiell zwei verschiedene Konfliktsituationen vorliegen. Aus der hoheitlichen Stellung der Gemeinde resultiert eine pflichtige, kompetentielle[181] und apersonale Rechtsposition. Ein verfassungsrechtliches Schutzbedürfnis besteht vor allem bei Beschränkungen ihrer Entscheidungsfreiheit und bei der Verletzung von Verfahrensgarantien. Im Unterschied dazu zeichnet sich die grundrechtlich garantierte Freiheit einer privaten Person durch eine gewisse Beliebigkeit in der Wahrnehmung von Handlungsmöglichkeiten aus. Verfassungsrechtlich geschützt werden hier Freiräume, die sich letzlich an der Menschenwürde orientieren.

In ZBl 1990, 348 *(Richterswil)* hielt das Bundesgericht fest: "Autonomie ist nicht Freiheit zu beliebigem privatwillkürlichen Verhalten, wie sie dem Bürger (im Rahmen der Rechtsordnung) zusteht. Autonomie ist vielmehr Gestaltungsfreiheit bei Erfüllung der dem Gemeinwesen obliegenden Aufgaben."

cc) Eigenes Verfahren bzw. eigener Beschwerdegrund für Autonomiebeschwerden im Rahmen der Verfassungsgerichtsbarkeit

Neben den Verfahren der staatsrechtlichen Klage und der staatsrechtlichen Beschwerde wäre theoretisch auch ein eigener Rechtsweg für die Autonomiebeschwerde denkbar, um der Besonderheit von Autonomiestreitigkeiten Rechnung zu tragen[182]. Zu

---

[178] Dazu ausführlich vorne S. 21ff.

[179] DUELP 514.

[180] MACHERET 142, 195; DAHINDEN 196.

[181] JAGMETTI 318.

[182] Vgl. MACHERET 196; DAHINDEN 199. In *Deutschland* enthält das Bundesverfassungsgerichtsgesetz neben der allgemeinen Verfassungsbeschwerde eine spezielle Verfassungsbeschwerde der Gemeinden und Gemeindeverbände (§ 91 BVerfGG). Grundlage bildet Art. 93 Abs. 1 Ziff. 4b GG, der die Zuständigkeit des Bundesverfassungsgerichts zur Entscheidung von Verfassungsbeschwerden von Gemeinden vorsieht. Auch in *Oesterreich* steht der Gemeinde zur Durchsetzung des verfassungsmässig gewährleisteten Selbstbestimmungsrechts die Möglichkeit der Beschwerdeführung beim Verfassungsgerichtshof offen (Art. 119a Abs. 9, 139 Abs. 1, 140 Abs. 1 B-VG).

erwähnen ist in diesem Zusammenhang der Vorentwurf der Expertenkommission für die Vorbereitung einer Totalrevision der Bundesverfassung aus dem Jahre 1977. Dessen System der Verfassungsgerichtsbarkeit umfasst neben den Verfassungsbeschwerden (wegen Verletzung von verfassungsmässigen Rechten) die Klagen betreffend Kompetenzstreitigkeiten (zwischen Bund und Kantonen oder zwischen Kantonen) sowie ausdrücklich die "Beschwerden wegen Verletzung der Gemeindeautonomie"[183]. Allerdings scheint damit kein eigener Rechtsweg für Autonomiestreitigkeiten beabsichtigt; im Bericht der Expertenkommission wird die Autonomiebeschwerde unter die Verfassungsbeschwerde subsumiert[184]. Es handelt sich somit lediglich um eine "Positivierung" der Autonomiebeschwerde[185]. Auch die Modellstudie des EJPD von 1985 führt Beschwerden wegen Verletzung der Gemeindeautonomie ausdrücklich neben Beschwerden wegen Verletzung verfassungsmässiger Rechte auf[186].

d) Ergebnis

Im Ergebnis zeigt sich, dass die staatsrechtliche Beschwerde (Verfassungsbeschwerde) durchaus als geeignetes Verfahren zur Verwirklichung des Autonomieschutzes erscheint, und nicht etwa - trotz einiger Bezugspunkte - die staatsrechtliche Klage. Bei Autonomiestreitigkeiten als Konflikt zwischen Gemeinde und Kanton besteht zwar ein gewisser Bezug zur staatsrechtlichen Klage, wenn die Gemeinde eine Kompetenzverletzung rügt. Anderseits gibt es in der Praxis der Autonomiebeschwerde Erscheinungen, die nicht dem Modell der staatsrechtlichen Klage entsprechen, bspw. die Möglichkeit, dass ein privater Beschwerdeführer hilfsweise die Gemeindeautonomie anrufen kann, oder "individualrechtliche" Rügen, wie die Verletzung des rechtlichen Gehörs. Immer noch offen bleibt auch die Frage des materiellen Gehalts der Gemeindeautonomie. Dieses Problem und insbesondere die Frage der Legitimation der Gemeinde zur staatsrechtlichen Beschwerde steht im Zentrum eines verfahrensrechtlichen Ansatzes, der nachfolgend darzustellen ist.

5. Der verfahrensrechtliche Ansatz

Die bisherigen Erörterungen haben gezeigt, dass sich die Gemeindeautonomie nicht problemlos in den Kreis verfassungsmässiger Rechte einreihen lässt. Es ist fraglich, ob die Autonomiebeschwerde bloss als formelle Kehrseite einer materiellen Rechtsfi-

---

[183] Art. 109 Abs. 1 lit. c ExpertEntw. Auch der Verfassungsentwurf ALFRED KOELZ/JOERG PAUL MUELLER (Münsingen-Bern 1984, Basel 1990 und Bern 1995) sieht dies vor.

[184] ExpertBer. 181.

[185] Immerhin würde eine solche Verfassungsrevision - bzw. eine Revision des OG - mehr Transparenz schaffen und insbesondere zwei Probleme entschärfen: die Legitimation der Gemeinde zur staatsrechtlichen Beschwerde und den "Beschwerdegrund" der Verletzung der Gemeindeautonomie.

[186] Art. 125 Abs. 1 lit. a. Im Verfassungsentwurf des Bundesrates von 1995 wird die Gemeindeautonomiebeschwerde nicht separat aufgeführt (Art. 163), hingegen in den "Reformvorschlägen Justiz" des EJPD bzw. der Expertenkommission.

gur verstanden werden kann. Diese Unsicherheit bezüglich der materiellrechtlichen Umschreibung führt zum Versuch, die Gemeindeautonomie als rein formellrechtliches Problem zu deuten. Bei dieser Ausgangslage interessiert einerseits, inwiefern die sich auf eine Autonomieverletzung berufende Gemeinde die Voraussetzungen von Art. 88 OG erfüllt, und anderseits, zu welchen Rügen die Gemeinde im Rahmen der Autonomiebeschwerde legitimiert ist.

a) Ausgangspunkt: Hinweise in der Rechtsprechung des Bundesgerichts

Zu Beginn des 20. Jahrhunderts konnte sich die Gemeinde im Rahmen einer Autonomiebeschwerde auf eine Verletzung der Autonomie und anderer verfassungsmässiger Rechte berufen. Die Gemeinde erschien berechtigt, eine staatsrechtliche Beschwerde zu führen wie Private. In den dreissiger Jahren wurde die Beschwerdeberechtigung der Gemeinde erheblich eingeschränkt[187]. Die Rechtsprechung seit Ende der sechziger Jahre hat die Beschwerdemöglichkeiten der Gemeinde wieder erweitert. Doch liegt nicht einfach eine Rückkehr zur älteren Praxis vor; auch heute noch wird die Autonomiebeschwerde als Ausnahmetatbestand im Rahmen der staatsrechtlichen Beschwerde verstanden. In der neueren Bundesgerichtspraxis finden sich aber Ansätze, welche die Gemeindeautonomie als primär verfahrensrechtliches Problem erscheinen lassen:

aa) Die Zulassung konnexer Verfassungsrügen neben der Autonomieverletzung führte dazu, dass sich das Bundesgericht über das Verhältnis einer Rüge wegen Verletzung von Art. 4 BV zur Rüge der Autonomieverletzung äussern musste. In einzelnen Entscheiden wird festgehalten, dass die Willkürrüge neben der Rüge der Verletzung der Gemeindeautonomie keine selbständige Bedeutung habe[188]. Obwohl der Gemeinde keine selbständige Willkürrüge zusteht[189], werden einzelne Autonomiebeschwerden wie Willkürbeschwerden behandelt[190]. In neueren Entscheiden wird sogar erwogen, soweit die Gemeinde Willkür rüge, komme "der Anrufung der Gemeindeautonomie keine selbständige Bedeutung zu"[191] bzw. falle die Rüge der Verletzung der Gemeindeautonomie mit der Willkürrüge "zusammen"[192]. Mitunter wird eine Autonomiebeschwerde darum gutgeheissen, weil der kantonale Entscheid gegen Art. 4 BV verstösst, ohne dass von einer Autonomieverletzung die Rede ist[193]. Es entsteht so der Eindruck, das

---

[187] Vgl. vorne S. 6.

[188] BGE 113 Ia 200 *(Egerkingen)*; 110 Ia 51 *(Thusis)*; 102 Ia 166 *(Villars-sur-Glâne)*; 100 Ia 90 *(Bassersdorf)*.

[189] BGE 93 Ia 433 *(Zuchwil)*.

[190] Z.B. BGE 120 Ib 207 *(Wangen)*; 108 Ia 195 *(Genf)*: "Saisi d'un recours de droit public pour arbitraire ..."

[191] BGE 116 Ia 43f *(Silvaplana)*, 225 *(Kappel)*. Vgl. auch BGE 119 Ia 116 *(Baden)*, wo sich das Bundesgericht allerdings auf die Stellung der beschwerdeführenden Gemeinde als Eigentümerin abstützte.

[192] BGE 116 Ia 225 *(Kappel)*; 114 Ia 79 *(Klosters-Serneus)*.

[193] BGE 114 Ia 376 *(Aesch)*.

Bundesgericht prüfe im Grunde genommen eine Willkürbeschwerde der Gemeinde. In einem Entscheid vom 7. Dezember 1993 i.S. *Mund* wird festgehalten: "Nach der Rechtsprechung des Bundesgerichts kann eine Gemeinde die Verletzung allgemeiner rechtsstaatlicher Verfahrensgrundsätze, die das Bundesgericht aus Art. 4 BV herleitet, geltend machen"[194].

bb) Voraussetzung zur Beschwerdeberechtigung der Gemeinde ist einzig, dass der angefochtene Hoheitsakt sie in ihrer hoheitlichen Stellung trifft und sie eine Verletzung der Gemeindeautonomie behauptet[195]. Die materielle Prüfung beginnt damit bei der Frage nach dem Autonomiebereich[196]. In einem Urteil vom 8. Mai 1992 i.S. *Gemeinde X.* führte das Bundesgericht im Rahmen der Klärung des Autonomiebereichs aus: "Für eine materielle(!) Ueberprüfung der angefochtenen kantonalen Entscheide durch das Bundesgericht besteht nach dem Gesagten jedoch erst Raum, wenn diese die Gemeinde in einem geschützten Autonomiebereich treffen"[197]. In einem Entscheid aus dem Jahre 1987 war die Legitimation eines Zweckverbandes zur staatsrechtlichen Beschwerde zu prüfen. Sie wurde verneint mit der Begründung, der öffentlichrechtlichen Körperschaft komme keine Autonomie zu[198]. Damit wird der Eindruck erweckt, die Autonomie stelle eine Voraussetzung und nicht einen Teil der materiellen Prüfung dar.

cc) Interessant, wenn auch nur von untergeordneter Bedeutung, ist sodann ein Blick auf die neuere Publikationspraxis des Bundesgerichts. Autonomiebeschwerden werden in ständiger Praxis in der Amtlichen Sammlung der Entscheidungen des Bundesgerichts unter dem Stichwort "Gemeindeautonomie" veröffentlicht. Einzelne neueste Entscheide finden sich nun unter anderen Rubriken, so z.B. unter "Rechtsgleichheit (Rechtsverweigerung)"[199].

b) Die Legitimation der Gemeinde zur staatsrechtlichen Beschwerde

Nach Art. 88 OG steht das Recht zur Beschwerdeführung Bürgern (Privaten) und Korporationen bezüglich solcher Rechtsverletzungen zu, die sie durch allgemein verbindliche oder sie persönlich treffende Erlasse oder Verfügungen erlitten haben[200]. Mit der Bezeichnung "Korporation" wurde die von der Verfassung nicht entschiedene Frage, inwiefern auch öffentlichrechtliche juristische Personen zur Beschwerdeführung be-

---

[194] ZBl 1994, 277 *(Mund);* allerdings wird präzisiert, dass dies nur gelte, falls die Autonomie im fraglichen Rechtsbereich bejaht werde.

[195] BGE 119 Ia 216f *(Küsnacht);* 117 Ia 354 *(Kloten u. Uster);* zur Legitimation siehe hinten S. 152.

[196] Dazu hinten S. 42ff.

[197] BGE 118 Ia 221; es handelt sich um ein Urteil der II. öffentlichrechtlichen Abteilung.

[198] BGE 113 Ia 232 *(Consorzio del Mendrisiotto per l'eliminazione dei rifiuti).*

[199] BGE 116 Ia 449 *(Zürich);* dieser Entscheid wird unter der Rubrik "Gemeindeautonomie" nicht erwähnt. BGE 119 Ia 113 *(Baden);* unter "Gemeindeautonomie" wird immerhin darauf verwiesen.

[200] Zur Legitimation siehe auch hinten S. 152.

rechtigt sind, offengelassen[201]. In der Botschaft zum OG von 1893[202] wird ausgeführt, der Entwurf gehe mit dem bisherigen Gesetz[203] einig, "dass das Beschwerderecht nicht bloss dem einzelnen Bürger und Privaten, sondern auch juristischen Personen (öffentlichen und privatrechtlichen) zustehen soll"[204]. Im Rahmen der Revision des OG im Jahre 1943 wurde die Legitimation mit den gleichen Worten umschrieben wie bisher; von einer materiellen Aenderung ist nicht die Rede[205].

Unter dem Aspekt der Legitimation ist zu prüfen, ob die erhobene Rüge zulässig ist. Ueber die Begründetheit der Beschwerde wird erst im Sachurteil entschieden. Bei der staatsrechtlichen Beschwerde lässt sich jedoch die formelle Eintretensfrage von materiellrechtlichen Problemen nicht strikt trennen[206]. Das Erfordernis der Legitimation bezweckt ein Mehrfaches. Einerseits soll die Popularbeschwerde ausgeschlossen werden[207], anderseits soll die Beeinträchtigung in bloss tatsächlichen Interessen oder die Wahrung allgemeiner öffentlicher Interessen nicht ausreichend sein[208]. Selbst unter der früheren Praxis des Bundesgerichts nicht zugelassen wurden juristische Personen des öffentlichen Rechts ferner, soweit es um die Austragung behördlicher Zuständigkeitskonflikte ging[209]. Es zeigt sich somit eine grundsätzliche Offenheit des positiven Rechts zur Frage, ob die Gemeinde zur staatsrechtlichen Beschwerde legitimiert ist. Art. 88 OG schliesst die Gemeinde vom Recht zur Beschwerdeführung nicht aus. Die Einräumung der Beschwerdebefugnis bedeutet, dass den juristischen Personen des öffentlichen Rechts verfassungsmässige Rechte auch materiell zustehen, ansonsten die Beschwerdemöglichkeit keinen Sinn machen würde. Im Gegensatz zum *deutschen* Recht, welches die Frage, inwiefern sich juristische Personen des öffentlichen Rechts auf Grundrechte berufen könne, materiell-rechtlich regelt[210], kann hinter der verfahrensrechtlichen Lösung des Art. 88 OG ein "aktionenrechtliches" Denken gesehen werden[211].

---

[201] BIRCHMEIER, Bundesrechtspflege 359. A.M. GIACOMETTI, Verfassungsgerichtsbarkeit 161.

[202] Bereits das OG von 1893 enthielt in Art. 178 Ziff. 2 - abgesehen von einem redaktionellen Unterschied: "betreffende" statt heute "treffende" - die heutige Regelung; vgl. dazu BIRCHMEIER, Bundesrechtspflege 357f.

[203] Das OG von 1874 sah in Art. 59 die Verfassungsbeschwerde von "Privaten und Korporationen" wegen Verletzung von verfassungmässigen Rechten vor, ohne einen speziellen Artikel zur Legitimation aufzuführen; vgl. AS 1874 I 153.

[204] BBl 1892 II 377f. Die Begriffe "juristische Person" und "Korporation" sind somit kongruent.

[205] BBl 1943, 139f.

[206] Vgl. KAELIN, Verfahren 226.

[207] BGE 104 Ia 353.

[208] BGE 107 Ia 182.

[209] BGE 30 I 634; 65 I 272. Behörden sind Organe einer Verwaltungseinheit und als solche weder partei- noch prozessfähig; vgl. GYGI, Bundesverwaltungsrechtspflege 180.

[210] Art. 19 Abs. 3 GG; dazu PETER HAEBERLE, Die Wesensgehaltsgarantie des Art. 19 Abs. 2 Grundgesetz, 3. Aufl., Heidelberg 1983.

[211] DUELP 485.

In der Lehre hat sich vor allem MATTER[212] mit den formellen Voraussetzungen der Autonomiebeschwerde auseinandergesetzt. Vor dem Hintergrund der überholten Praxis, wonach der hoheitlich handelnden Gemeinde die Beschwerdebefugnis in bezug auf alle Verfassungsrechte mit Ausnahme der Gemeindeautonomie[213] abgesprochen wurde, forderte Matter einen besseren Schutz der Gemeinde. Dieses rechtspolitische Ziel sollte über eine grosszügigere Handhabung der Legitimation erreicht werden. Seiner Ansicht nach reduziert sich die Legitimationsfrage bei der Autonomiebeschwerde auf die Prüfung des Rechtsschutzinteresses[214]. Bei nachgewiesenem Rechtsschutzinteresse soll sich die Gemeinde nicht nur auf eine Autonomieverletzung berufen können, sondern auch auf andere, sie treffende Verfassungsrechtsverletzungen[215]. Die Gemeinde ist somit als Korporation im Sinne von Art. 88 OG anzusehen und grundsätzlich zur Beschwerdeführung berechtigt. Betreffend die konkreten Beschwerdegründe ist das Rechtsschutzinteresse entscheidend.

Nach einer solchen Auffassung stellt die Autonomiebeschwerde nicht einen im Ergebnis gerechtfertigten, dogmatisch jedoch ungeklärten Ausnahmetatbestand der staatsrechtlichen Beschwerde dar. Vielmehr ergibt sich die Legitimation der Gemeinde aufgrund einer wertenden, verfassungsrelevante Schutzbedürfnisse berücksichtigenden Auslegung von Art. 88 OG[216]. Die Autonomiebeschwerde wird hier nicht als bloss formeller Reflex einer materiellen Rechtsposition verstanden. Der Gemeindeautonomie kommt ein legitimationseinräumender Gehalt zu. Besitzt eine öffentlichrechtliche Körperschaft grundsätzlich Autonomie, steht ihr gegen einen kantonalen Hoheitsakt der Weg zum Verfassungsrichter offen. Der Gemeinde als Hauptbeispiel wird in solchen Fällen Parteifähigkeit und hinreichendes Rechtsschutzinteresse zugesprochen. Im Sachurteil erfolgt die Prüfung, ob im konkreten Fall tatsächlich eine als Autonomieverletzung bezeichnete Verfassungsverletzung vorliegt. Die Gemeindeautonomie gewährleistet der hoheitlich handelnden Gemeinde das Beschwerderecht im Verfahren der staatsrechtlichen Beschwerde und kann somit als Rechtsschutzgarantie bezeichnet werden. Aus der Einräumung der (formellen) Beschwerdebefugnis kann jedoch nicht ohne weiteres die Anerkennung eines materiellen "Anspruchs" abgeleitet werden[217].

Der staatliche Innenraum wird der Verfassungsgerichtsbarkeit soweit geöffnet, als die beschwerdeführende Körperschaft nicht bloss als dezentrale Verwaltungseinheit handelt, sondern Selbständigkeit, mithin Gestaltungsfreiheit geniesst. Das ist dann der Fall, wenn der Beschwerdeführerin eine verfassungsrechtlich gewährleistete Autonomie zukommt. Als Sachurteilsvoraussetzung gerechtfertigt ist aber nur das Bestehen

---

[212] Die Legitimation der Gemeinde zur staatsrechtlichen Beschwerde, Diss. Bern 1965.

[213] Sowie der Bestandes- und Existenzgarantie.

[214] Abgesehen von der Parteifähigkeit, die im Rahmen der Autonomiebeschwerde auch nach der bundesgerichtlichen Praxis nie problematisch war; vgl. dazu MATTER 25ff.

[215] So im Ergebnis auch MEYLAN 109f und HANGARTNER, Rechte 118ff.

[216] Vgl. auch MARTI, Beschwerde 73.

[217] Vgl. ACHTERBERG 3.

einer grundsätzlichen Autonomiegarantie. Mit der Anerkennung der Gemeindeautonomie als ungeschriebene Verfassungsgarantie in allen Kantonen[218] ist die Gemeinde zur staatsrechtlichen Beschwerde legitimiert. Handelt es sich bei der Beschwerdeführerin nicht um eine Gemeinde, muss das Bestehen einer grundsätzlichen Autonomiegarantie als Sachurteilsvoraussetzung in der Beschwerde dargetan werden[219].

Wird die Legitimation der Gemeinde zur staatsrechtlichen Beschwerde grundsätzlich bejaht, stellt sich immer noch die Frage, welche Rügen die Gemeinde vorbringen kann.

c) Das Problem eines materiellen Gehalts der Gemeindeautonomie und die Frage der möglichen Rügen

Nach MATTER entscheidet das Rechtsschutzinteresse die Frage der konkreten Beschwerdegründe. Das Beschwerderecht sollte seiner Meinung nach der Gemeinde nur hinsichtlich jener Rügen abgesprochen werden, bei denen ihr ein Rechtsschutzinteresse fehlt[220]. Nach der Praxis des Bundesgerichts kann sich eine Gemeinde auf eine Verletzung der Gemeindeautonomie und - unter der Voraussetzung des engen Zusammenhangs - auf andere verfassungsmässige Rechte und Verfassungsgrundsätze berufen. Diese Formulierung geht von einem selbständigen Tatbestand "Verletzung der Gemeindeautonomie" aus, d.h. einer materiellen, in der Kantonsverfassung definierten Rechtsposition, die durch kantonale Hoheitsakte verletzt werden kann. Während der Phase, als die Theorie der beiden Wirkungskreise Gültigkeit hatte, konnte der eigene Wirkungskreis der Gemeinde durchaus als materielle Umschreibung der Gemeindeautonomie verstanden werden. Das Prüfungsprogramm war zu jener Zeit stärker auf die Frage des Autonomiebereichs konzentriert. Wurde bei einer Autonomiebeschwerde die Autonomie bejaht, ergab sich fast zwangsläufig die Autonomieverletzung. Ein Eingriff des Kantons in den Bereich des eigenen Wirkungskreises der Gemeinde wurde als Autonomieverletzung bewertet. Die Autonomiebeschwerde diente der Wahrung einer definierbaren "Freiheitssphäre"[221] der Gemeinde gegenüber einem übergeordneten Hoheitsträger. Eine materielle Konzeption lässt sich auch der frühesten Praxis des Bundesgerichts entnehmen: Autonomiebeschwerden wurden in der Amtlichen Sammlung vormals unter dem Titel "Eingriff in garantierte Rechte" behandelt[222]. Im

---

[218] BGE 100 Ia 274 *(Parpan);* 40 I 272 *(La Chaux-de-Fonds).*

[219] Vgl. BGE 108 Ia 85 *(Kirchgemeinde Straubenzell).*

[220] MATTER 25ff.

[221] So BGE 68 I 86 *(Boswil).*

[222] Vgl. BGE 3, 90; 31, 115. Der Begriff "Gemeindeautonomie" wird seit Beginn der bundesgerichtlichen Rechtsprechung verwendet. Ein Blick in die Register der Amtlichen Sammlung zeigt dies. Während Urteile zur Gemeindeautonomie anfangs unter "Gemeinde" zu finden sind, erscheinen sie zu Beginn des 20. Jahrhunderts z.T. unter "Gemeinden", z.T. unter "Autonomie", später nur noch unter "Autonomie". Gegen Mitte des 20. Jahrhunderts werden sie insgesamt unter dem Oberbegriff "Gemeinde" aufgeführt. In den sechziger Jahren taucht dann der Begriff "Gemeindeautonomie" als eigenes Stichwort auf.

Rahmen der aktuellen Rechtsprechung zur Autonomiebeschwerde kann die Gemeinde zusammenfassend folgende Rügen vorbringen:
- Die kantonale Behörde habe ihre Zuständigkeit bzw. ihre Prüfungsbefugnis überschritten,
- bei der Anwendung der kommunalen, kantonalen oder bundesrechtlichen Normen, die den betreffenden Sachbereich ordnen, gegen das Willkürverbot verstossen oder
- soweit Verfassungsrecht in Frage steht, dieses falsch ausgelegt oder angewendet[223].

Ein Tatbestand der Verletzung der Gemeindeautonomie an sich ist nicht auszumachen. Vielmehr stellt das Bundesgericht - falls eine der erwähnten Rügen durchdringt - lediglich fest, dass die kantonale Behörde "daher" gegen die Gemeindeautonomie verstossen habe[224]. Damit stellt sich die Frage, inwiefern es überhaupt gerechtigt ist, von der staatsrechtlichen Beschwerde wegen Verletzung der Gemeindeautonomie zu sprechen.

Die verfahrensrechtliche Konzeption stellt den materiellen Gehalt der Gemeindeautonomie, dessen Beeinträchtigung durch den Kanton gerügt werden können soll, in Frage. In der Autonomiebeschwerde wird statt dessen die Möglichkeit der Gemeinde - als autonomer Verband - gesehen, die Verletzung bestimmter verfassungsmässiger Rechte und Verfassungsgrundsätze zu rügen. Die Autonomiebeschwerde kann also nicht einfach mit einem Beschwerdegrund - Verletzung der Gemeindeautonomie - gleichgesetzt werden. Vielmehr führt die Gemeinde eine Verfassungsbeschwerde, bspw. eine Willkürbeschwerde oder eine Beschwerde wegen Verletzung der Rechtsgleichheit, zu der sie legitimiert ist. Der Verfassungsbegriff der Gemeindeautonomie verliert damit nicht völlig an Sinn. Er wird lediglich einer Neudeutung zugeführt. Auch bei dieser Betrachtungsweise bleibt nämlich Raum für die Rüge, eine konkrete Autonomiegarantie der Verfassung sei verletzt worden. Nur wird diese Autonomierüge nicht (mehr) als Regelfall verstanden. Gehalt und Funktionsweise der Gemeindeautonomie verlagern sich somit auf eine formelle Ebene.

Wie bereits festgestellt[225], konnte sich die Gemeinde in der frühen Praxis des Bundesgerichts, d.h. bis in die dreissiger Jahre des 20. Jahrhunderts, auf eine Verletzung ihrer Autonomie und - in recht grosszügiger Weise - auf andere verfassungsmässige Rechte berufen. Dann folgte bis in die sechziger Jahre die "mittlere" Phase, welche den Kreis möglicher Rügen stark einengte. Die neuere Praxis, welche die akzessorische Berufung auf andere verfassungsmässige Rechte oder Verfassungsgrundsätze zulässt, entstand aus dem Bestreben, kantonale Hoheitsakte im Rahmen einer Autonomiebeschwerde auch einer materiellen Prüfung zu unterziehen. Wenn in neuesten Urteilen festgehalten wird, die Rüge der Verletzung der Gemeindeautonomie habe neben

---

[223] BGE 118 Ia 454 *(Alvaneu)* m.w.V.; vgl. KUTTLER 48.
[224] Vgl. BGE a.a.0. 456.
[225] Vorne S. 5.

der Rüge der Verletzung von Art. 4 BV keine selbständige Bedeutung[226], dann stellt sich die Frage, ob die Autonomiebeschwerde heute von der gedanklichen Grundvorstellung her nicht im beschriebenen Sinn verfahrensrechtlich zu verstehen ist.

d) Auswirkungen eines verfahrensrechtlichen Ansatzes

Der verfahrensrechtliche Ansatz hat nach verschiedenen Seiten Auswirkungen[227]. Die Frage nach dem Autonomiebereich bildet hier Teil der formellen Prüfung[228]. Eine materielle Ueberprüfung eines kantonalen Entscheides setzt voraus, dass die Gemeinde in ihrer Eigenschaft als Autonomieträgerin betroffen ist[229]. Sodann wird das Erfordernis der Konnexität bei der Rüge der Verletzung anderer Verfassungsrechte (als die Gemeindeautonomie) relativiert. Auch die Möglichkeit der Rüge der Verletzung der Gemeindeautonomie durch einen privaten Beschwerdeführer verliert ihren Sinn; bei einem Privaten, der einen die Gemeinde treffenden kantonalen Hoheitsakt anficht, ist "autonom" zu entscheiden, ob er in bezug auf die von ihm angerufenen verfassungsmässigen Rechte legitimiert ist. Entscheidend ist einzig, hinsichtlich welcher verfassungsmässigen Rechte der hoheitlich handelnden Gemeinde als öffentlich-rechtlicher Körperschaft die Beschwerdebefugnis zukommt. Schliesslich erhält auch die Frage nach einer bundesrechtlichen Gewährleistung der Gemeindeautonomie einen anderen Sinn, wenn darunter nicht in erster Linie eine materielle Garantie der Kantonsverfassung, sondern vor allem eine Rechtsschutzgarantie[230] verstanden wird.

IV. Zusammenfassung

Auf den ersten Blick ist die Autonomiebeschwerde der Gemeinde eine staatsrechtliche Beschwerde wegen Verletzung der Gemeindeautonomie als eines kantonalen verfassungsmässigen Rechtes. Den Inhalt dieses Rechts zu beschreiben, erweist sich jedoch als ausserordentlich schwierig. Betrachtet man die Entwicklung der bundesgerichtlichen Rechtsprechung, zeigt sich, dass der Autonomiebeschwerde zu verschiedenen Zeiten und bezüglich verschiedener Teilfragen unterschiedliche Konzeptionen zugrunde liegen und sich dementsprechend eine differenziertere Betrachtungsweise der verfassungstheoretischen Grundlagen aufdrängt.

1. Ein grundrechtlicher Ansatz erscheint zur Beschreibung der Autonomiebeschwerde in der heutigen Ausgestaltung unzureichend. Die naheliegende Idee, die Gemeindeautonomie materiellrechtlich als Grundrecht zu deuten, lässt sich nicht aufrechterhal-

---

[226] BGE 116 Ia 225 *(Kappel).*
[227] Siehe auch hinten S. 180ff.
[228] So auch GHIRINGELLI 273.
[229] So ausdrücklich BGE 118 Ia 221 E.d *(Gemeinde X.);* in diesem Sinn auch LEVI 242 Fn 20.
[230] Zu diesem Begriff vgl. RHINOW, Prozessrecht 39f.

ten. Bei der Gemeindeautonomie fehlt einerseits die Bindung des Gesetzgebers und anderseits der unmittelbare Bezug zum Menschen, um von einem Grundrecht sprechen zu können. Auch ein institutionelles Verständnis führt nicht weiter, da der Gemeindeautonomie keine Einrichtungsgewährleistung entnommen werden kann. Gewisse Besonderheiten der Autonomiebeschwerde, wie die Möglichkeit eines privaten Beschwerdeführers, die Gemeindeautonomie hilfsweise anzurufen, lassen sich jedoch nur mit einem grundrechtlichen Ansatz erklären.

2. Ein organisationsrechtlicher Ansatz erfasst einen Teil der Autonomiebeschwerde, nämlich ein Verfahren zur Abgrenzung von Kompetenzen. Diese Funktion der Autonomiebeschwerde lässt sich in allen Rechtsprechungsphasen ausmachen und gilt auch heute noch. Autonomiestreitigkeiten erscheinen hier als Konflikte von Teilgliedern des Bundesstaates. Die Gemeinden waren ursprünglich generell zur Verfassungsbeschwerde zugelassen. Das staatsrechtliche Beschwerdeverfahren wurde jedoch später, als die Rügemöglichkeiten der Gemeinde eingeschränkt wurden, nicht mehr in Frage gestellt. Durch die Anerkennung der Gemeindeautonomie als verfassungsmässiges Recht erschien dieser Verfahrensweg gerechtfertigt. Verfassungsrechtlich gewährleistet sind weder ein bestimmter Gemeindetyp noch bestimmte Kompetenzen. Vielmehr wird eine politisch als erfolgreich bewertete, organisationsrechtliche Struktur, die Gemeinden mit einer gewissen Selbständigkeit beinhaltet, zum Bestandteil des ungeschriebenen Verfassungsrechts erhoben. Damit kommt der Verfassungsgerichtsbarkeit bei Autonomiebeschwerden neben dem Schutz der Interessen der beschwerdeführenden Gemeinde die Funktion zu, ein staatsorganisatorisches Gefüge verschiedener, wechselseitig voneinander abhängiger, mit einer gewissen Selbständigkeit versehener Glieder zu gewährleisten. Die Autonomiebeschwerde ermöglicht es, ein als gemeineidgenössisch empfundenes Leitbild einer über die Stellung einer blossen Verwaltungseinheit hinausgehenden Gemeinde zu sichern. Konzeptionell kann die so verstandene Gemeindeautonomie als *strukturelle Garantie* beschrieben werden.

3. Im Zentrum einer verfassungstheoretischen Grundlegung der Autonomiebeschwerde steht heute aber ein verfahrensrechtlicher Ansatz. Ausgangspunkt bildet dabei die Frage, inwiefern die hoheitlich handelnde Gemeinde gemäss Art. 88 OG zur Verfassungsbeschwerde legitimiert ist. Ausgehend von der Offenheit des positiven Rechts - die Gemeinde lässt sich unter den Begriff der Korporation subsumieren - und unter Bezugnahme auf ein hinreichendes Rechtsschutzinteresse wird der Gemeinde aufgrund ihrer Selbständigkeit in bezug auf den Kanton die Legitimation im Verfahren der staatsrechtlichen Beschwerde zuerkannt. Allein aus dieser Beschwerdebefugnis kann jedoch nicht ohne weiteres auf einen materiellen verfassungsmässigen "Anspruch" auf Autonomie geschlossen werden. Vielmehr ist das Beschwerderecht wegen Verletzung der Gemeindeautonomie seinerseits als verfassungsmässig geschützte Rechtsposition zu begreifen bzw. enthält die Gemeindeautonomie einen verfahrensrechtlichen Teilgehalt. Entsprechend führt dieser Ansatz zur Konzeption der Gemeindeautonomie als *Rechtsschutzgarantie*. Daneben bleibt die Rüge der Verletzung einer materiellen Autonomiegarantie der Kantonsverfassung möglich, hängt aber von der konkreten Ausgestaltung des kantonalen Rechts ab.

4. Im Ergebnis hat das Bundesgericht ein eigenes Rechtsmittel für die Gemeinde geschaffen, das Elemente einer Kompetenzbeschwerde und einer Verfassungsbeschwerde enthält. Die Zurechnung der Gemeindeautonomie zum kantonalen Recht relativiert sich, wenn die Autonomiebeschwerde in den Mittelpunkt gerückt wird. Die Zuständigkeit des Bundesgerichts und die Regelung der Beschwerdeberechtigung sind Fragen des Bundesrechts. Die Autonomiebeschwerde der Gemeinde ist in der staatsrechtlichen Beschwerde "untergebracht". Um den Besonderheiten der Autonomiebeschwerde besser Rechnung tragen zu können, wäre die Ausgestaltung als separates Verfahren denkbar. Entscheidend sind jedoch der Autonomieschutz bzw. die Beschwerdemöglichkeiten der Gemeinde an sich; in welchem Verfahren dies geschieht, erscheint dabei zweitrangig.

Nachdem mögliche verfassungstheoretische Grundlagen der Autonomiebeschwerde erarbeitet sind, soll im folgenden die aktuelle Praxis der Autonomiebeschwerde im einzelnen dargestellt werden. Zuerst werden dabei die im Rahmen einer Autonomiebeschwerde zentralen Punkte des Autonomiebereichs und der Autonomieverletzung erörtert (Zweiter Teil[231]). Anschliessend sind die prozessualen Voraussetzungen zu behandeln (Dritter Teil[232]).

Am Schluss der Arbeit wird die verfassungstheoretische Fragestellung wieder aufgenommen, und es werden Modelle für eine mögliche Neukonzeption der Autonomiebeschwerde ausformuliert (Vierter Teil[233]).

---

[231] Siehe hinten S. 41ff und 85ff.
[232] Siehe hinten S. 133ff.
[233] Siehe hinten S. 169ff.

ZWEITER TEIL

AUTONOMIEBEREICH UND AUTONOMIE-VERLETZUNG

EINLEITUNG : PRUEFUNGSSCHEMA BEI EINER AUTO-NOMIEBESCHWERDE

Bei der Behandlung einer Autonomiebeschwerde untersucht das Bundesgericht vorerst, ob die Gemeinde zur Beschwerde legitimiert ist. Das ist dann der Fall, wenn die Gemeinde eine Autonomieverletzung behauptet und als Trägerin hoheitlicher Gewalt betroffen ist[1]. Wird die Legitimation bejaht, wird auf die Beschwerde eingetreten. Die anschliessende, vom Bundesgericht materiell verstandene Prüfung der Beschwerde besteht aus zwei Teilen:

1. Autonomiebereich

In einem ersten Schritt prüft das Bundesgericht, ob die Gemeinde im Sachbereich, der Gegenstand der Beschwerde bildet, sei es Rechtssetzung oder Rechtsanwendung, autonom ist.

2. Autonomieverletzung

Wird die Autonomie bejaht, prüft das Bundesgericht in einem zweiten Schritt, ob die Autonomie der Gemeinde im konkreten Fall verletzt ist.

Entsprechend diesem Prüfungsschema soll im folgenden zuerst der Frage des Autonomiebereichs nachgegangen werden (Drittes Kapitel). Anschliessend ist zu untersuchen, wann eine Autonomieverletzung vorliegt (Viertes Kapitel).

---

[1] Zur Legitimation s. hinten S. 152.

DRITTES KAPITEL : AUTONOMIEBEREICH

I. Einleitung

Das Bundesgericht betont in ständiger Praxis, ob die Gemeinde im betreffenden Bereich tatsächlich Autonomie geniesse, sei keine Frage der Legitimation, sondern bilde Gegenstand der materiellen Beurteilung[2]. Inwiefern diese Beurteilung zutreffend und zweckmässig ist, soll weiter hinten geklärt werden[3]. An dieser Stelle geht es darum, die aktuelle Praxis des Bundesgerichts zum Autonomiebereich darzustellen. In einem ersten Teil sind die allgemeinen Voraussetzungen für einen Autonomiebereich zu untersuchen (nachfolgend II.). Dabei sollen einzelne Kriterien umschrieben und konkretisiert werden. In einem zweiten Teil soll der Autonomie in der Rechtssetzung, einschliesslich der Planung, einerseits (nachfolgend III.) und in der Rechtsanwendung anderseits (nachfolgend IV.) nachgegangen werden.

II. Allgemeine Voraussetzungen eines geschützten Autonomiebereichs

1. Prüfungsprogramm des Bundesgerichts zum Autonomiebereich

Der Autonomiebereich wird vom Bundesgericht in ständiger Praxis wie folgt umschrieben:

> Eine Gemeinde ist in einem Sachbereich autonom, wenn das kantonale Recht diesen Bereich nicht abschliessend ordnet, sondern ihn ganz oder teilweise der Gemeinde zur Regelung überlässt und ihr dabei eine relativ erhebliche Entscheidungsfreiheit einräumt. Der geschützte Autonomiebereich kann sich auf die Befugnis zum Erlass oder Vollzug eigener kommunaler Vorschriften beziehen oder einen entsprechenden Spielraum bei der Anwendung des kantonalen oder eidgenössischen Rechts betreffen. Ob und wieweit eine Gemeinde in einem bestimmten Bereich autonom ist, richtet sich nach dem kantonalen Verfassungs- und Gesetzesrecht. Der Schutz der Autonomie setzt eine solche nicht in einem ganzen Aufgabengebiet, sondern lediglich im streitigen Bereich voraus; ihr Vorliegen ist von Fall zu Fall differenzierend zu prüfen[4].

Ein geschützter Entscheidungsspielraum besteht vorerst in der Rechtssetzung, und zwar dann, wenn das kantonale (oder eidgenössische) Recht eine Materie nicht oder

---

[2] BGE 120 Ia 204 *(Bern)*; 119 Ia 217 *(Küsnacht)*, 294 *(Winterthur)*; 118 Ia 453 *(Alvaneu)*; 117 Ia 354 *(Kloten u. Uster)*; 116 Ia 43 *(Silvaplana)*; 114 Ia 76 *(Klosters-Serneus)*; 113 Ia 202 *(Egerkingen)*.

[3] Siehe hinten S. 175f und 180.

[4] BGE 120 Ia 204 *(Bern)*; 119 Ia 294f *(Winterthur)*; 118 Ia 219f *(Gemeinde X.)* m.w.V.

nicht abschliessend regelt, sondern sie ganz oder teilweise der Gemeinde überlässt[5]. Autonomie liegt sodann in der Rechtsanwendung vor: Zum einen bei der Anwendung von autonom gesetztem kommunalem Recht[6], zum andern bei der Anwendung kantonalen (oder eidgenössischen) Rechts, wenn dieses der Gemeinde qualifizierte Entscheidungsfreiheit belässt[7].

Der kantonale Gesetzgeber ist nicht verpflichtet, den Autonomiebereich der Gemeinden ausdrücklich zu umschreiben[8]. Unter Umständen muss eine Auslegung des einschlägigen kantonalen Rechts vorgenommen werden[9]. Anerkannt werden sogar ungeschriebene und historisch gewachsene Autonomiebereiche[10]. Die Gemeindeautonomie wird als Institution des kantonalen Rechts verstanden[11]. Damit obliegt es den Kantonen, Begriff und Inhalt der Gemeindeautonomie zu umschreiben. Man würde erwarten, dass das Bundesgericht mit einer Auslegung des kantonalen Verfassungsrechts beginnt, um die Frage nach dem Autonomiebereich zu beantworten. Interessanterweise tauchen Erwägungen zur kantonalrechtlichen Umschreibung der Gemeindeautonomie höchst selten auf[12]. Allerdings kann sich das Bundesgericht auch kaum auf hinreichend konkrete Verfassungstexte oder eine entsprechende kantonale Praxis stützen. In der Regel geht es von seiner Begriffsumschreibung der Autonomie aus und prüft, ob diese Voraussetzungen im konkreten Fall gegeben sind. Faktisch liegt somit ein "bundesgerichtlicher" Begriff der Gemeindeautonomie vor.

Bei allen Facetten der wenig übersichtlichen und ständig variierenden Autonomierechtsprechung ist stets der eine Grundgedanke im Auge zu behalten: Zu ermitteln sind jene Fälle, bei denen kommunale Entscheidungen unter dem Schutz der Verfassung stehen und sich die Gemeinde mithin gegen eine verfassungswidrige Nichtbeachtung ihrer getroffenen Wahl durch den Kanton wehren kann. Vorausgesetzt ist regelmässig, dass ein qualifizierter Entscheidungsspielraum besteht. Rechtssetzung und Rechtsanwendung sind so gesehen bloss zwei Instrumente bzw. Anwendungsfelder, um der Gemeinde verfassungsrechtliche Selbständigkeit einzuräumen. Nicht jede Entscheidungsfreiheit begründet Autonomie. Normsetzung und -konkretisierung schliessen zwangsläufig einen gewissen Entscheidungsspielraum ein[13]. Umgekehrt besteht in

---

[5] BGE 93 I 160 *(Volketswil)*, 432 *(Zuchwil)*.

[6] BGE 95 I 38 *(St. Moritz)*. Dazu hinten S. 76.

[7] BGE 96 I 725 *(Regensdorf)*. Dazu hinten S. 79.

[8] BGE 96 I 381 *(Wil)*.

[9] BGE 96 I 32f *(betr. Luzern)*.

[10] BGE 116 Ia 287 *(Buttisholz)*; 114 Ia 170 *(Gaiserwald)*.

[11] Verfassungsmässige Rechte, die nicht in der Bundesverfassung, aber in allen Kantonsverfassungen geschrieben oder ungeschrieben enthalten sind, werden etwa als "gemeindeidgenössisches" Recht bezeichnet. Vgl. KAELIN, Chancen 244.

[12] In BGE 115 Ib 306 *(betr. Staufen u. Schafisheim)* bspw. stellte das Bundesgericht immerhin fest, die Begriffs- und Inhaltsumschreibung der Gemeindeautonomie im aargauischen Verfassungsrecht "deckt sich mit dem Gehalt der bundesgerichtlichen Rechtsprechung zur Gemeindeautonomie". Vgl. auch hinten S. 57.

[13] Vgl. PFISTERER, Stellung 84 m.w.V.

gewissen Fällen Autonomieschutz, ohne dass das Vorliegen einer qualifizierten Entscheidungsfreiheit explizit zu prüfen wäre[14].

Im folgenden sind - in Konkretisierung der oben aufgeführten bundesgerichtlichen Formel - die Kriterien darzustellen, welche die Rechtsprechung bei der Prüfung des Autonomiebereichs entwickelt hat. Dabei ist vorweg festzuhalten, dass die einzelnen Anforderungen nicht ein zusammenhängendes Prüfungsprogramm ergeben. Die verschiedenen Kriterien sind gewissermassen bloss "Teilmerkmale oder formale Hilfen"[15], die - wie weiter hinten bei der Rechtssetzungs- bzw. Rechtsanwendungsautonomie zu zeigen sein wird[16] - in unterschiedlichem Ausmass herangezogen werden.

2. Massgeblichkeit des übergeordneten Rechts

a) Allgemeines

Ausgangspunkt für die Frage, ob und wieweit die Gemeinde Autonomie geniesst, bildet das dem Gemeinderecht übergeordnete, in erster Linie also kantonale Recht. Die Rechtsstellung der Gemeinde kann jedoch auch durch Bundesrecht bestimmt sein, so dass grundsätzlich alles höhere Recht massgebend ist[17]. Voraussetzung ist, dass das höherrangige Recht kompetenzgerecht erlassen wurde[18].

b) Berücksichtigung des kantonalen Rechts

Zu prüfen ist in erster Linie, ob die Kantonsverfassung der Gemeinde im streitigen Bereich, sei es Rechtssetzung oder Rechtsanwendung, eine Autonomiegarantie enthält. Da sich die Kantonsverfassungen meist nur in allgemeiner Form über die Autonomie der Gemeinden aussprechen[19], ergibt sich der Autonomiebereich im wesentlichen aus dem kantonalen Gesetzesrecht. Möglich ist auch, dass kantonales Recht unterhalb der Gesetzesstufe - zu denken ist vor allem an regierungsrätliche Verordnungen - der Gemeinde Gestaltungsfreiheit einräumt[20].

Im Rahmen der Rechtssetzung kommt es vor, dass die Gemeinde (neue) Aufgaben selbständig ordnet, die im kantonalen Recht überhaupt nicht geregelt sind[21].

---

[14] Siehe hinten S. 74f und 78f.

[15] PFISTERER, Stellung 254.

[16] Hinten S. 68 und 75.

[17] Vgl. BGE 115 Ib 305f *(betr. Staufen u. Schafisheim)*; 100 Ia 279 *(Lens)*. Zum Verhältnis Bund und Gemeinden: D. THUERER, Bund 194ff. Zur Autonomie aufgrund von Bundesrecht hinten S. 45.

[18] KUTTLER 48.

[19] Justiziabel ist bspw. die Autonomiegarantie gemäss § 106 Abs. 2 KV AG. In ZBl 1993, 414 *(Gemeinde B.)* hatte der Aargauer Regierungsrat im Rahmen eines inzidenten Normenkontrollverfahrens zu prüfen, ob die kantonale Submissionsverordnung vor der Gemeindeautonomie standhalte.

[20] Der Umstand, dass die Autonomie aufgrund kantonalen Rechts unterhalb der Verfassungsstufe geprüft wird, hat entscheidende Auswirkungen auf die Kognition des Bundesgerichts; dazu hinten S. 146ff.

[21] Siehe hinten S. 71.

c) Autonomie aufgrund des Bundesrechts

Mehrmals nahm das Bundesgericht zur Frage Stellung, ob die Gemeinden in bundesrechtlich geregelten Materien Rechtsanwendungsautonomie geltend machen können. Diese Möglichkeit wurde grundsätzlich bejaht:

- In BGE 100 Ia 277 *(Lens)* entschied das Bundesgericht, unter dem Gesichtspunkt der Gewässerschutzgesetzgebung des Bundes könnten die Gemeinden bei der Beseitigung des häuslichen Kehrrichts autonom sein[22].

- In BGE 100 Ia 272 *(Parpan)* hatte das Bundesgericht zu prüfen, ob einer Bündner Gemeinde aufgrund der Bundesgesetzgebung über den Gewässerschutz Entscheidungsfreiheit zukommt. Das Bundesgericht erwog, dass in Bereichen, die Gegenstand der Gesetzgebung des Bundes seien, Autonomie zugunsten der Gemeinden nicht ausgeschlossen sei. Allerdings könne nur von Autonomie die Rede sein, wenn das Bundesrecht den Kantonen selber eine relativ erhebliche Entscheidungsfreiheit einräume, welche diese an die Gemeinden weitergeben[23].

- In BGE 115 Ib 302 *(betr. Staufen u. Schafisheim)* war eine Ausnahmebewilligung für Bauten ausserhalb der Bauzone (Kiesabbau) streitig. Das Bundesgericht hielt fest, dass kompetenzgemässes Bundesrecht sowohl die kantonale Organisationsautonomie einschränken als auch über die Rechtsstellung der Gemeinde bestimmen kann[24].

Der Umstand, dass eine Aufgabe bundesrechtlich geregelt ist, schliesst Autonomie somit nicht aus. Die Gemeinde kann ihre behauptete Autonomie jedoch nicht direkt aus dem Bundesrecht ableiten; massgebend bleibt das kantonale Recht. Der Kanton seinerseits ist bei der Einräumung von Entscheidungsspielräumen zugunsten der Gemeinde an bundesrechtliche Zuständigkeitsregeln gebunden.

Hinzuweisen ist auf Art. 2 Abs. 3 RPG, wonach nachgeordneten Behörden der zur Erfüllung ihrer Aufgaben nötige "Ermessensspielraum" zu belassen ist. Diese bundesrechtliche Norm enthält keine verbindliche Autonomieumschreibung. Immerhin wird daraus eine "Verstärkung" der Stellung der Gemeinden[25] bzw. eine "zurückhaltende" Handhabung der kantonalen Aufsicht[26] abgeleitet.

Das Bundesgericht greift mit seinem Entscheid über die Frage des Autonomiebereichs in das Kompetenzgefüge des Kantons ein[27]. Bemerkenswert ist, dass sich das Bundesgericht als Verfassungsgericht bei Autonomiebeschwerden mit der Auslegung von kantonalem Recht, und zwar in aller Regel solchem unterhalb der Verfassungsstufe, zu beschäftigen hat. Darin liegt eine Besonderheit der Autonomiebeschwerde: Das Bundesgericht erfüllt hier - zumindest im Bereich der Rechtssetzung und solange

---

[22] BGE a.a.O. 283f.

[23] BGE a.a.O. 274f. Im konkreten Fall - es ging um Art. 28 AGSchV (SR 814.201) - wurde die Autonomie allerdings verneint.

[24] BGE a.a.O. 308 mit Verweis auf PFISTERER, Stellung 52.

[25] SCHUERMANN/HAENNI 87 Fn 140 m.w.V.

[26] PIERRE TSCHANNEN, in AJP 1994, 375, unter Verweis auf BGE 116 Ia 227 *(Kappel)*.

[27] ZIMMERLI, Rechtsprechung 262.

die Gemeindeautonomie als kantonales Recht verstanden wird - die Funktion einer (fehlenden) kantonalen Verfassungsgerichtsbarkeit[28].

d) Höherrangiges Recht als Schranke der Autonomie

Da die Autonomie der Gemeinde nur im Rahmen des übergeordneten Rechts bestehen kann, bildet das kantonale und eidgenössische Recht eine Schranke der kommunalen Gestaltungsfreiheit der Gemeinde. Die Gemeinde kann sich nicht auf das Aktionsfeld des Kantons oder gar des Bundes begeben[29]. Höherrangiges Recht bedeutet auch Verfassungsrecht, vor allem Bundesverfassungsrecht und mithin Grundrechte. Damit bilden auch Individualrechte eine Schranke des Beschwerderechts der Gemeinde gegenüber dem Kanton. Autonomiebeschwerden liegt häufig ein Drei-Parteien-Konflikt zugrunde, bspw. wenn sich die Gemeinde gegen den Kanton und einen bauwilligen Grundeigentümer zur Wehr setzt. Dementsprechend kann sich scheinbar ein Spannungsfeld zwischen Gemeindeautonomie und Grundrechten, bspw. der Eigentumsgarantie, ergeben. Da nach hier vertretener Ansicht die Gemeindeautonomie kein Grundrecht ist, stellt sich das Problem einer Grundrechtskonkurrenz nicht. Die Gemeinde hat als öffentlichrechtliche Korporation verfassungsmässige Individualrechte zu beachten. Immerhin kann sie sich dagegen zur Wehr setzen, dass der Kanton ihrer Meinung nach ein Grundrecht falsch ausgelegt hat und ihr deshalb bspw. zu Unrecht die Verletzung eines Freiheitsrechts vorwirft[30].

Autonomie ist jedoch nicht dadurch ausgeschlossen, dass kantonales oder eidgenössisches Recht den fraglichen Sachbereich normiert. In einem solchen Fall ist zu prüfen, ob die Regelung abschliessend ist oder für kommunale Entscheidungsfreiheit noch Raum lässt[31]. Umgekehrt darf aus der Schranke höherrangigen Rechts nicht der Schluss gezogen werden, die Gemeinde geniesse auf allen jenen Gebieten (Rechtssetzungs-) Autonomie, auf denen nicht bereits ein höherer Verband Recht gesetzt hat. Die Zuständigkeit der Gemeinde und damit mögliche Entscheidungsfreiheit ist in der Regel eingeschränkt auf lokale öffentliche Aufgaben[32].

3. Autonomie im betreffenden Sachbereich

Der Schutz der Autonomie setzt eine solche nicht in einem ganzen Aufgabengebiet, sondern lediglich im streitigen Bereich voraus. Das Vorliegen von Autonomie ist von Fall zu Fall differenzierend zu prüfen[33]. Unter einem Sachbereich[34] versteht das Bun-

---

[28] KOELZ, Beschwerdebefugnis 100.
[29] EICHENBERGER 53.
[30] Dazu hinten S. 123ff.
[31] Siehe hinten S. 51ff.
[32] Vgl. hinten S. 49.
[33] BGE 118 Ia 219f *(Gemeinde X.);* 115 Ia 44 *(Bulle u. Freiburg).*
[34] Gelegentlich spricht das Bundesgericht von einem "Rechtsbereich", ohne dass damit etwas anderes gemeint zu sein scheint; BGE 112 Ia 341 *(Poschiavo);* ZBl 1994, 277 *(Mund).*

desgericht nicht einen ganzen Hauptbereich des Verwaltungsrechts[35]. Es geht also nicht darum zu entscheiden, ob einer Gemeinde bspw. auf dem Gebiet des Baurechts schlechthin Entscheidungsfreiheit zukommt. Vielmehr wird geprüft, ob die Gemeinde bei der konkreten Rechtssetzungs- bzw. Rechtsanwendungsfrage, die Gegenstand des Streites bildet, Autonomie geniesst[36].

- So wurde in BGE 99 Ia 71 *(Schaffhausen)* festgehalten, dass den Schaffhauser Gemeinden bei der Gestaltung des kommunalen Baurechts an sich zwar eine relativ erhebliche Gestaltungsfreiheit zukomme. Der Gemeinde, die in einer auf ihre Bauordnung gestützten Parkplatzverordnung eine Ersatzabgabe einführte, wurde die Berufung auf den Autonomieschutz jedoch versagt, da das kantonale Baugesetz die Erhebung einer Ersatzabgabe in diesem Zusammenhang nicht vorsah, die Gemeinde mithin zur Einführung einer solchen nicht ermächtigt war.

- In BGE 110 Ia 197 *(Burgergemeinde Zermatt)* wurde der Beschwerdeführerin in bezug auf den Entscheid über die Aufnahme eines Bewerbers ins Bürgerrecht und bei der Festsetzung der Einbürgerungsgebühr Autonomie zuerkannt. In diesen konkreten Punkten räumt das kantonale Gesetz (über die Burgerschaften), das den Erwerb des Bürgerrechts regelt, den Walliser Gemeinden nach Ansicht des Bundesgerichts Entscheidungsfreiheit ein.

- In ZBl 1993, 556 *(Zürich)* wurde erwogen, dass die Zürcher Gemeinden zwar beim Erlass der Ortsplanung *grundsätzlich* autonom seien; zusätzlich sei jedoch zu prüfen, ob sich die Autonomie auch auf jenen Bereich erstrecke, dem die im angefochtenen Entscheid angewendeten Bestimmungen entstammten.

4. Zuständigkeit und Entscheidungsbefugnis der Gemeinde

a) Allgemeines

Der verfassungsrechtliche Schutz der Gemeindeautonomie setzt voraus, dass die Gemeinden "ihre" Aufgaben erfüllen. Es geht um ein Handeln der Gemeinden im Rahmen einer aufgrund von Verfassung oder Gesetz verliehenen Befugnis oder Sachzuständigkeit, bei der eine Gestaltungsfreiheit besteht[37]. Das hoheitliche Handeln der Gemeinde stellt zudem eine Voraussetzung der Beschwerdeberechtigung dar[38].

In BGE 111 Ia 67 *(Trimbach)* hat der Regierungsrat des Kantons Solothurn anstelle des für die Beschlussfassung zuständigen Gemeinderates einen Gestaltungsplan festgesetzt, ohne dass die Voraussetzungen für eine Ersatzvornahme gegeben waren. Die beschwerdeführende Gemeinde konnte sich somit auf ihre Zuständigkeit berufen. Dadurch dass die kantonale Be-

---

[35] LEVI 242.

[36] Dies verkannte das Bundesgericht in ZBl 1994, 303 E.4b *(Gemeinde E.)*. Anstatt zu prüfen, ob die Gemeinde bei der Anwendung einer kantonalen Norm, welche die "Unentgeltlichkeit" des Kindergartenbesuchs vorsah, über einen Entscheidungsspielraum verfügt, bejahte es die Autonomie mit der Begründung, das Kindergartenwesen samt der Frage des Transportdienstes sei "weitgehend der selbständigen Regelung durch die Gemeinde überlassen".

[37] PFISTERER, Stellung 228. Hier zeigt sich der organisationsrechtliche Ansatz; dazu vorne S. 25.

[38] Vgl. BGE 107 Ia 178 *(Arosa)*. Zur Legitimation s. hinten S. 152.

hörde eine Gemeindeaufgabe zu ihrer eigenen gemacht hat, hat sie die Autonomie der Gemeinde verletzt.

b) Katalog typischer Gemeindeaufgaben

Als kennzeichnende Aufgaben, die von den Gemeinden wahrgenommen werden, gelten nach der Praxis[39]:

- *Polizeirecht* [40];
- *Raumplanungs- und öffentliches Baurecht* [41];
- *Landschafts- und Denkmalschutz* [42];
- *Versorgungsbetriebe* [43];
- *Organisationshoheit* [44];
- *Finanzhoheit* [45] und z.t. *Steuerhoheit* [46];
- *Schulwesen* [47];
- *Sozialverwaltung* [48];
- *Erteilung des Gemeindebürgerrechts* [49].

Auch in diesen Bereichen kann es vorkommen, dass der Kanton einzelne Fragen (abschliessend) regelt. D.h. die kommunale Zuständigkeit schliesst kantonale Kompetenzen nicht zwingend aus[50].

---

[39] Vgl. IMBODEN/RHINOW/KRAEHENMANN, Nr. 12 B V.

[40] Vgl. BGE 115 Ia 46 (Lärmschutz in FR); BGE 97 I 513 (Ladenöffnungszeiten in VD); BGE 96 I 30 (Lärmschutz in LU), 377 (Gewerbepolizei in SG); ZBl 1960, 161 (Schädlingsbekämpfung in SO).

[41] Vgl. BGE 115 Ia 6 (Landschafts- und Denkmalschutz in BE); 119 Ia 295, 117 Ia 355f, 113 Ia 194, 112 Ia 270 und 282 (Ortsplanung in ZH); BGE 115 Ia 29, 114 Ia 292, 106 Ia 71f (Ortsplanung in BE); BGE 102 Ia 167 (Ortsplanung in SZ); BGE 114 Ia 372 (Ortsplanung in BL); BGE 118 Ia 454, 111 Ia 67 (Ortsplanung in GR); BGE 97 I 138 (öffentliches Baurecht in GR); BGE 103 Ia 468 (Ortsplanung in TI); BGE 101 Ia 260 (Ortsplanung in VS); BGE 100 Ia 85 (öffentliches Baurecht in VS); BGE 116 Ia 221 (Ortsplanung in SO); ZBl 1981, 528 (Ortsplanung in ZG); BGE 119 Ia 115, 104 Ia 131, ZBl 1986, 238 (öffentliches Baurecht und Ortsplanung in AG); ZBl 1986, 44 (Ortsplanung in TG); BGE 99 Ia 75 (öffentliches Baurecht in SH).

[42] BGE 115 Ia 27 (BE); ZBl 1993, 566 (ZH).

[43] Vgl. BGE 113 Ia 205 (Wasserversorgung in SO); BGE 113 Ia 212 (öffentlicher Verkehr in ZH); BGE 100 Ia 92 (Betrieb eines Elektrizitätswerkes in ZH); BGE 118 Ia 320 (Trinkwasserversorgung in TI); BGE 92 I 378f (Wasser- und Stromversorgung in GR); ZBl 1962, 539 (Erteilung von Installationskonzessionen betr. Gas- und Wasserversorgung in SO).

[44] Z.B. Erlass einer Gemeindeordnung; ZBl 1982, 420 *(Schinznach-Bad)*.

[45] Vgl. ZBl 1994, 130 (Finanzhaushalt in ZH).

[46] Vgl. ZBl 1982, 492 (gewisse Autonomie der bündnerischen Gemeinden im Steuerrecht); vgl. auch BGE 110 Ia 51.

[47] ZBl 1994, 302 E.3 *(Gemeinde E.)*. BGE 118 Ia 220: Zuständigkeit der Bündner Gemeinden im Bereiche des Schulwesens, jedoch keine Entscheidungsfreiheit betreffend Einschulung. Zur Abgrenzung der Zuständigkeit von Bundesgericht und Bundesrat bei Beschwerden wegen Verletzung von Art. 27 Abs. 2 oder 3 BV vgl. BGE 116 Ia 254f E.1 *(Cadro)*.

[48] Z.B. Fürsorge, Verwaltung der Sozialversicherungen.

[49] BGE 110 Ia 197 (VS).

[50] Bei der Anwendung der kantonalen Norm kann wiederum Autonomie bestehen. Vgl. ZBl 1994, 300 *(Gemeinde E.)*: Kindergartenwesen im Kanton ZH.

Die Zuständigkeit der Gemeinde zur Regelung einer typisch lokalen Angelegenheit schliesst auch die Möglichkeit ein, *Beiträge und Gebühren* zu erheben[51], die Befugnis zum Erlass der erforderlichen *verfahrensrechtlichen* Vorschriften[52] und im Rahmen von Art. 335 StGB die Kompetenz zur Aufstellung von *Uebertretungsstrafnormen* [53], soweit das kantonale Recht dafür Raum lässt. Die Umschreibung der Sachgebiete, bei denen den Gemeinden Autonomie zukommt, durch das kantonale Recht kann ausdrücklich oder stillschweigend erfolgen[54].

c) Lokalbezogenheit als Grund und Schranke der Autonomie

Die Zuständigkeit der Gemeinde ergibt sich in der Regel aufgrund einer Kompetenznorm in Verfassung oder Gesetz, mithin nach Massgabe des positiven Rechts[55]. Unter Umständen sind die Gemeinden auch dann zuständig, wenn eine ausdrückliche Kompetenzbestimmung fehlt. Im Fall *Buttisholz* [56] ging es um die Regelung der Schreibweise von Ortsnamen. Das Bundesgericht kam aufgrund einer Auslegung der luzernischen Kantonsverfassung zum Schluss, dass Gemeinden dann von sich aus Aufgaben übernehmen dürfen, wenn lokale Interessen berührt sind und die Aufgabenerfüllung durch die Gemeinden möglich und sinnvoll ist. Zu solchen Aufgaben gehören vorwiegend Gegenstände, die sich auf das Gemeindegebiet und die Gemeindeeinwohner beziehen[57]. Damit wird das Merkmal der *Lokalbezogenheit,* das sich aus dem "gemeineidgenössischen" kantonalen Verfassungsrecht ergibt, zu einem subsidiären Kriterium der Kompetenzverteilung zwischen Kanton und Gemeinden, das neben die Schranke des höherrangigen Rechts tritt[58]. Der Begriff der "typisch lokalen Angelegenheiten" wird nicht eng verstanden[59]. Im vorerwähnten Rahmen dürfen Gemeinden selbst Aufgaben übernehmen, die als kantonale oder gar nationale Anliegen empfunden werden[60]. Sie dürfen sich jedoch nicht auf das Aktionsfeld des Kantons oder gar des Bundes begeben. Welche Aufgaben diesseits und welche jenseits derartiger Grenzen liegen, ergibt sich aus der rechtlichen Kompetenzverteilung oder - soweit diese fehlt - aus der Natur der Sache[61].

---

[51] ZBl 1984, 539 *(Kloten);* AGVE 1994, 190.

[52] IMBODEN/RHINOW, Nr. 12 B V.

[53] BGE 96 I 31 *(betr. Luzern).*

[54] BGE a.a.O. 30.

[55] JAGMETTI 322.

[56] BGE 116 Ia 285.

[57] BGE a.a.O. 287 m.w.V. Im konkreten Fall wurde entschieden, dass die Regelung der Schreibweise von Ortsnamen den Rahmen der typisch lokalen Angelegenheiten übersteigt und demnach nicht zum Autonomiebereich einer Gemeinde gerechnet werden könne (BGE a.a.O. 288). Vgl. auch BGE 112 Ia 59 *(Bern);* 100 Ia 287 *(Küsnacht).*

[58] Vgl. JAGMETTI 325. Zum Merkmal der Lokalbezogenheit siehe auch hinten S. 65 und 71f.

[59] HANGARTNER, Rechtsetzung 209 m.w.V.

[60] BGE 96 I 30f *(betr. Luzern);* 116 Ia 287 *(Buttisholz).*

[61] BGE 119 Ia 115 *(Baden);* 115 Ib 305 *(betr. Staufen u. Schafisheim)* mit Verweis auf EICHENBERGER 53.

d) Zuständigkeit der Gemeinde zur Erfüllung lokaler Aufgaben als Problem der Kompetenzausscheidung

Die Regelung der Kompetenzen von Kanton und Gemeinden ist Sache des Kantons[62]. Die Umschreibung von gemeindlichen Zuständigkeiten im Zusammenhang mit örtlichen Aufgaben in kantonalen Gesetzen wird nach neuerer Ansicht nicht als "Delegation" von Staatsaufgaben an die Gemeinden verstanden[63], sondern als Kompetenzausscheidung[64]. Solche kantonalen Regelungen werden lediglich als Konkretisierung einer verfassungsrechtlich bestehenden Kompetenz der Gemeinde im Bereich der Rechtssetzung bzw. der Rechtsanwendung angesehen. Da die Gemeinden keinen unabdingbaren verfassungsmässigen Anspruch auf Erfüllung örtlicher öffentlicher Aufgaben besitzen, ist es umgekehrt auch möglich, dass der Kanton die Zuständigkeit zur Regelung einer an sich lokalen Angelegenheit beansprucht.

Bei nichtlokalen Angelegenheiten müssen besondere gesetzliche Ermächtigungen vorliegen, damit die Gemeinde handeln darf[65]. Dabei handelt es sich - im Unterschied zum vorhin erwähnten Fall - um eine (echte) Zuweisung von Zuständigkeiten[66].

e) Zuständigkeitskonflikt zwischen Kanton und Gemeinde bzw. zwischen Gemeinden

aa) Denkbar ist, dass es zu einem Zuständigkeitskonflikt zwischen Kanton und Gemeinden kommt. In einem solchen Fall ist vorab zu klären, ob beide Konfliktparteien im Rahmen ihrer Zuständigkeit gehandelt haben, ansonsten nur ein scheinbarer Zuständigkeitskonflikt vorliegt. Im Entscheid i.S. *Zollikofen* [67] hat die Baudirektion des Kantons Bern eine Planungszone zum Schutze des ackerfähigen Kulturlandes erlassen, die unbestrittenermassen die Gemeinde Zollikofen in ihrer Ortsplanungskompetenz beschnitt. Das Bundesgericht erwog, dass die kantonale Behörde an sich in ihrem Zuständigkeitsbereich gehandelt, im konkreten Fall aber die Autonomie der beschwerdeführenden Gemeinde verletzt habe, da sie eine Planungszone in Verfolgung typisch ortsplanerischer Ziele erliess. Im Urteil i.S. *Zürich* [68] war die Zuständigkeit der Gemeinde zur Ortsplanung gegen jene des Kantons im Rahmen der Richtplanung abzugrenzen. Die Stadt Zürich hatte einen Wohnanteilplan erlassen, welcher in einzelnen Zonen Gebiete ausschied, worin ein Mindestanteil der Bruttogeschossfläche der Bauten Wohnzwecken dienen musste. Das Bundesgericht hielt fest, dass der Kanton grundsätzlich an eine kommunale Planung gebunden ist, soweit diese kompetenzgerecht festgesetzt wurde, übergeordnetem Recht (inkl. Planung) nicht widerspricht und

---

[62] SALADIN, in Kommentar BV, Art. 6, N 11; PFISTERER, Stellung 51.
[63] So aber noch BGE 92 I 45 *(betr. Neuenburg)*.
[64] HANGARTNER, Rechtsetzung 209f.
[65] BGE 116 Ia 287 *(Buttisholz)*; 96 I 30 *(betr. Luzern)*.
[66] HANGARTNER, Rechtsetzung 212. Soweit punktuelle Zuständigkeiten an die Gemeindeexekutive zugewiesen werden, kann von Delegation i.e.S. gesprochen werden.
[67] BGE 114 Ia 291.
[68] BGE 112 Ia 268ff.

sich im Blick auf überkommunale öffentliche Interessen nicht als unzweckmässig erweist[69], d.h. den Kanton in der Erfüllung seiner öffentlichen Aufgaben nicht in unzumutbarer Weise behindert[70].

bb) Die Abgrenzung von Zuständigkeiten zwischen zwei Gemeinden kann notwendigerweise nur durch ein Organ der übergeordneten rechtlichen Einheit, also des Kantons, erfolgen[71].

5. *Fehlen einer (abschliessenden) Regelung und Ueberlassen an die Gemeinde*

a) Allgemeines

Insbesondere bei der Rechtssetzungsautonomie prüft das Bundesgericht in erster Linie, ob das kantonale (oder eidgenössische) Recht eine Materie gar nicht oder wenigstens nicht abschliessend regelt. Nur in diesen Fällen verbleibt der Gemeinde ein Entscheidungsspielraum[72]. Kaum von Bedeutung ist dabei die Frage, ob die Entscheidungsfreiheit besonders qualifiziert ist[73]. Hauptbeispiel einer nicht abschliessenden Regelung ist das (kantonale) Baurecht[74]. Nicht vorausgesetzt ist, dass eine Gemeinde in einem bestimmten Bereich ausschliesslich zuständig ist. Entscheidend ist allein die Möglichkeit zur - wenn auch punktuellen - selbständigen Regelung[75].

Bei der Rechtsanwendungsautonomie stellt sich die Situation anders dar. Auch bei der Anwendung von kantonalem Recht, das ein Gebiet umfassend regelt, kann der Gemeinde immer noch hinsichtlich der konkreten Streitfrage Entscheidungsfreiheit verbleiben; es kommt diesfalls auf deren Qualität an[76].

Im folgenden ist zu prüfen, was unter einer "Regelung" zu verstehen ist und wann die Rechtsprechung annimmt, eine solche sei abschliessend.

---

[69] Dem Regierungsrat des Kantons Zürich stand eine umfassende Prüfungsbefugnis zu.

[70] BGE 112 Ia 268 und 273.

[71] BGE 110 Ia 50 *(Thusis)*: Abgrenzung der Steuerhoheit zweier Gemeinden; Eingriff des Kantons in Steuerhoheit der Gemeinde verletzt Autonomie nur, falls finanzielles Gleichgewicht der Gemeinde in Frage gestellt. Vgl. auch ASA 45, 44f *(Hohtenn u. Steg);* ZBl 1981, 451 *(Bachenbülach);* BGE 119 Ia 219 *(Küsnacht).*

[72] Es zeigt sich hier ein Bezug zum organisationsrechtlichen Ansatz; dazu vorne S. 25ff.

[73] Dazu hinten S. 59.

[74] Siehe hinten S. 72.

[75] N.p. BGE vom 11. November 1985 i.S. *Plaffeien.*

[76] Dazu hinten S. 79.

b) Regelung als Rechtssetzungsakt

Unter Regelungen sind Rechtssetzungsakte[77] zu verstehen, mithin generell-abstrakte Normen[78]. Normen, die den Handlungsspielraum der Gemeinde bestimmen, können dem eidgenössischen, dem kantonalen oder dem kommunalen Recht angehören[79]. Im Zentrum steht jedoch das kantonale Recht, da es Sache des Kantons ist, die Stellung der Gemeinden zu bestimmen und die Kompetenzen zwischen Kanton und Gemeinden auszuscheiden. Da es sich bei der Gemeindeautonomie um ein Institut des kantonalen Rechts handelt, kann das Bundesrecht streng genommen keine Autonomie begründen[80]. Immerhin kann der Bundesgesetzgeber den Kantonen einen Gestaltungsspielraum einräumen, den diese nicht oder nicht ganz ausschöpfen, so dass im Ergebnis Autonomie für die Gemeinden besteht[81].

Neben Gesetzen kommen auch Verordnungen (bspw. des Regierungsrates[82]) oder Statuten (bspw. von Gemeindeverbänden[83]) in Betracht. Innerhalb des kantonalen Rechts wird die Kompetenzverteilung zwischen Kanton und Gemeinden primär durch die Kantonsverfassung vorgenommen. Entsprechend ist zuerst das Verfassungsrecht zu konsultieren. Verfassungsnormen beantworten die Frage nach dem Autonomiebereich regelmässig nicht definitiv, da sie naturgemäss keine abschliessende Regelung eines bestimmten Sachbereichs beinhalten, sondern in aller Regel der Konkretisierung durch den Gesetzgeber bedürfen[84]. Neuere Kantonsverfassungen enthalten meist einen Katalog öffentlicher Aufgaben[85]. Werden in solchen Bestimmungen Kompetenzen an "Kanton und Gemeinden" zugewiesen, bleibt die genaue Abgrenzung dem kantonalen Gesetzgeber überlassen, weshalb eine Gemeinde keinen direkten Schutz aus solchen Verfassungsnormen abzuleiten vermag[86]. Immerhin kann aufgrund der kantonalen Gesetzgebung ein kommunaler Entscheidungsspielraum verbleiben - dies selbst wenn eine Aufgabe dem Kanton alleine zugewiesen wurde[87].

---

[77] Eine Legaldefinition des Rechtssatz-Begriffs enthält Art. 5 Abs. 2 GVG. Vgl. IMBODEN/RHINOW/ KRAEHENMANN, Nr. 5.

[78] Die Frage nach den autonomiebegründenden Rechtssätzen ist vom Anfechtungsobjekt der Autonomiebeschwerde (dazu hinten S. 158) zu unterscheiden.

[79] BGE 108 Ia 193 *(Genf)*.

[80] PFISTERER, Stellung 236.

[81] Siehe vorne S. 45.

[82] Vgl. BGE 117 Ia 352 *(Kloten u. Uster)*; 115 Ia 42 *(Bulle u. Freiburg)*; 108 Ib 240 *(Flims)*.

[83] Das Bundesgericht hat Statuten eines Zweckverbandes "rechtssatzähnlichen" Charakter zuerkannt, BGE 113 Ia 204 *(Egerkingen)*.

[84] In BGE 100 Ia 92f *(Bassersdorf)* wurde die Autonomie der Zürcher Gemeinden beim Betrieb eines Elektrizitätswerks unmittelbar aus der Kantonsverfassung abgeleitet und es wurde frei geprüft, ob der Regierungsrat die entsprechende Verfassungsnorm verletzt hatte.

[85] Z.B. Art. 31ff KV BE, Art. 27ff KV AR.

[86] Vgl. WALTER KAELIN, Oeffentliche Aufgaben, in Handbuch des bernischen Verfassungsrechts, Bern/ Stuttgart/Wien 1995, 62.

[87] ZIMMERLI, Gemeinden 208f.

Vereinzelt nahm die Praxis zum Zusammenhang von Autonomie und Bundesrecht Stellung. Im Entscheid *Flims* [88] kam das Bundesgericht zum Schluss, dass hinsichtlich der Erstellung von Telefonleitungen das Bundesrecht[89] Vorschriften aufstelle, welche kantonale Kompetenzen ausschliessen. Infolgedessen verstosse jeder Versuch der beschwerdeführenden Gemeinde, sich selber aufgrund des autonomen Gemeinderechts eine Entscheidungsbefugnis in dieser Sachfrage beizulegen, gegen die derogatorische Kraft des Bundesrechts[90]. Als weiteres Beispiel für eine abschliessende Regelung auf Bundesebene wurde das Luftfahrtrecht bezeichnet[91].

Umstritten ist die Rechtsnatur der Pläne[92]. Allerdings führt diese Frage im Bereich der Autonomiebeschwerde kaum zu Problemen. Die Kompetenz der Gemeinde zur Ortsplanung, wie sie in den kantonalen Baugesetzen vorgesehen ist, und die Funktion der kantonalen Richtpläne, die zwar für die Gemeinden verbindlich, aber eben nicht abschliessend regeln, führten dazu, dass das Bundesgericht bereits für zahlreiche Kantone die Autonomie der Gemeinde im Bereich der Ortsplanung feststellen konnte[93]. Dennoch ist denkbar, dass bereits ein Richtplan für ein konkretes Areal eine bestimmte Nutzung zwingend vorsieht, womit kommunale Autonomie diesbezüglich entfällt[94].

Autonomie setzt nicht das Fehlen einer Regelung durch höherrangiges Recht voraus. Es mag also für den betreffenden Sachbereich durchaus kantonales oder eidgenössisches Recht bestehen[95]. Entscheidend ist nur, dass dieses höherrangige Recht den streitigen Bereich nicht abschliessend regelt.

Als "Schulbeispiel" einer abschliessenden Regelung führt das Bundesgericht das Abstimmungsrecht bzw. die Ausübung politischer Rechte an[96].

---

[88] BGE 97 I 524.

[89] Bundesgesetz vom 24. Juni 1902 betreffend die elektrischen Schwach- und Starkstromanlagen (ElG; SR 734.0).

[90] BGE 97 Ia 529.

[91] ZBl 1988, 65 *(Wetzikon)*.

[92] Vgl. BGE 90 I 350, wo das Bundesgericht von einer festen, dogmatischen Einordnung der Pläne absah und sich für eine rechtliche Einordnung im Blick auf die jeweils zu beurteilende Rechtsfrage aussprach. Vgl. IMBODEN/RHINOW/KRAEHENMANN, Nr. 11.

[93] Vgl. vorne S. 48.

[94] Vgl. BGE 112 Ia 270f *(Zürich)*.

[95] N.p. BGE vom 11. November 1985 i.S. *Plaffeien*, E.3a.

[96] BGE 112 Ia 340 *(Poschiavo)*; 109 Ia 41 *(Grenchen)*; 103 Ia 487 *(Bassersdorf)*.

c) "Abschliessend" heisst zwingend und vollständig

Abschliessend ist eine Regelung, wenn sie zugleich zwingend und vollständig ist[97].

aa) Zwingend

Zwingend ist eine Ordnung dann, wenn eine kantonale Zuständigkeit ausgeschöpft wird und sowohl in materieller wie in formeller Hinsicht für den Kanton einheitliches Recht geschaffen werden soll[98]. Diesfalls gilt eine Regelung in allen Gemeinden, gleichgültig ob das kommunale Recht eine entsprechende Vorschrift enthält oder nicht, und es steht den Gemeinden nicht frei, die Rechtswirkungen für denselben Sachverhalt anders zu umschreiben, als es der kantonale Gesetzgeber getan hat[99]. Unter Umständen ist auch eine Regelung des Bundesrechts dahingehend zu beurteilen, ob sie zwingend ist[100]. Die Bestimmung eines Gemeindebaureglementes (bspw. betreffend Immissionsschutz), die lediglich eine zwingende Vorschrift des kantonalen Baurechts wiederholt, gehört nicht zum autonomen Gemeinderecht[101]. Umgekehrt ist eine kantonale Regelung nicht zwingend, die - wie bspw. ein Normalbaureglement - nur gelten soll, wenn die Gemeinden in diesem Bereich nicht selber legiferieren[102]. Autonomie ist nicht dadurch ausgeschlossen, dass die Gemeinde die Genehmigung durch eine kantonale Behörde einholen muss[103]. Als nicht zwingend wurde eine kantonale Regelung angesehen, die der Gemeinde die Möglichkeit zur Geltendmachung eines Vorkaufsrechts einräumte und ihr die Entscheidung überliess[104].

bb) Vollständig

Nicht jede zwingende kantonale (oder eidgenössische) Regelung schliesst kommunale Entscheidungsfreiheit aus. Dies ist erst der Fall, wenn die Regelung auch vollständig ist[105]. Nach der bundesgerichtlichen Praxis sind Regelungen vollständig:

- wenn sie bis ins einzelne Voraussetzungen und Verfahren im fraglichen Zusammenhang ordnen[106];

---

[97] BGE 103 Ia 489 *(Bassersdorf)*; 100 Ia 204 *(Celerina)*, 275 *(Parpan)*; 97 I 519 *(Lostorf)*. PFISTERER, Stellung 238ff.

[98] BGE 108 Ib 240f *(Flims)*, wo das vorläufige, von der Bündner Regierung gestützt auf Art. 36 Abs. 2 RPG erlassene Ausführungsrecht betreffend Ausnahmen für Bauten und Anlagen ausserhalb der Bauzone als abschliessend beurteilt wurde, womit der Anwendung (strengeren) kommunalen Rechts kein Raum mehr blieb. Vgl. auch n.p. BGE vom 6. Oktober 1982 i.S. *Romanshorn*, E.3.

[99] BGE 100 Ia 204 *(Celerina)*: In bezug auf die Anordnung einer Bausperre wurde den Bündner Gemeinden zwar Autonomie zuerkannt, die Rechtswirkungen einer Bausperre wurden vom Bundesgericht jedoch durch das kantonale Recht (Bau- und Planungsgesetz) abschliessend geregelt beurteilt.

[100] So in BGE 100 Ia 272 *(Parpan)* das Gewässerschutzgesetz (SR 814.20). Im konkreten Fall wurden die zur Diskussion stehenden Art. 19 GSchG und Art. 28 GSchV (SR 814.201), die unter bestimmten Voraussetzungen die Erteilung einer Baubewilligung untersagen, als zwingend beurteilt.

[101] BGE 97 I 519 *(Lostorf)*.

[102] BGE 93 I 434 *(Zuchwil)*. Zur Autonomie im öffentlichen Baurecht siehe hinten S. 72.

[103] BGE 120 Ia 205 *(Bern)*; 108 Ia 270 *(Roggwil)*.

[104] BGE 108 Ia 194 (Genf).

[105] PFISTERER, Stellung 240.

- wenn die relevanten Fragen abschliessend aufgezählt sind[107];
- wenn der streitige Sachverhalt umfassend geregelt ist[108];
- auch wenn einzelne Nebenpunkte rein organisatorischer Natur, um die es im konkreten Streitfall nicht geht, der kommunalen Regelung überlassen bleiben[109];
- wenn sie ihrem Sinn nach alle zu behandelnden Tatbestände erfassen[110];
- nicht wenn das kantonale Gesetz lediglich einige allgemeine Grundsätze aufstellt, in deren Rahmen der Gemeinde ein grosser (Regelungs-)Spielraum verbleibt[111];
- nicht wenn sie die Gemeinden ausdrücklich zur (ergänzenden) Rechtssetzung ermächtigen[112];
- nicht wenn das kantonale Gesetz (bspw. Baugesetz) selber über die streitige Sachfrage (bspw. Gestaltung von Zonenplänen und Ausscheidung des Baugebietes) keine näheren Vorschriften enthält[113];
- nicht wenn sie die Voraussetzungen (bspw. zur Einleitung eines Quartierplanverfahrens) nicht abschliessend umschreiben[114];
- nicht wenn sie sich darauf beschränken, den obligatorischen und fakultativen Gegenstand kommunaler (bspw. Bau-)Reglemente festzulegen[115];
- nicht wenn das kantonale Recht bestimmte wesentliche Fragen, die sich im Zusammenhang mit seinem Vollzug stellen, nicht oder nicht näher regelt[116];
- nicht wenn der Kanton zwar das Verfahren einer Pfarrwahl regelt, aber die Kirchgemeinde selber einen Pfarrer frei aus der Zahl der wahlfähigen Bewerber wählen kann[117].

c) Ueberlassen an die Gemeinde

Nur ausnahmsweise ist in der bundesgerichtlichen Judikatur explizit davon die Rede, dass ein Gegenstand der Gemeinde zur Regelung überlassen sein müsse, damit von Autonomie gesprochen werden könne. Im Urteil i.S. *Küsnacht* hielt das Bundesgericht zur Frage der relativ erheblichen Entscheidungsfreiheit bei der Anwendung kantonalen Rechts (Finanzausgleichsgesetz) fest, Voraussetzung sei, dass der (erstinstanzliche) Vollzug solcher kantonaler Vorschriften "der Gemeinde übertragen" sei[118]. Grund-

---

[106] BGE 108 Ib 240 *(Flims)*.
[107] BGE 103 Ia 322 *(Horgen)*.
[108] BGE 97 I 526 *(Flims)* betreffend Erstellung von Telefonleitungen.
[109] BGE 109 Ia 46 *(Grenchen)* betreffend Wahl- und Abstimmungsrecht.
[110] BGE 96 I 32 *(betr. Luzern)*.
[111] BGE 110 Ia 207 *(Flims)*; 102 Ia 567 *(Meggen)*; vgl. auch BGE 99 Ia 65 *(Laufen)*.
[112] BGE 102 Ia 70 *(Bergün)*.
[113] BGE 101 Ia 260 *(Ritzingen)*.
[114] N.p. BGE vom 17. November 1982 i.S. *Zollikon*.
[115] BGE 101 Ia 265 *(Täsch)*; 102 Ia 169 *(Wollerau)*.
[116] BGE 101 Ia 519 *(Titterten)*.
[117] BGE 108 Ia 270 *(Kirchgemeinde Roggwil)*.
[118] BGE 119 Ia 219.

sätzlich knüpft die Autonomie somit an das Fehlen einer abschliessenden Regelung im kantonalen Recht an, ohne dass die Entscheidungsbefugnis ausdrücklich an die Gemeinde übertragen sein muss.

Immerhin verdeutlicht dieses Kriterium - vor allem bei der Rechtsanwendungsautonomie in bezug auf kantonales Recht - folgendes: Autonomie setzt voraus, dass eine - unter Umständen stillschweigende - Kompetenzzuweisung an die Gemeinde und nicht an eine kantonale Behörde vorliegt[119].

6. Das zentrale Kriterium der relativ erheblichen Entscheidungsfreiheit

a) Einleitung

Seit der Aenderung der Rechtsprechung im Jahre 1967 misst das Bundesgericht, wenn es den Autonomiebereich prüft, dem Kriterium der relativ erheblichen Entscheidungsfreiheit zentrale Bedeutung zu. Ausgangspunkt der Praxisänderung bildete die Erkenntnis, dass immer mehr gemeindliche Angelegenheiten durch kantonales Recht geordnet werden. Wollte man in einem Zeitalter der Aufgabenverflechtung und der Vorherrschaft des kantonalen Gesetzgebers einen wirksamen Schutz der kommunalen Selbständigkeit verwirklichen und zudem verhindern, dass die Gemeinden "zu blossen Verwaltungsstellen herabsinken"[120], musste ein geeignetes Kriterium gefunden werden, welches den Gemeinden ermöglichte, sich auch in durch kantonales Recht dominierten Bereichen[121] auf den Autonomieschutz berufen zu können.

Der Begriff der relativ erheblichen Entscheidungsfreiheit[122] erscheint erstmals im Urteil i.S. *Volketswil* [123] und wird seither in ständiger Praxis zur Umschreibung des Autonomiebereichs verwendet[124]. Er kommt sowohl bei der Rechtssetzungs- als auch bei der Rechtsanwendungsautonomie zum Tragen. Hauptanwendungsgebiet ist jedoch die Autonomie bei der Anwendung kantonalen Rechts. Der Begriff der relativ erheblichen Entscheidungsfreiheit ist selbst ein relativer, d.h. ein unbestimmter, der Auslegung und Konkretisierung bedürftiger Rechtsbegriff[125]. Das Kriterium der erheblichen Entscheidungsfreiheit weist zwei Elemente auf: einerseits eine Entscheidungsfreiheit und anderseits eine Qualifizierung derselben. Dementsprechend ist zu untersuchen, was die Rechtsprechung unter Entscheidungsfreiheit versteht und welches Mass an

---

[119] Vgl. PFISTERER, Entwicklung 19.

[120] BGE 93 I 160 *(Volketwil)*.

[121] Diese wurden früher als Angelegenheiten des "übertragenen Wirkungskreises" (dazu hinten S. 64) bezeichnet und waren damit dem Autonomieschutz entzogen.

[122] In einzelnen Entscheiden ist nur von "erheblicher Entscheidungsfreiheit" die Rede (BGE 103 Ia 488; 116 Ia 287; 114 Ia 170; 112 Ia 63), ohne dass damit etwas anderes gemeint ist.

[123] BGE 93 I 160. Der Ausdruck ist einem Aufsatz Livers aus dem Jahre 1949 entlehnt (ZBl 1949, 45). Liver verwendete den Begriff allerdings nicht anstelle der früheren Theorien zum Autonomiebereich, sondern zur Umschreibung "des vernünftigen Gehalts der Ermessenstheorie".

[124] Z.T. ist auch von einem "weiten Spielraum der freien Gestaltung" die Rede (BGE 104 Ia 126, 108 Ib 238) oder davon, dass die Gemeinde "umfassendere Gestaltungsfreiheit" geniesst (BGE 100 Ia 290).

[125] LEVI 241f.

Entscheidungfreiheit erforderlich ist, damit der Autonomieschutz zur Anwendung gelangt.

b) Praxis des Bundesgerichts

aa) Allgemeines

Die Konkretisierungen des Kriteriums der relativ erheblichen Entscheidungsfreiheit in der Rechtsprechung des Bundesgerichts sind dürftig. Im Entscheid i.S. *Titterten* hält das Bundesgericht fest, welche Anforderungen an den Umfang der Entscheidungsfreiheit zu stellen seien, sei noch nicht völlig geklärt[126]. Die nachfolgende Praxis erweckt den Eindruck, dass weithin eindeutige Fälle zu beurteilen waren, bei denen die Frage des Autonomiebereiches ohne grössere Auslegungsarbeit entschieden werden konnte:

- Im Urteil i.S. *Zürich* betreffend Bewilligungspflicht einer "Peep-Show" kam das Bundesgericht zum Ergebnis, dass der Beschwerdeführerin "zweifellos" eine relativ erhebliche Entscheidungsfreiheit im streitigen Bereich zukomme[127]. Im *Fall Hünenberg* war "unbestritten", dass die beschwerdeführende Gemeinde im Bereich des Friedhofwesens eine erhebliche Entscheidungsfreiheit geniesst[128].

- Ohne nähere Begründung wird auch im Urteil i.S. *Tägerig* festgehalten: "Es darf davon ausgegangen werden, dass die aargauischen Gemeinden auch unter der Herrschaft des kantonalen Baugesetzes vom 2. Februar 1971 bei der Festlegung von Zonenplänen und beim Erlass der dazugehörenden Vorschriften im Sinne der bundesgerichtlichen Autonomierechtsprechung über eine relativ erhebliche Entscheidungsfreiheit verfügen"[129].

- Im Fall *Egg,* in dem es um die Festlegung des Standortes von Deponieplätzen ging, hat das Bundesgericht die Frage, ob eine relativ erhebliche Entscheidungsfreiheit vorliege, sogar offengelassen und die Autonomiebeschwerde mangels einer Autonomieverletzung abgewiesen[130].

Die Zurechnung der Gemeindeautonomie zum kantonalen Recht bedeutet, dass ein Kanton den Autonomiebereich auch abweichend von der bundesgerichtlichen Praxis umschreiben kann.

So verlangt bspw. Art. 4 des st. gallischen Gemeindegesetzes vom 23. August 1979[131] im Unterschied zur Bundesgerichtspraxis keine ausdrückliche Qualifizierung der Entscheidungsfreiheit. Dies bedeutet, dass den st. gallischen Gemeinden ein grösserer Autonomiebereich eingeräumt wird[132]. Entsprechend forderten kantonale Kommentatoren, dass diese

---

[126] BGE 101 Ia 519.
[127] BGE 106 Ia 208.
[128] BGE 101 Ia 396.
[129] BGE 104 Ia 138.
[130] BGE 104 Ia 47ff.
[131] "Die Gemeinde ist autonom, soweit die Gesetzgebung ihre Entscheidungsfreiheit nicht einschränkt" (Abs. 1). "In der Rechtssetzung hat die Gemeinde Entscheidungsfreiheit, wenn die Gesetzgebung keine abschliessende Regelung trifft oder die Gemeinde ausdrücklich zur Rechtssetzung ermächtigt" (Abs. 2).
[132] So kantonales Verwaltungsgericht in GVP SG 1986 Nr. 6 und Regierungsrat in GVP SG 1986 Nr. 66.

zulässige Erweiterung der Gemeindeautonomie in der künftigen Rechtsprechung zu berücksichtigen sei[133].

Festzustellen ist nun, dass das Bundesgericht bei der Prüfung des Autonomiebereichs in der Regel keinen Bezug auf das kantonalen Recht nimmt und vom Begriff der relativ erheblichen Entscheidungsfreiheit ausgeht, wie es ihn in seiner Praxis entwickelt hat.

In bezug auf den Kanton St. Gallen ist in einem n.p. Entscheid vom 13. Juli 1989 i.S. *St. Gallen* der übliche "Textbaustein" der relativ erheblichen Entscheidungsfreiheit angeführt. Von der erwähnten kantonalen Umschreibung des Autonomiebereichs gemäss Art. 4 des st. gallischen Gemeindegesetzes ist nicht die Rede. - In BGE 115 Ib 305f *(betr. Staufen u. Schafisheim) wird* - ausnahmsweise der Autonomiebegriff nach kantonalem Recht aufgeführt und gefolgert, die Begriffs- und Inhaltsumschreibung der Gemeindeautonomie im aargauischen Verfassungsrecht decke sich mit dem Gehalt der bundesgerichtlichen Rechtsprechung zur Gemeindeautonomie.

Das Bundesgericht geht somit grundsätzlich von einem einheitlichen Autonomiebegriff aus. Die Bestimmung des Autonomiebereichs erfolgt gewissermassen nach "gemeineidgenössischen" Kriterien, insbesondere nach dem Merkmal der relativ erheblichen Entscheidungsfreiheit[134].

bb) Entscheidungsfreiheit
Präzisierende Stellungnahmen zum Merkmal der Entscheidungsfreiheit[135] finden sich in der Rechtsprechung nur vereinzelt. Im Entscheid *Villars-sur-Glâne* hielt das Bundesgericht reichlich vage fest: Damit eine Gemeinde auf einem bestimmten Gebiet als autonom zu betrachten sei, genüge es, dass ihr bei der Erfüllung von im öffentlichen Interesse liegenden Aufgaben "une certaine indépendence ... soit laissée"[136]. Gemäss Urteil i.S. *Primarschulgemeinde Bassersdorf* erhält die Gemeinde Entscheidungsfreiheit durch die Einräumung der Befugnis zum Erlass und Vollzug eigener kommunaler Vorschriften oder durch Offenhaltung eines entsprechenden Spielraumes der freien Gestaltung bei der Anwendung kantonalen Rechts[137]. Entscheidungsfreiheit heisst somit Gestaltungsspielraum bei der Rechtssetzung oder der Rechtsanwendung. Vor-

---

[133] HANGARTNER, Rechtsstellung 30; GLAUS 89.
[134] Diese Entwicklung wird z.T. durch die Kantone selbst gefördert, die sich in ihrer kantonalen Rechtsprechung an die bundesgerichtliche Praxis zur Gemeindeautonomie anlehnen; vgl. KOELZ, Beschwerdebefugnis 112ff.
[135] JAGMETTI, 326ff, spricht statt dessen von "Verantwortlichkeit".
[136] BGE 96 I 151.
[137] BGE 103 Ia 488.

aussetzung ist, dass entweder eine Regelung fehlt oder eine vorhandene Regelung nicht abschliessend ist[138].

Die Setzung von kommunalem Recht stellt den Kernbereich der Gemeindeautonomie dar[139]. Die Befugnis, autonome Satzungen zu erlassen, macht die Gemeinde zu einem über den Status einer blossen Verwaltungseinheit hinausgehenden, selbständigen Glied innerhalb des schweizerischen Bundesstaates. Die Umschreibung der Entscheidungsfreiheit durch das Bundesgericht macht jedoch deutlich, dass kommunale Rechtssetzung und Autonomie nicht gleichgesetzt werden können[140]. Ist eine Gemeinde in einem bestimmten Bereich zu autonomer Rechtssetzung befugt, so ist es nur folgerichtig, ihr auch bei der Anwendung der kommunalen Vorschriften Autonomieschutz zu gewähren[141]. Die Bundesgerichtspraxis geht noch einen Schritt weiter. Selbst bei der Anwendung von kantonalem, allenfalls sogar eidgenössischem Recht[142] kann der Gemeinde ein Gestaltungsspielraum offenstehen. Dies ist dann der Fall, wenn das kantonale Recht bestimmte Fragen, die sich im Zusammenhang mit seinem Vollzug stellen, nicht oder nicht näher regelt bzw. wenn in der Unbestimmtheit einer Norm eine Kompetenzzuweisung an die Gemeinde liegt.

cc) *Erheblichkeit der Entscheidungsfreiheit*

Die Frage der Qualifizierung des Entscheidungsspielraums stellt sich vor allem im Bereich der Rechtsanwendung und dort insbesondere bei der Anwendung kantonalen Rechts. Im Bereich der Rechtssetzung ist dieses Kriterium selten von Bedeutung. Wenn die Gemeinde zum Erlass von Normen oder Plänen zuständig ist, ist ihr Entscheidungsspielraum notwendigerweise relativ erheblich.

Im Urteil i.S. *Primarschulgemeinde Bassersdorf* erwog das Bundesgericht, dass der kantonale Gesetzgeber im fraglichen Sachbereich (Abstimmungen) das Verfahren auch für die Gemeinden verbindlich und abschliessend regeln wollte und diesen nur einen "geringfügigen Raum zur Wahl zwischen zwei oder drei Möglichkeiten gelassen hat"[143]. Damit kann umgekehrt formuliert werden, dass die Gemeinden dann qualifizierte Entscheidungsfreiheit besitzen, wenn sie noch *wesentliche* Fragen beantworten können[144].

In einem Entscheid i.S. *Gemeinde X.*, in dem die Frage der vorzeitigen Einschulung im Kanton Graubünden zu beurteilen war, wird in allgemeiner Form ausgeführt,

---

[138] Vgl. BGE 118 Ia 320 *(Lugano)* betr. kommunale Trinkwasserversorgung; 116 Ia 287 *(Buttisholz)* betr. Benennung von Quartieren, Häusern und Strassen. Vgl. zum Kriterium des Fehlens einer abschliessenden Regelung vorne S. 51ff.

[139] HAEFELIN/MUELLER 260. Zur Autonomie im Bereiche der Rechtssetzung siehe hinten S. 68.

[140] Wiederholt die Gemeinde, bspw. in ihrem Baureglement, nur eine zwingende kantonale Vorschrift, liegt keine Autonomie vor; BGE 97 I 519 *(Lostorf)*.

[141] Zur Autonomie bei der Anwendung kommunalen Rechts siehe hinten S. 76.

[142] Dazu vorne S. 45 und hinten S. 79.

[143] BGE 103 Ia 489.

[144] Allerdings kann nach Bundesgericht selbst die blosse Wahl zwischen zwei Möglichkeiten im konkreten Fall als wesentlich erscheinen und somit Autonomie begründen: BGE 108 Ia 194 *(Genf)*.

welches Mass an Entscheidungsfreiheit zugunsten der Gemeinde schutzwürdige Autonomie begründet:

"Ob die der Gemeinde gewährte Freiheit in einem bestimmten Bereich "relativ erheblich" ist, ergibt sich aus ihrer Bedeutung für den Sinn der kommunalen Selbständigkeit, d.h. daraus, ob nach der kantonalen Gesetzgebung durch die kommunale Gestaltung unter anderem mehr Demokratie und Rechtsstaatlichkeit sowie eine *bessere und sinnvollere Aufgabenerfüllung auf lokaler Ebene* ermöglicht werden sollen"[145].

Im konkreten Fall entschied das Bundesgericht, dass das in der Bündner Schulgesetzgebung dem kommunalen Schulrat eingeräumte Ermessen in bezug auf die Frage der vorzeitigen Einschulung nicht lokalen oder organisatorischen Anliegen Rechnung tragen wolle, sondern allein solchen pädagogischer Natur. Das der Gemeinde bzw. dem Schulrat eingeräumte Ermessen sei somit nicht "gemeindefreiheitsbezogen"[146].

Mit diesem Urteil versuchte das Bundesgericht das Moment der Erheblichkeit zu verdeutlichen, einerseits mit dem Element der "Effizienz" und anderseits mit dem Bezug zur "Gemeindefreiheit". Auf den ersten Blick erscheint mit solchen Formulierungen keine eigentliche Praxisänderung beabsichtigt zu sein. Begriffe wie "Gemeindefreiheit" und "Lokalbezogenheit" sind gewissermassen Gemeinplätze der Autonomierechtsprechung. Die diesem Entscheid nachfolgende Praxis umschreibt denn auch den Autonomiebereich in herkömmlicher Weise[147]. Bei genauerer Betrachtung wird aber deutlich, dass eine Präzisierung der Rechtsprechung zur Rechtsanwendungsautonomie vorliegt. Das Bundesgericht betont in stärkerem Mass als früher, dass es nicht auf die Quantität der Entscheidungsfreiheit, sondern auf deren Qualität ankommt. Ausschlaggebend ist somit nicht das Ausmass des Spielraums, nicht ein "hoher Grad" an Unbestimmtheit bspw. bei der Auslegung unbestimmter Rechtsbegriffe[148]. Vielmehr will die Praxis auf den Zweck der Einräumung von Entscheidungsfreiheit abstellen. Besteht dieser darin, mehr örtliche Demokratie und eine bessere Aufgabenerfüllung auf lokaler Ebene zu ermöglichen, so steht die konkret von der Gemeinde getroffene Entscheidung unter Autonomieschutz[149].

Diese hauptsächlich in BGE 118 Ia 221 versuchte Konkretisierung erscheint unpraktikabel und der Rechtssicherheit kaum förderlich. Nachvollziehbar ist zwar das Bestreben des Bundesgerichts, den Verfassungsschutz der Gemeinde bei der Anwendung kantonalen Rechts zu begrenzen[150]. Den erwähnten Kriterien fehlt jedoch die Objektivität. Die Bejahung der "relativen Erheblichkeit" hängt dadurch (zu) stark von

---

[145] BGE 118 Ia 221f (Hervorhebungen im Original). Die Erwägungen des Bundesgerichts stützen sich explizit auf PFISTERER (Stellung 249ff und Entwicklung 18ff).

[146] BGE a.a.O. 222. Der Begriff "gemeindefreiheitsbezogen" stammt ebenfalls von PFISTERER (Entwicklung 19).

[147] BGE 120 Ia 204 *(Bern)*; 119 Ia 218 E.3a *(Küsnacht)*, 294 E.b *(Winterthur)*.

[148] So noch ZBl 1978, 63 *(Luzern)*.

[149] Vgl. PFISTERER, Entwicklung 19; ders., Stellung 29ff, 230.

[150] Zur besonderen Bedeutung dieser Rechtsprechung im Zusammenhang mit unbestimmten Rechtsbegriffen des kantonalen Rechts siehe hinten S. 82f.

subjektiven Wertungen, mithin vom einzelnen Richter ab und ist demzufolge nicht voraussehbar. Die Frage der Effizienz kann - mindestens in einem solchen Verfahren - nicht beantwortet werden. Die Formulierung "gemeindefreiheitsbezogen" ist im Hinblick auf die Fragestellung, die Definition der Gemeindeautonomie, tautologisch.

Auch in weiteren, neueren Urteilen kommt der Zweckgedanke zum Ausdruck. So ist etwa davon die Rede, die Entscheidungsfreiheit müsse eine Frage betreffen, die "ihrer Natur nach" Gegenstand kommunaler Selbstbestimmung bilden könne[151] bzw. es gehe um Fälle, bei denen "lokale Interessen berührt" und die Aufgabenerfüllung durch die Gemeinde "möglich und sinnvoll" seien[152]. Im Entscheid *Küsnacht,* in dem es um die Abgabepflicht der Zürcher Gemeinden aufgrund des kantonalen Finanzausgleichsgesetzes ging, hielt das Bundesgericht zur relativ erheblichen Entscheidungsfreiheit fest: Voraussetzung dafür sei, "dass der (erstinstanzliche) Vollzug solcher kantonalen Vorschriften der Gemeinde übertragen ist und dass die Art der zu regelnden Materie für ein Selbstbestimmungsrecht der einzelnen Gemeinden Raum lässt"[153].

Qualifizierte Entscheidungsfreiheit entsteht mithin dadurch, dass erstens eine Regelung unvollständig ist, so dass der Gemeinde ein Gestaltungsspielraum verbleibt, und zweitens der Sinn der Unvollständigkeit in der Zuweisung von Entscheidungsbefugnissen an die Gemeinde liegt. Die Entscheidungsfreiheit muss eine Frage betreffen, die ihrer Natur nach Gegenstand kommunaler Selbstbestimmung bilden kann[154]. Damit tritt neben ein objektives Element - Gestaltungsspielraum belassende Unvollständigkeit im kantonalen Recht - ein gewissermassen teleologisches Element: Die Entscheidungsfreiheit, mithin die Rechtssetzungs- oder Rechtsanwendungsfreiheit der Gemeinde, muss zweckbezogen sein, gerichtet auf die Idee, dass die fragliche Sachentscheidung lokalen Charakter trägt und am besten durch kommunale Behörden getroffen werden kann[155].

Die Frage, ob und wie die Entscheidungsfreiheit qualifiziert sein muss, damit Autonomie vorliegt, findet primär bei der Rechtsanwendungsautonomie Verwendung und gestaltet sich schwieriger als die Umschreibung der Entscheidungsfreiheit an sich. Aus der Rechtsprechung, die verlangt, dass eine Kompetenzzuweisung an die Gemeinde "beabsichtigt" bzw. dass die Unbestimmtheit einer Regelung "gemeindefreiheitsbezogen" sein muss, lässt sich das Bestreben des Bundesgerichts entnehmen, die Autonomie der Gemeinden von qualitativen Erfordernissen abhängig zu machen. Der Kanton muss den Gemeinden nicht nur einen Gestaltungsspielraum einräumen, sondern gewissermassen um der (Gemeinde-)Freiheit willen (Entscheidungs-)Freiheit ge-

---

[151] BGE 119 Ia 115 *(Baden)*; 115 Ib 305 *(betr. Staufen u. Schafisheim)*.

[152] BGE 116 Ia 287 *(Buttisholz)*. Dieser Entscheid, bei der die Regelung der Schreibweise von Ortsnamen streitig war, erweckt den Eindruck, dass das Bundesgericht auch bei der Rechtssetzungsautonomie, zumindest bei der Normierung örtlicher Angelegenheiten, ein Werturteil vornimmt.

[153] BGE 119 Ia 219.

[154] Vgl. KUTTLER 48.

[155] Im n.p. Urteil vom 13. Juni 1989 i.S. *Altstätten* ist von Wesentlichkeit "für die Entfaltung der örtlichen Demokratie und für die ortsspezifische Aufgabenerfüllung" die Rede.

währen. Besteht grundsätzlich Entscheidungsfreiheit, muss zusätzlich geprüft werden, ob diese auch vom Umfang her *wesentlich* und von der Qualität her *lokalbezogen* ist. Mit dem Element der qualifizierten Entscheidungsfreiheit wird ein Mehr verlangt als eine praktisch jeder Rechtsanwendung innewohnende Auswahlmöglichkeit[156]. Das blosse Vorhandensein einer unbestimmten Regelung oder die Einräumung von Ermessen ist noch nicht autonomiebegründend.

Das zweckbezogene Kriterium der Erheblichkeit gelangt auch bei der Frage der Rechtssetzungsautonomie zur Anwendung, und zwar dann, wenn unklar ist, ob noch eine rein lokale Angelegenheit gegeben ist.

Die Konkretisierungsversuche des Bundesgerichts sind nur teilweise geglückt; die Kriterien sind begrifflich immer noch sehr unbestimmt und kaum objektivierbar[157]. Immerhin führt der Grundgedanke des Autonomieschutzes als Bewahrung der Selbständigkeit der Gemeinden zur Ueberlegung, dass autonomierechtlich relevante Entscheidungsfreiheit dann fehlt, wenn die Gemeinde wie eine kantonale Behörde handelt. Zur Annahme von Autonomie ist erforderlich, dass der Gemeinde gewissermassen die Befugnis zur "letztinstanzlichen" Entscheidung eingeräumt wird[158]. Hinter dem Kriterium der qualifizierten Entscheidungsfreiheit steht im Grunde auch der Gedanke der Kompetenzausscheidung zwischen den Gemeinden und den kantonalen Aufsichts- und Rechtsschutzinstanzen. Mit der Setzung von unbestimmten, Gestaltungsfreiheit belassenden Normen trifft der kantonale Gesetzgeber eine Kompetenzausscheidung zugunsten der rechtsanwendenden kommunalen Behörden[159].

c) Ergebnis

Entscheidungsfreiheit besitzt die Gemeinde in erster Linie, wenn sie zum Erlass und Vollzug eigener kommunaler Vorschriften ermächtigt ist. Daneben kann ihr auch bei der Anwendung kantonalen und allenfalls sogar eidgenössischen Rechts Handlungsfreiheit zukommen, nämlich dann, wenn ihr der kantonale Gesetzgeber einen Gestaltungsspielraum offenhält. Entscheidungsfreiheit und Gestaltungsspielraum heisst letztlich Wahlmöglichkeit für die Gemeinde. Der Gemeinde muss die Befugnis zustehen, sich im Rahmen des Gesetzmässigkeitsgrundsatzes zwischen verschiedenen Lösungen für die ihr passende zu entscheiden. Im Extremfall liegt die Wahlmöglichkeit darin, etwas zu tun oder nicht zu tun[160]. Der Sinn des Autonomieschutzes besteht darin, diese Entscheidungsbefugnis gegenüber den kantonalen Behörden durchzusetzen. Entscheidungsfreiheit heisst somit Gestaltungsspielraum und damit Wahlmöglichkeit bei der Rechtssetzung oder der Rechtsanwendung.

---

[156] PFISTERER, Stellung 254.

[157] Insofern trifft die Beschreibung FAGAGNINIS 31, es handle sich um einen "Tummelplatz blosser Kasuistik", immer noch zu.

[158] PFISTERER, Stellung 248.

[159] Vgl. PFISTERER, Stellung 246. Zur Autonomie bei unbestimmten Rechtsbegriffen siehe hinten S. 77/ 80. Zum organisationsrechtlichen Ansatz vgl. vorne S. 25ff.

[160] Vgl. BGE 108 Ia 194 *(Genf)*.

Erheblich ist die Entscheidungsfreiheit, wenn die Gemeinde *noch wesentliche* Fragen beantworten kann, die über die jeder Rechtsanwendung[161] naturgemäss innewohnenden Auswahlmöglichkeit hinausgehen. Zusätzlich muss die vom kantonalen Recht gewährte Freiheit der Gemeinde, wesentliche Entscheidungen treffen zu können, zweckgerichtet sein. Die Unvollständigkeit einer Regelung, die Voraussetzung für das Bestehen von Autonomie ist, muss nach neuerer bundesgerichtlicher Diktion "gemeindefreiheitsbezogen" sein. Das heisst, es muss eine bessere und sinnvollere Aufgabenerfüllung auf lokaler Ebene erstrebt sein. Erhebliche Entscheidungsfreiheit heisst somit die nach dem Gedanken der Lokalbezogenheit der Aufgabe und der Effizienz der Entscheidfindung der Gemeinde vom Kanton eingeräumte Möglichkeit, noch wesentliche Fragen im Bereich der Rechtssetzung oder der Rechtsanwendung beantworten zu können.

Eine präzise Trennung der Frage des Autonomiebereichs in mehrere (objektive) Teilkriterien, die nacheinander geprüft werden können, scheint nach der bisherigen Rechtsprechung nicht möglich. Die verschiedenen erwähnten Teilmerkmale zeigen aber einen Grundgedanken: Die Gemeinde kann sich in den Fällen gegenüber kantonalen Behörden mittels staatsrechtlicher Beschwerde zur Wehr setzen, in denen sie nicht bloss als untere kantonale Behörde erscheint, sondern als vom Kanton distanziertes, eigenständiges Rechtssubjekt handelt.

7. Ungeschriebene und historisch gewachsene Autonomiebereiche

Nach der bundesgerichtlichen Rechtsprechung werden auch ungeschriebene und historisch gewachsene Autonomiebereiche anerkannt[162]. Das Bundesgericht beruft sich dabei auf GIACOMETTI, der allerdings in bezug auf den Begriff der "eigenen Angelegenheiten" der Gemeinde nur davon spricht, dass der Verfassungsgeber den Gesetzgeber verpflichte, jene Aufgaben der Gemeinde zu überlassen, die sich historisch als Gemeindeaufgaben herausgebildet hätten[163]. Die Anerkennung ungeschriebener Autonomiebereiche ist im Ergebnis jedoch zu begrüssen. Da die Autonomie der Gemeinde im Rahmen und aufgrund des kantonalen Rechts besteht, ergibt sich folgerichtig, dass auch ungeschriebenes Recht, mithin Gewohnheitsrecht, zu berücksichtigen ist. Die Umschreibung "historisch gewachsen" erscheint somit lediglich als Hinweis auf die Voraussetzungen zur Entstehung von Gewohnheitsrecht[164]. Allerdings ist festzustellen, dass das Bundesgericht, soweit ersichtlich, bisher in keinem Fall einen Autonomiebereich aufgrund von Gewohnheitsrecht anerkannt hat.

---

[161] Bei der Rechtssetzung spielt die Erheblichkeit, wie gesehen, nur ausnahmsweise eine Rolle.
[162] BGE 116 Ia 287 *(Buttisholz)*; 115 Ia 44 *(Bulle u. Freiburg)*; 114 Ia 83 *(Gemeinde X.)*, 168 *(Gaiserwald)*.
[163] Staatsrecht 76.
[164] Zum Gewohnheitsrecht im öffentlichen Recht vgl. IMBODEN/RHINOW/KRAEHENMANN, Nr. 7.

8. Hinweis auf Kriterien zur Umschreibung des Autonomiebereichs aus der früheren Praxis und Lehre

Der Vollständigkeit halber soll kurz auf einige weitere Kriterien zur Umschreibung des Autonomiebereichs eingegangen werden, die in der früheren Praxis des Bundesgerichts und z.T. in der Literatur verwendet worden sind. Sie haben seit der Praxisänderung im Jahre 1967 an Bedeutung verloren, wirken aber vereinzelt noch nach. Hinter allen diesen früher verwendeten Merkmalen zur Ausscheidung eines Autonomiebereichs steht die Auffassung einer dualistischen Konzeption der Gemeindeaufgaben im Sinne der Unterscheidung von Selbst- und Fremd- (Staats-) Verwaltung[165].

a) Die Lehre vom eigenen und übertragenen Wirkungskreis

Seit den dreissiger Jahren benutzte das Bundesgericht die Lehre vom eigenen und übertragenen Wirkungskreis in ständiger Praxis zur Umschreibung des Autonomiebereichs der Gemeinde. Das Recht der Gemeinde zur Selbstgesetzgebung und Selbstverwaltung war danach auf den sog. eigenen Wirkungskreis beschränkt[166]. Folgerichtig blieb der Gemeinde der Autonomieschutz im übertragenen Wirkungskreis, in dem sie aufgrund ausdrücklicher gesetzlicher Ermächtigung tätig war, versagt.

In abgewandelter Form verwendet das Bundesgericht im Zusammenhang mit den als öffentlichrechtlichen Körperschaften anerkannten Landeskirchen die Unterscheidung in innere und äussere Angelegenheiten[167].

b) Autonomie als Freiheit von staatlicher Ermessenskontrolle

Ende der vierziger Jahre schwenkte das Bundesgericht auf eine Abgrenzung des Autonomiebereichs nach dem Umfang staatlicher Aufsicht um[168]. Danach sollte eine Gemeinde insoweit autonom sein, als ihr durch Verfassung und Gesetz freies Ermessen in Rechtssetzung und Verwaltung eingeräumt wird und sie dieses Ermessen frei von staatlicher Kontrolle betätigen darf[169]. Die Gemeinde war somit nur in jenen Fällen autonom, in denen sich die kantonale Aufsicht auf eine Rechtskontrolle beschränkte.

c) Abgrenzung nach örtlichen und nichtörtlichen Aufgaben

In der Praxis wurde das Kriterium der Oertlichkeit herangezogen, um jene Fälle zu bestimmen, in denen die Gemeinde ohne spezielle Ermächtigung von sich aus Recht setzen darf[170]. Die Bezugnahme auf das Element der Lokalbezogenheit bei der Ausschei-

---

[165] GLAUS 61.

[166] BGE 65 I 131. Zur Theorie der Wirkungskreise vgl. GLAUS 67f m.w.V.

[167] BGE 120 Ia 201 und Kritik zu dieser Unterscheidung bei CHRISTOPH WINZELER, in AJP 1995, 96.

[168] ZBl 1950, 424 *(Dürnten)*; vgl. vorne S. 7 und MEYLAN 58f.

[169] BGE 89 I 112 *(Speicher)*; 91 I 42 *(Ilanz)*; 92 I 375 *(Celerina)*; ZBl 1965, 400 *(St. Moritz)*. Zur Ermessenstheorie vgl. GIACOMETTI, Staatsrecht 75; NAWIASKY 16. Kritik bei LIVER 44ff; HUBER, Rechtsprechung 339 und 419f.

[170] Vgl. BGE 89 I 470 *(betr. Hemmental)*; 96 I 30 *(betr. Luzern)*.

dung öffentlicher Aufgaben erweist sich angesichts zunehmender Aufgabenverflechtung als problematisch. Das ausschliessliche Abstellen auf das Oertlichkeitskriterium bei der Bestimmung des Autonomiebereichs würde zudem zu einer erheblichen Einschränkung des Autonomieschutzes führen[171]. Schliesslich steht dieser Abgrenzungsmethode das Postulat entgegen, den Autonomieschutz auch im Bereich nichtörtlicher Angelegenheiten zu verwirklichen. Zu beachten bleibt aber, dass das Kriterium der Lokalbezogenheit auch unter der neueren Praxis des Bundesgerichts von Bedeutung ist. Es wird bei der Umschreibung des Autonomiebereichs durchaus noch herangezogen. So findet das Merkmal der Oertlichkeit als Auslegungshilfe bei der Konkretisierung der relativ erheblichen Entscheidungsfreiheit[172] und insbesondere bei der Rechtssetzungsautonomie[173] weiterhin Verwendung.

Einzelne Autoren versuchten - ausgehend vom Merkmal der Oertlichkeit - den Kreis autonomer Aufgaben der Gemeinde zu umschreiben, ohne die bundesgerichtlichen Kriterien des eigenen Wirkungskreises oder der Ermessenskontrolle zu verwenden. So wurde vorgeschlagen, es sei auf das "Herkommen"[174] oder auf die "innere Kennzeichnung"[175] einer öffentlichen Aufgabe abzustellen. Das Bundesgericht[176] und die Lehre[177] verneinten die Tauglichkeit dieser Merkmale zur Umschreibung des Autonomiebereiches. Das Abstellen auf historisch der Gemeinde zuzurechnende Aufgaben erweckt den Eindruck eines vorbestehenden Aufgabenbereiches der Gemeinde und versagt bei der Ausscheidung neuer Aufgaben[178]. Das Kriterium der inneren Kennzeichnung einer öffentlichen Aufgabe ist ebenso unbestimmt wie das Merkmal des Herkommens. Problematisch ist bei beiden Ansätzen, dass von gewissermassen vorrechtlich bestehenden Zuständigkeiten der Gemeinde ausgegangen wird[179]. Uebersehen wird dabei, dass der Kanton aufgrund seiner Organisationsautonomie die Kompetenzen der Gemeinden bestimmt. Die Gemeinde ist lediglich im Rahmen von Verfassung und Gesetz zur Regelung ihrer Angelegenheiten befugt. Vorbestehende, der Gemeinde um ihrer selbst willen zustehende Aufgaben gibt es nicht. Andernfalls würde von einem naturrechtlichen Begriff der Gemeindeautonomie ausgegangen, was abzulehnen ist[180].

---

[171] GLAUS 65.
[172] Vgl. BGE 119 Ia 115 *(Baden)*.
[173] Dazu hinten S. 71.
[174] LIVER 40ff.
[175] HUBER, Rechtsprechung 339 und 419.
[176] BGE 93 I 158f *(Volketswil)*, 432 *(Zuchwil)*.
[177] GEIGER 33; MEYLAN 56.
[178] Immerhin spricht das Bundesgericht beim Verweis auf gewohnheitsrechtliche Autonomie von "historisch gewachsenen" Autonomiebereichen; vgl. vorne S. 63.
[179] Damit zeigt sich ein Berührungspunkt zum grundrechtlichen Ansatz; dazu vorne S. 16ff.
[180] Vgl. GIACOMETTI, Staatsrecht 76.

d) Abgrenzung nach freiwilligen und Pflichtaufgaben

Vereinzelt wurde in der Literatur der Standpunkt vertreten, die Gemeinde handle in jenen Bereichen autonom, in denen sie freiwillig Aufgaben übernehmen darf. Erfülle sie lediglich Pflichtaufgaben, komme ihr zum vornherein keine Autonomie zu[181].

e) Weitere Abgrenzungskriterien

In der Lehre wurden weitere Abgrenzungskriterien zur Frage des Autonomiebereichs entwickelt, die aber keinen Niederschlag in der bundesgerichtlichen Praxis gefunden haben. Nach dem Merkmal der Kostentragungspflicht soll die Gemeinde dort autonom sein, wo sie die Kosten trägt[182]. Nach einer anderen Meinung ist auf die Stufe der Delegationsnorm abzustellen. D.h. die Gemeinde ist dann autonom, wenn ihr eine Aufgabe von Verfassung wegen zusteht[183].

9. Kritik

Das Bundesgericht hat in den meisten (publizierten) Fällen das Vorliegen eines Autonomiebereiches bejaht bzw. verneint, ohne dass aus den Erwägungen detaillierte Erörterungen zur qualifizierten Entscheidungsfreiheit hervorgehen. Dementsprechend ist das Kriterium der relativ erheblichen Entscheidungsfreiheit immer noch "relativ" unbestimmt. Eine einheitliche Praxis zur Frage der qualifizierten Entscheidungsfreiheit mit begrifflich fassbaren, objektiven Elementen oder bspw. mehreren Fallgruppen existiert nicht. Es muss in jedem Einzelfall geprüft werden, ob qualifizierte Entscheidungsfreiheit und damit Autonomie vorliegt. Der beschwerdeführenden Gemeinde ist es nicht ohne weiteres möglich, bereits im voraus mit hinreichender Sicherheit abzuschätzen, ob ihre Autonomiebeschwerde die Hürde des Autonomiebereichs nehmen wird. Immerhin relativiert sich dieses Problem insofern, als das Bestehen von Autonomie in einem der Hauptbereiche der Konfliktfälle, der Ortsplanung und dem öffentlichen Baurecht, für zahlreiche Kantone bereits höchstrichterlich entschieden ist[184]. Das Bundesgericht hat in einigen Entscheiden Konkretisierungsversuche unternommen. Die Einführung neuer unbestimmter Kriterien, wie "gemeindefreiheitsbezogen" bzw. "der Natur der Sache nach" oder "bessere und sinnvollere Aufgabenerfüllung", führt jedoch nicht zu grösserer Klarheit und Praktikabilität. Es handelt sich dabei um subjektive Kriterien, was, wie bereits erwähnt[185], nicht unproblematisch ist. Mit PFISTERER ist festzuhalten, dass letzlich ein richterliches Werturteil darüber entscheidet, ob die Verfassung die Gemeinde gegen einen kantonalen Akt schützt[186]. In vielen

---

[181] WALTHARD 42. Kritik bei REINHARDT 38 und GIACOMETTI, Staatsrecht 80.
[182] Dazu GLAUS 63.
[183] GLAUS 64.
[184] Vgl. vorne S. 48.
[185] Vorne S. 60f.
[186] Stellung 254.

Fällen wäre wohl nicht einmal der kantonale Gesetzgeber - selbst bei authentischer Interpretation - in der Lage zu erklären, ob die Offenheit einer Norm "gemeindefreiheitsbezogen" ist oder nicht. Zudem entsteht der Eindruck eines Zirkelschlusses: Die Frage, wann einer Gemeinde (Entscheidungs-)Freiheit zukommt, lässt sich nicht einfach dadurch beantworten, dass auf jene Regelungen hingewiesen wird, die einen Bezug zur Gemeindefreiheit haben. Das zu Definierende bleibt damit nach wie vor offen. Dahinter steht auch das bereits erwähnte konzeptionelle Defizit. Es gibt keinen allein durch Erkenntnis zu gewinnenden allgemeinen Begriff der Gemeindeautonomie. Gemeindeautonomie ist nur ein Etikett, hinter welchem sich verschiedene Traditionslinien verbergen[187]. Der Begriff "gemeindefreiheitsbezogen" und das Kriterium der "Oertlichkeit" sind vor dem Hintergrund der Rechtsprechungsphase des eigenen Wirkungskreises zu sehen. Es stellt sich die Frage, inwiefern die Elemente der "Effizienz" und der "Lokalbezogenheit", wie sie in neuesten Entscheiden verwendet werden, nur Bedeutungsmerkmale des allgemeinen Begriffs der relativ erheblichen Entscheidungsfreiheit darstellen[188] oder ob damit auch qualitativ neue Anforderungen formuliert werden, welche die Gemeinde erfüllen muss, um den Autonomieschutz zu beanspruchen.

Es bleibt somit Aufgabe der Praxis, das Kriterium der relativ erheblichen Entscheidungsfreiheit zu verdeutlichen. Zu berücksichtigen sind dabei das Ziel, die Gemeinde zur Rüge gewisser Verfassungsverletzungen zuzulassen, und die Kriterien der Praktikabilität und der Rechtssicherheit. Der Gemeinde muss es möglich sein, die Chancen einer Autonomiebeschwerde im voraus abschätzen zu können.

Die Frage nach dem geschützten Autonomiebereich ist - zumindest wenn man sie wie das Bundesgericht als solche des materiellen Rechts behandelt[189] - eigentlich ein Problem des kantonalen Rechts, d.h. des kantonalen (Verfassungs- oder Verwaltungs-) Richters. Die Ausgestaltung und Ausscheidung der Kompetenzen zwischen Kanton und Gemeinden ist gemäss Art. 3 BV Sache der Kantone. Dem Bundesgericht obliegt im Verfahren der Verfassungsbeschwerde lediglich die Aufgabe, Verfassungsverletzungen kantonaler Behörden festzustellen. Allerdings ist es dem Bundesgericht kaum möglich, sich auf kantonale Konkretisierungen zum jeweiligen Autonomiebereich zu stützen und von kantonalen Gerichten festgestellte Kompetenzabgrenzungen zu übernehmen. Bemerkenswerterweise ist gerade das Gegenteil der Fall: Kantonale Gerichte übernehmen die bundesgerichtliche Praxis zur Gemeindeautonomie[190]. Das Bundesgericht übt zum Teil gewissermassen als "Lückenbüsser" die Funktion einer fehlenden kantonalen Verfassungsgerichtsbarkeit aus[191].

---

[187] Siehe vorne S. 16ff.

[188] So ist m.E. die bundesgerichtliche Praxis zu verstehen.

[189] Zu einer anderen Betrachtungsweise siehe hinten S. 175/180.

[190] Vgl. KOELZ, Beschwerdebefugnis 113, der festhält, dass das Zürcher Verwaltungsgericht bei der Frage der Beschwerdebefugnis von Gemeinden die bundesgerichtliche Autonomierechtsprechung von der qualifizierten Entscheidungsfreiheit übernommen hat.

[191] Vgl. D. THUERER, Bund 264.

Die Aussage des Bundesgerichts, der Autonomieschutz solle verhindern, dass die Gemeinden zu blossen kantonalen Verwaltungsbezirken werden[192], ist zu präzisieren: Die Gemeinde geniesst dort Schutz, wo sie - funktionell betrachtet - nicht bloss als kantonale Behörde, sondern als eigenständiges Rechtssubjekt handelt. Sache des kantonalen Normgebers ist es festzulegen, wann dies der Fall ist. Die genannte Zielsetzung des Bundesgerichts erweist sich somit als (rechtspolitische) Absichtserklärung. Solange die Gemeindeautonomie als Institut des kantonalen Rechts verstanden wird, geht es bei der Frage, ob die beschwerdeführende Gemeinde autonom ist, in erster Linie um die Feststellung, wie im betreffenden Kanton bezüglich des streitgegenständlichen Sachbereichs die Kompetenzen verteilt sind[193].

Im folgenden soll in einem zweiten Teil zum Autonomiebereich versucht werden, die Praxis des Bundesgerichts anhand von Fallgruppen konkret darzustellen. Autonomie bedeutet das Recht zur Selbstgesetzgebung und zur Selbstverwaltung[194]. Es ist zu untersuchen, wie anhand der erwähnten Kriterien der Bereich autonomer Rechtssetzung und Rechtsanwendung bestimmt wird. Es interessiert auch, inwiefern die Gemeinde selbst Aufgaben übernehmen darf. Im Rahmen der Rechtssetzung ist auch die Raumplanung zu behandeln. Bei der Rechtsanwendung ist zu unterscheiden, ob es um die Anwendung kommunalen oder höherrangigen (kantonalen oder eidgenössischen) Rechts geht. Insbesondere ist dem Problem der Unbestimmtheit von Regelungen (v.a. in der Form sog. unbestimmter Rechtsbegriffe) nachzugehen.

III. Autonomie in der Rechtssetzung (inkl. Planung)

1. Allgemeines

Autonomie im eigentlichen Sinn des Wortes bedeutet das Recht zur Selbstgesetzgebung. Die Setzung von kommunalem Recht - bspw. der Erlass einer Gemeindeordnung oder einer Bauordnung samt Zonenplänen - stellt den Kernbereich der Gemeindeautonomie dar[195]. Die Bestimmung der Rechtssetzungsbefugnisse der Gemeinden bereitet mitunter Schwierigkeiten, weil die kantonalen Verfassungen meist keine klare Kompetenzausscheidung enthalten[196]. Seit 1967 anerkennt das Bundesgericht Autonomie auf dem Gebiet der Rechtssetzung, wenn das kantonale Recht einen Bereich nicht abschliessend ordnet, sondern ihn ganz oder teilweise der Gemeinde zur Regelung überlässt und ihr dabei eine relativ erhebliche Entscheidungsfreiheit einräumt[197].

---

[192] Z.B. BGE 109 Ia 176 *(Schwellenbezirk Beatenberg)*.

[193] Vgl. zum organisationsrechtlichen Ansatz vorne S. 25ff.

[194] Die Rechtsprechungsautonomie ist ohne praktische Bedeutung.

[195] HAEFELIN/MUELLER 260.

[196] IMBODEN/RHINOW, Nr. 12 B I.

[197] BGE 93 I 160 *(Volketswil)*, 432 *(Zuchwil)*; 118 Ia 219 *(Gemeinde X.)*; 115 Ia 44 *(Bulle u. Freiburg)*; 110 Ia 199 *(Zermatt)*. In älteren Entscheiden wurde eine Ermächtigung verlangt, BGE 103 Ia 320 *(Horgen)*; 99 Ia 74 *(Schaffhausen)*. Dies ist aber nicht entscheidend, s. hinten S. 71.

Die Frage, ob eine Gemeinde im Bereich der Rechtssetzung im Sinne der bundesgerichtlichen Rechtsprechung autonom ist, hängt davon ab, ob sie zur Regelung zuständig ist[198], eine (abschliessende) kantonale Regelung fehlt[199] und ob sie hinsichtlich der konkreten Streitfrage Entscheidungsfreiheit[200] geniesst. Im Bereich der Rechtssetzung ist das Kriterium der qualifizierten Entscheidungsfreiheit selten von Belang[201]. Wenn feststeht, dass die Gemeinde Rechtssätze oder Nutzungspläne erlassen darf, ist ihr Spielraum notwendigerweise relativ erheblich, selbst bei weitgehender kantonaler Kontrolle[202]. Die Tatsache, dass Gemeindereglemente zu ihrer Gültigkeit der Genehmigung durch eine kantonale Behörde bedürfen, schliesst Autonomie nicht aus[203].

Soweit eine kommunale Rechtsetzungsbefugnis ihre Grundlage nicht unmittelbar in der Verfassung hat, prüft das Bundesgericht das Bestehen von Autonomie grundsätzlich nur unter dem Gesichtswinkel der Willkür[204].

2. Zum Begriff des kommunalen Rechts

Die Normen des kommunalen Rechts werden gemeinhin als autonome *Satzungen* bezeichnet[205]. Solche Gemeindeerlasse stellen ein Ergebnis demokratischer Willensbildung dar und gehören zu den Gesetzen im materiellen Sinn, d.h. sie sind generell-abstrakte Normen. Sie kommen daher, soweit sie kraft einer verfassungsmässigen Rechtssetzungskompetenz ergehen oder sich auf eine Ermächtigung im kantonalen Gesetzesrecht stützen, auch als gesetzliche Grundlage für Eingriffe in Grundrechte von Privaten in Betracht[206]. Ein kommunaler Erlass kann einem Gesetz im formellen Sinn gleichgestellt werden, wenn er von der nach dem kantonalen Recht ermächtigten Gemeindelegislative in einem dem (kantonalen) Gesetzgebungsverfahren entsprechenden Verfahren (mit oder ohne Referendumsvorbehalt) beschlossen wurde[207]. Die Rechtssetzungskompetenzen der Gemeinden sind sowohl Pflichten als auch Rechte. Pflichten sind sie insofern, als die Gemeinde dem Allgemeinwohl zu dienen hat, ihre Zuständigkeit zur Erfüllung öffentlicher Aufgaben wahrzunehmen hat und sich nicht auf privat-autonome Willkür berufen kann. Um Rechte handelt es sich deshalb, weil die Gemeinden Anspruch darauf haben, ihre Aufgaben zu erfüllen, und dieser Anspruch im Bereich autonomer Rechtssetzung gegenüber dem Kanton mittels der Auto-

---

[198] Zur Zuständigkeit vgl. vorne S. 47ff.
[199] Dazu vorne S. 51.
[200] Zur Entscheidungsfreiheit vgl. vorne S. 56ff.
[201] Siehe sogleich Ziff. 4.
[202] BGE 102 Ia 163f *(Villars-sur-Glâne)*; vgl. PFISTERER, Stellung 254.
[203] BGE 120 Ia 205 *(Bern)*; 108 Ia 270 *(Roggwil)*.
[204] Die Praxis ist allerdings nicht einheitlich; vgl. MEYLAN 115.
[205] Vgl. BGE 94 I 66 *(Chur)*; HAEFELIN/MUELLER 29.
[206] ZBl 1961, 73 *(betr. Zurzach)*; BGE 97 I 796 *(betr. Zug)*; 89 I 470 *(betr. Hemmental)*; 85 I 232 *(betr. Baden)*. Vgl. IMBODEN/RHINOW, Nr. 12 B IV; JAGMETTI 323.
[207] RHINOW/KRAEHENMANN, Nr. 12 B VIII.

nomiebeschwerde auch durchgesetzt werden kann[208]. Nicht jede Rechtssetzungsbefugnis begründet autonomes Recht. Mit der Ermächtigung des Kantons, nichtörtliche Aufgaben zu erledigen, muss gleichzeitig die allgemeine Voraussetzung der Einräumung einer relativ erheblichen Entscheidungsfreiheit verbunden sein. Festzuhalten ist, dass Genehmigungsvorbehalte für kommunale Erlasse und sogar eine Ermessenskontrolle durch den Kanton keinen Widerspruch zur Autonomie der Gemeinde bedeuten. Der Kanton darf eine solche Kontrolle ohne weiteres vorsehen. Vom Umfang der Ueberprüfungsbefugnis hängt es dann allerdings ab, wann die Autonomie verletzt ist[209]. Grundlage der Rechtssetzungskompetenz bildet entweder eine Ermächtigung im kantonalen Recht oder in gewissen Fällen direkt die Kantonsverfassung. Darauf soll im folgenden näher eingegangen werden.

3. *Ermächtigung im kantonalen Recht*

Die Befugnis zur Rechtssetzung steht der Gemeinde dort zu, wo ein kantonales Gesetz sie zum Erlass von Rechtssätzen ermächtigt oder sogar verpflichtet[210]. Die Rechtssetzungskompetenz kann der Gemeinde auch aufgrund einer verfassungsrechtlichen Ermächtigung zustehen[211]. Zu beachten ist diesfalls, dass die in der Verfassung niedergelegte generelle Uebertragung bestimmter Aufgaben auf die Gemeinden die Zuständigkeit des Kantons zur Rechtssetzung auf diesem Gebiet nicht ausschliesst[212]. Der Gemeinde kommt nur ein bedingter verfassungsrechtlicher Anspruch auf Erfüllung der örtlichen öffentlichen Aufgaben zu[213]. Die Umschreibung der Sachgebiete, in denen eine Gemeinde legiferieren darf und sich auf den Autonomieschutz berufen kann, durch das kantonale Recht kann auch stillschweigend erfolgen[214]. Solche Ermächtigungen im kantonalen Recht bedeuten, wenn sie die Regelung von nichtörtlichen Angelegenheiten betreffen, eine ausdrückliche Zuweisung von Kompetenzen vom Kanton an die Gemeinden[215]. Liegt eine Ermächtigung vor, braucht keine inhaltliche Prüfung

---

[208] HANGARTNER, Rechtsetzung 213.

[209] Dazu hinten S. 101.

[210] BGE 97 I 202 *(betr. Bern)*, 796 *(betr. Zug)*; 92 I 44f *(betr. Neuenburg)*. Auch eine kantonale Verordnung kann ausreichend sein, BGE 115 Ia 42f *(Bulle u. Freiburg)*.

[211] IMBODEN/RHINOW, Nr. 12 B III. In diesem Fall ist die Gemeinde auch gegen eine Rechtsänderung durch den kantonalen Gesetzgeber geschützt, BGE 113 Ia 214 *(Winterthur)*.

[212] Vgl. LIVER 40ff; ZBl 1972, 159.

[213] HANGARTNER, Rechtsetzung 209f. Vereinzelt ist - im Sinne des grundrechtlichen Ansatzes (dazu vorne S. 16ff) - davon die Rede, dass der kantonale Gesetzgeber immerhin den "Wesenskern der Gemeindeautonomie" zu wahren habe, BGE 103 Ia 195 *(Moosseedorf)*; ZIMMERLI, Rechtsprechung 263f.

[214] BGE 96 I 30 *(betr. Luzern)*, wo die Kompetenz, kommunales Strafrecht zu erlassen, gestützt auf § 7 des luzernischen EGzStGB, wo von "in den kantonalen Gesetzen, in Verordnungen und Reglementen aufgestellten" Strafbestimmungen die Rede ist, bejaht wurde. Vgl. auch ZIMMERLI, Rechtsprechung 264.

[215] HANGARTNER, Rechtsetzung 212. Im Gegensatz dazu bestätigen kantonale Regelungen, die örtliche Angelegenheiten der Gemeinden umschreiben, nur eine allgemeine verfassungsrechtliche Kompe-

vorgenommen zu werden, ob es sich um eine lokale Angelegenheit handelt oder nicht[216]. Festzuhalten ist, dass Rechtssetzungskompetenz und Autonomie nicht identisch sind. Eine kommunale Vorschrift, die lediglich eine zwingende kantonale Norm wiederholt, wird nicht zum autonomen Gemeinderecht gerechnet[217].

4. Bei Fehlen einer Ermächtigung: Rechtssetzungskompetenz für Aufgaben von lokaler Bedeutung

Die Rechtsprechung anerkennt heute eine unmittelbar aus der Verfassung fliessende, selbständige Rechtssetzungskompetenz der Gemeinde. Voraussetzung ist allerdings, dass es um lokale Angelegenheiten geht und dass der Kanton den entsprechenden Sachbereich nicht umfassend geregelt hat[218]. Im Entscheid *Buttisholz* [219] war die Schreibweise (nicht die Benennung) eines Ortsnamens streitig. Das Bundesgericht hielt fest, dass bei nichtlokalen Angelegenheiten besondere gesetzliche Ermächtigungen vorliegen müssen, bevor die Gemeinde handeln darf. Ansonsten, mithin im Bereiche lokaler Angelegenheiten, sind die Gemeinden für alle öffentlichen Aufgaben zuständig, die nicht Sache des Kantons sind. In diesem Rahmen dürfen sie selbst Aufgaben übernehmen, die als kantonales oder gar nationales Anliegen empfunden werden, solange lokale Interessen berührt sind und die Aufgabenerfüllung durch die Gemeinde möglich und sinnvoll ist. Dazu gehören vorwiegend Gegenstände, die sich auf das Gemeindegebiet und die Gemeindeeinwohner beziehen[220]. Auch in anderen Entscheiden wird das Moment der Lokalbezogenheit hervorgehoben. In einem Aargauer Fall[221] hielt das Bundesgericht unter Berufung auf die Aargauer Kantonsverfassung fest, die Einwohnergemeinden könnten die Aufgaben von lokaler Bedeutung versehen, soweit diese nicht in die Zuständigkeit anderer Organisationen fielen[222]. Im Ergebnis läuft diese Rechtsprechung auf die Anerkennung einer subsidiären, verfassungsrechtlich abgestützten Grundsatzkompetenz der Gemeinden im Bereich der Rechtssetzung hinaus, soweit es um Aufgaben von lokaler Bedeutung geht[223]. Subsidiär heisst, dass die

---

tenz der Gemeinde (nachfolgend Ziff. 4); es liegt mithin ein Fall von Kompetenzausscheidung vor, BGE 97 I 202 und 805, 104 Ia 340 *(Korporation Wagenhausen)*. Siehe vorne S. 50.

[216] Vgl. BGE 116 Ia 287 *(Buttisholz)*.

[217] Zum Kriterium der abschliessenden Regelung siehe vorne S. 51ff.

[218] BGE 96 I 30 *(betr. Luzern)* unter Verweis auf GIACOMETTI, Staatsrecht 76. Im konkreten Fall ging es um die Frage, ob die luzernischen Gemeinden zum Erlass von (kommunalen) Strafbestimmungen auf dem Gebiet der Lärmbekämpfung (Ruhestörung) befugt sind. Das Bundesgericht bejahte dies, da es keine abschliessende strafrechtliche Regelung der Ruhestörung durch den Kanton erblickte. Vgl. auch GLAUS 83; IMBODEN/RHINOW, Nr. 12 B IV.

[219] BGE 116 Ia 285.

[220] BGE a.a.O. 287.

[221] BGE 115 Ib 302 *(betr. Staufen u. Schafisheim)*. Es handelt sich um eine Verwaltungsgerichtsbeschwerde des Regierungsrates.

[222] BGE a.a.O. 308.

[223] Es liegt ein Fall der Kompetenzausscheidung vor; siehe vorne S. 50.

Gemeinde nur solche lokalen Angelegenheiten regeln darf, die der Kanton nicht oder nicht umfassend geordnet hat und deren Regelung durch die Gemeinden er zulässt. Zusammenfassend werden der Rechtssetzungsbefugnis der Gemeinde in zwei Richtungen Grenzen gesetzt: Zum einen bildet das höherrangige Recht eine Schranke, zum anderen ist die Gemeinde nur zur (ermächtigungslosen) Ordnung jener Materien zuständig, die sich ihrer Beschaffenheit nach zur lokalen Regelung eignen[224].

Damit stellt sich die Frage, was unter *typisch lokalen Angelegenheiten* zu verstehen ist. In der kantonalen Praxis wurde etwa als massgebend bezeichnet: die innere Kennzeichnung einer Aufgabe als örtliche. Danach fällt eine Angelegenheit dann in den Bereich autonomer Rechtssetzung, wenn sie zu den für die Funktionsfähigkeit des kommunalen Selbstverwaltungskörpers unentbehrlichen korporativen Aufgaben gehört. Die fragliche Aufgabe muss die lokalen Interessen der Gemeinde berühren, sich zu örtlicher Regelung und Durchführung eignen und mit den Mitteln und politischen Kräften der Gemeinde bewältigt werden können[225]. Allerdings ist zu präzisieren, dass nicht die Unentbehrlichkeit den Ausschlag geben kann. Entscheidend ist letztlich, ob die konkrete Sachaufgabe einen lokalen Bezug aufweist und das Interesse der Gemeinde an einer Regelung der entsprechenden Frage jenes des Kantons überwiegt.

5. Autonomie im Bau- und Raumplanungsrecht

Der weitaus grösste Teil der Autonomiebeschwerden, mit dem sich das Bundesgericht in den letzten Jahren zu befassen hatte, stammt aus dem Bau- und Raumplanungsrecht. Der Gemeindeautonomie kommt in diesem Gebiet eine herausragende Bedeutung zu. Grund für das Konfliktpotential zwischen Kanton und Gemeinden ist die starke Aufgabenverflechtung. In diesem Zusammenhang zeigt sich, dass die Funktion der Autonomierechtsprechung nicht nur in der Wahrung von kommunaler Selbständigkeit, sondern auch im Ausgleich divergierender kantonaler und kommunaler Interessen besteht.

Bereits im Entscheid *Zuchwil* hat das Bundesgericht festgestellt, dass die kommunale Nutzungsplanung "unter den hier massgeblichen Gesichtspunkten einem gesetzgeberischen Erlass gleichzustellen" sei[226]. Seither wurde in zahlreichen Fällen die Autonomie im Bereich der *Ortsplanung* bejaht[227]. Der Umfang der Planungsautonomie hängt vom kantonalen Recht ab. Aus Art. 2 Abs. 3 RPG kann kein bundesrechtlich geschützter Autonomiebereich abgeleitet werden[228]. Während die materielle Kompetenzordnung des kantonalen Rechts bestimmt, ob und in welchen Bereichen der Gemeinde Planungsautonomie zukommt, entscheidet sich aufgrund der Prüfungsbefugnis der kantonalen Aufsichtsbehörden, wie weit die gewährte Entscheidungsfreiheit

---

[224] Vgl. BUETIKOFER 76.
[225] GVP SG 1967 Nr. 19, 1970 Nr. 1.
[226] BGE 93 I 432.
[227] Siehe vorne S. 48.
[228] SCHUERMANN/HAENNI 87, Fn 140, und 457.

reicht[229]. Die Gemeinde ist vom kantonalen Recht als Trägerin der Nutzungsplanung bestimmt. Sie erlässt gemäss den Vorgaben im höherrangigen Recht öffentlichrechtliche Bauvorschriften samt planlicher Darstellung. Dabei geniesst sie weitgehend Autonomie. Im Vordergrund stehen der Zonenplan und das Baureglement, die beide vom Kanton zu genehmigen sind. Neben den allgemeinen, im kantonalen Recht vorgesehenen Zonenarten kommen auch weitere Sondernutzungspläne (z.B. Ueberbauungs- und Gestaltungspläne) sowie besondere Schutzverordnungen als kommunale Planfestsetzungen in Betracht[230]. Inwiefern die Gemeinde beim Erlass des Baureglements Autonomie geniesst, ist nach den üblichen Kriterien zu entscheiden (v.a. keine bzw. keine abschliessende Regelung im kantonalen Baugesetz). Zu unterscheiden sind kommunale Normen, die lediglich abschliessende Regelungen des kantonalen Rechts wiederholen, und solche, bei deren Erlass der Gemeinde ein Entscheidungsspielraum verbleibt. Entsprechend sind in der Regel als autonomes Recht anzusehen:
- notwendige Ausführungsvorschriften (bspw. ob offene oder geschlossene Bauweise);
- ergänzende (bspw. Festlegung von Gebäudeabständen oder Erweiterung der bewilligungspflichtigen Tatbestände) sowie
- abweichende Bestimmungen (bspw. Waldabstandsvorschriften).

Autonomiebegründend sind sodann jene Normen im kantonalen Recht, die den Gemeinden eine Frage verpflichtend zur Regelung überlassen (bspw. Hygienevorschriften).

In den Zuständigkeitsbereich der Gemeinde fallen sodann regelmässig weitere Massnahmen, wie bspw. Erlass einer Bausperre, Durchführung einer Landumlegung oder einer Grenzbereinigung. Je nach Ausgestaltung des kantonalen Rechts kommt der Gemeinde auch diesbezüglich ein gewisser Entscheidungsspielraum zu. Autonomie kann die Gemeinde u.U. sogar beim Einsatz von im kantonalen Recht nicht vorgesehenen Planungsmitteln beanspruchen[231].

Grundsätzlich keine Autonomie kommt der Gemeinde in verfahrensrechtlicher Hinsicht zu. Vorbehalten bleibt die Möglichkeit, im Rahmen der Gemeindeordnung besondere Zuständigkeiten oder bspw. ein zweistufiges Rechtsschutzverfahren auf Gemeindeebene vorzusehen.

Bei einem kantonalen Richtplan ist zu prüfen, ob er für ein konkretes Areal eine bestimmte Nutzung zwingend vorsieht, so dass die Autonomie der Gemeinde u.U. entfallen kann[232].

---

[229] PIERRE TSCHANNEN, in AJP 1994, 375.
[230] Zur Abgrenzung von heimatschutzrechtlichen zu planungsrechtlichen Massnahmen vgl. ZBl 1993, 569 E.d *(Zürich)*.
[231] BGE 102 Ia 170 *(Wollerau)*.
[232] BGE 112 Ia 270f *(Zürich)*; 111 Ia 133f *(Wiesendangen)*.

6. Sonderfall: Regelungskonflikt

Es kann vorkommen, dass kantonale und kommunale Zuständigkeiten nebeneinander bestehen, die - mindestens teilweise - denselben Sachverhalt regeln. Eine solche Situation, die vor allem im Raumplanungsrecht anzutreffen ist, kann als Regelungskonflikt bezeichnet werden[233]. Das Bundesgericht stellte bei der Beurteilung eines Zürcher Wohnanteilplanes fest, dass den Zürcher Gemeinden beim Erlass einer Bau- und Zonenordnung ein weiter Gestaltungsspielraum zusteht. Auch ein Wohnanteilplan ist ein kommunaler Nutzungsplan und fällt damit in den Autonomiebereich[234]. Soweit jedoch die Vereinbarkeit dieses kommunalen Nutzungsplanes mit einem kantonalen Richtplan in Frage steht, unterscheidet die Rechtsprechung zwei Fälle: Ueberlässt der kantonale Plan der Gemeinde eine relativ erhebliche Entscheidungsfreiheit, kann sie den Autonomieschutz beanspruchen. Insofern als ein kantonaler Plan der Gemeinde jedoch in einzelnen Bereichen die Entscheidungsfreiheit entzieht, indem sich bspw. aus einem kantonalen Plan für öffentliche Bauten und Anlagen mit genügender Deutlichkeit die gewollte Nutzung für das in Frage stehende Areal ergibt, ist sie nicht autonom[235].

7. Ergebnis

Die Rechtssetzungsbefugnis der Gemeinde stützt sich entweder auf eine allgemeine verfassungsrechtliche Kompetenz, die allerdings auf den Bereich der lokalen öffentlichen Aufgaben beschränkt ist, oder auf eine spezielle Ermächtigung im kantonalen Recht. Bei der Rechtssetzungsautonomie stellt das Bundesgericht in erster Linie darauf ab, dass keine bzw. keine abschliessende kantonale Regelung in der gleichen Sachfrage existiert. Nur ausnahmsweise wird explizit geprüft, ob ein qualifizierter Entscheidungsspielraum besteht. Das heisst jedoch nicht, dass das Kriterium der relativ erheblichen Entscheidungsfreiheit bei der Rechtssetzungsautonomie keine Rolle spielen würde, sondern nur, dass eine Befugnis zur Rechtssetzung oder Planfestsetzung regelmässig einen erheblichen Gestaltungsspielraum indiziert. Festzustellen ist, dass bei der "originären" verfassungsmässigen Rechtssetzungskompetenz der Gemeinde im Bereiche örtlicher Angelegenheiten die Wirkungskreistheorie noch mitschwingt.

---

[233] STEINLIN 236ff.

[234] Zur Verfassungsmässigkeit eines Wohnanteilplanes im Hinblick auf die Eigentumsgarantie vgl. BGE 111 Ia 93.

[235] BGE 112 Ia 270f *(Zürich)*; vgl. auch BGE 111 Ia 133f *(Wiesendangen)*.

IV. Autonomie in der Rechtsanwendung

1. Allgemeines

Neben der Selbstgesetzgebung wird auch die kommunale Selbstverwaltung vom Verfassungsschutz erfasst. Bei der Anwendung des eigenen, kommunalen Rechts durch die Gemeinde erscheint der Autonomieschutz naheliegend. Auch bei der Anwendung von kantonalem Recht kann der Gemeinde ein geschützter Entscheidungsspielraum zukommen. Die Rechtsprechung stellt bei der Rechtsanwendungsautonomie grundsätzlich auf das übliche Kriterium der relativ erheblichen Entscheidungsfreiheit ab. Eine solche besteht insbesondere in zwei Fällen: bei Ermessensklauseln[236] und bei der Auslegung unbestimmter Rechtsbegriffe.

Ermessen bedeutet, dass der Gesetzgeber den Verwaltungsbehörden einen Spielraum gewährt. In der Regel besteht dieser darin, dass der Verwaltung die Wahl zwischen verschiedenen Rechtsfolgen oder die Entscheidung, ob überhaupt eine Rechtsfolge angeordnet werden soll, überlassen ist[237]. Nicht jedes Ermessen ist autonomierechtlich relevant. Das Strafzumessungsermessen bspw. ist keine Entscheidungsfreiheit im hier interessierenden Sinn[238].

Ein *unbestimmter Rechtsbegriff* liegt vor, wenn eine Norm, meist auf der Tatbestandsseite[239], eine offene Formulierung aufweist, welche dem Rechtsanwender Entscheidungsspielraum gewährt[240]. Das Problem der unbestimmten Rechtsbegriffe ist - soweit im vorliegenden Zusammenhang relevant - vor dem Hintergrund eines zweifachen Spannungsfeldes zu sehen. Einerseits ist das Verhältnis von Verwaltung zu Justiz angesprochen[241], anderseits geht es um die Beziehung zwischen (rechtsanwendender) Gemeinde und Kanton (als Aufsichts- oder Rechtsschutzinstanz). In gewissen Fällen soll der Richter einen Entscheid der (kommunalen) Verwaltung nicht voll überprüfen, weil diese zur Konkretisierung der Norm bspw. aufgrund der Nähe und Vertrautheit mit den örtlichen Verhältnissen besser geeignet erscheint. Demgegenüber stehen solche Normtexte, die zwar offen, aber frei überprüfbar sind[242]. Nur im ersten Fall steht der Verwaltung ein Beurteilungsspielraum[243] zu. Unter dem Gesichtspunkt der Kompetenzausscheidung zwischen Kanton und Gemeinden kann ein kommunaler Verwaltungsakt, der vom Kanton nicht überprüft werden darf, als "formell letztinstanzlich" verstanden werden. Als "materiell letztinstanzlich" wäre ein kommunaler

---

[236] Z.B. ZBl 1993, 180 *(Zürich)*: Bewilligung der Zweckänderung von Familienwohnungen; BGE 118 Ia 218 *(Gemeinde X.)*: Bewilligung zum vorzeitigen Schuleintritt in GR.

[237] HAEFELIN/MUELLER 81; IMBODEN/RHINOW/KRAEHENMANN, Nr. 66.

[238] Unrichtig n.p. BGE vom 1. Februar 1983 i.S. *Sils.*

[239] Im Gegensatz zum Ermessen, das mitunter als Offenheit auf der Rechtsfolgeseite verstanden wird; GYGI, Verwaltungsrecht 146; ZBl 1965, 324f. In der neueren Literatur wird die Unterscheidung von unbestimmtem Rechtsbegriff und Ermessen als formalistisch abgelehnt und statt dessen darauf abgestellt, ob eine offene Normierung vom Richter überprüft werden soll; vgl. HAEFELIN/MUELLER 85.

[240] HAEFELIN/MUELLER 84; GYGI, Bundesverwaltungsrechtspflege 304ff. Bspw. "triftige Gründe" (BGE 110 Ia 197, *Zermatt*), "vorschriftsgemässe Zufahrt" (BGE 96 I 369, *Flims*), "engeres Baugebiet" (BGE 100 Ia 272, *Parpan*).

[241] BERTOSSA 83.

[242] KNAPP I, N 154, 161.

[243] Zum Begriff "Beurteilungsspielraum" vgl. HAEFELIN/MUELLER 86 und BERTOSSA 17ff.

Entscheid dann zu bezeichnen, wenn der Kanton ihn zwar überprüfen kann, sich dabei aber Zurückhaltung auferlegt.

Das Prüfungsprogramm bei der Rechtsanwendungsautonomie ist unterschiedlich, je nachdem ob es um kommunales oder kantonales Recht geht. Wie zu zeigen ist, ist das Kriterium der qualifizierten Entscheidungsfreiheit bei der Anwendung von kommunalem Recht eine zwar hinreichende, aber nicht notwendige Voraussetzung. Bei der Anwendung von höherrangigem Recht greift der Autonomieschutz jedoch nur, falls ein qualifizierter Entscheidungsspielraum gegeben ist.

Im folgenden ist die Rechtsprechung zur Autonomie bei der Anwendung kommunalen Rechts einerseits und kantonalen oder eidgenössischen Rechts anderseits darzustellen. Einzugehen ist insbesondere auf das zentrale Problem der Autonomie im Zusammenhang mit unbestimmten Rechtsbegriffen.

2. Autonomie in der Anwendung kommunalen Rechts

a) Anerkennung von Autonomie in der Anwendung kommunalen Rechts

Nachdem das Bundesgericht 1967 seine Rechtsprechung zur Gemeindeautonomie im Bereich der Rechtssetzung geändert hatte[244], war ein Jahr später im Entscheid i.S. *Chur*[245] zu prüfen, ob die neue Rechtsprechung auch auf den Bereich der Rechtsanwendung auszudehnen sei. Das Bundesgericht erwog in jenem Urteil, dass die einer Gemeinde eingeräumte Autonomie als fragwürdig erschiene, wenn sie zwar eigenes Recht setzen dürfte und sich gegen Eingriffe in diese Befugnis wehren könnte, aber zusehen müsste, wie das von ihr gesetzte Recht von einer kantonalen Behörde dadurch missachtet würde, dass diese es unrichtig oder willkürlich oder überhaupt nicht anwenden würde. Im Ergebnis wurde die Frage jedoch offengelassen[246]. 1969 wurde der Autonomieschutz im Entscheid i.S. *St. Moritz* [247] auf den Bereich der kommunalen Verwaltungstätigkeit ausgedehnt. Ausschlaggebend dafür war das Rechtsschutzbedürfnis der Gemeinde.

Wenn die Gemeinde autonomes Recht setzen darf, dann ist es nur folgerichtig, dass ihr der Autonomieschutz auch bei der Anwendung dieses autonom gesetzten kommunalen Rechts zukommt.

---

[244] Siehe vorne S. 8.
[245] BGE 94 I 63.
[246] BGE a.a.O. 65f.
[247] BGE 95 I 33. Bestätigt in BGE 96 I 377 *(Wil)*; 97 I 522 *(Lostorf)*, 526 *(Flims)*.

b) Die Rechtsprechung zur Autonomie bei der Anwendung unbestimmter Rechtsbegriffe des kommunalen Rechts

aa) Der Entscheid Flims und die anschliessende Präzisierung der Rechtsprechung

Im Jahre 1970 stellte das Bundesgericht fest, dass die Gemeinde bei der Anwendung unbestimmter Rechtbegriffe des kommunalen Rechts Entscheidungsfreiheit geniesse[248]. Ein autonomiegeschützter Beurteilungsspielraum stehe der Gemeinde offen, wenn:

- ein Grenzfall vorliege,
- vorwiegend örtliche Verhältnisse zu würdigen seien und
- die Auslegung schwierig sei[249].

Die zuständige kantonale Behörde verletzt danach die Autonomie der Gemeinde, wenn sie in deren Beurteilungsspielraum eingreift und eine vertretbare Entscheidung der Gemeinde aufhebt.

Der Entscheid *Flims* stiess in Lehre und Praxis auf Kritik; die Prüfungsbefugnis kantonaler Gerichte und der Rechtsschutz Privater wurden als zu sehr beschränkt betrachtet[250]. In der Folge präzisierte das Bundesgericht seine Rechtsprechung: Die Rechtskontrolle durch kantonale Behörden umfasse auch die - grundsätzlich freie - Ueberprüfung der Handhabung unbestimmter Rechtsbegriffe des autonomen Gemeinderechts. Zurückhaltung sei nur dort angezeigt, wo "in besonderem Masse"[251] örtliche Verhältnisse zu würdigen seien bzw. wenn die Anwendung des Begriffs zufolge des "hohen Grades der Unbestimmtheit" schwierig sei[252]. Ansonsten könne die Gemeinde nur verlangen, dass die Kontrolle durch kantonale Behörden nicht willkürlich gehandhabt werde[253].

bb) Bewertung der bundesgerichtlichen Praxis

Auseinanderzuhalten sind Autonomiebereich und Autonomieverletzung. Bei der Prüfung des Autonomiebereichs interessiert lediglich, ob die kommunale Verwaltung Autonomieschutz beanspruchen kann. Ob die Autonomie durch den kantonalen Rechtsschutzakt tatsächlich verletzt ist, hängt vom Umfang der Prüfungsbefugnis der

---

[248] BGE 96 I 369 *(Flims)*. Vgl. auch n.p. Urteil vom 28. Juni 1972 i.S. *Meisterschwanden* und BGE 100 Ia 200 *(Celerina)*.

[249] BGE a.a.O. 373. Konkret hatte die Gemeinde Flims ein Baugesuch für die Erstellung eines Ferienhauses mangels "vorschriftsgemässer Zufahrt" abgewiesen, worauf das Verwaltungsgericht des Kantons Graubünden in Gutheissung eines Rekurses der Baugesuchstellerin die Gemeinde anwies, die Baubewilligung zu erteilen. Eine dagegen eingereichte Autonomiebeschwerde wurde vom Bundesgericht gutgeheissen.

[250] WOLF SEILER, in ZSR 1972 II 561ff; ZIMMERLI, Rechtsprechung 268f; Verwaltungsgericht GR, in ZBl 1972, 158ff.

[251] ZBl 1977, 225 *(Müstair)*.

[252] ZBl 1978, 63 *(Luzein)*.

[253] ZBl 1977, 225 *(Müstair); 1982, 325 (Gemeinde G.)*.

kantonalen Behörde ab[254]. Die Autonomie bei der Anwendung kommunalen Rechts steht in engem Zusammenhang mit der Rechtssetzungsautonomie. Wenn der Kanton den Gemeinden Entscheidungsfreiheit einräumt, und zwar im Bereich der Selbstgesetzgebung, muss er diesen Spielraum auch bei einem konkreten Rechtsanwendungsakt respektieren. Unbestimmte Rechtsbegriffe sind hier nur besonders deutliche Fälle von Entscheidungsfreiheit. Sofern daraus eine Beschränkung der gerichtlichen Kontrolle im Sinne einer reduzierten Prüfungsdichte resultiert, hängt dies mit der - vorausgegangenen, in der Rechtssetzung vorgenommenen - Kompetenzausscheidung zugunsten der Gemeinde zusammen. Die Frage der "Qualität" des Entscheidungsspielraums ist bei unbestimmten Rechtsbegriffen des kommunalen Rechts somit bereits beantwortet, da sie in der selbstgesetzten Norm angelegt ist. Massgebend ist immerhin, dass es sich materiell um eine Norm des autonomen Gemeinderechts handelt. Inwiefern der kommunale Gesetzgeber dem Rechtsanwender Entscheidungsfreiheit zuweist, ist im übrigen Sache der Gemeinde.

Im Ergebnis ist im Rahmen des Autonomiebereichs lediglich zu prüfen, ob die Gemeinde autonom gesetztes kommunales Recht anwendet. Ist dies der Fall, kann die Gemeinde einen sie treffenden kantonalen Entscheid dem Verfassungsrichter vorlegen, und zwar ohne, dass noch geprüft werden müsste, ob die anwendbare Norm "besonders" unbestimmt sei. Falls die Autonomie bejaht wird, heisst dies noch nicht, dass der Kanton den Entscheid - in einem entsprechenden Rechtsschutzverfahren - nicht überprüfen darf. Es bedeutet lediglich, dass sich die Gemeinde gegen gewisse Prüfungsfehler der kantonalen Instanz wehren kann. Wie weit der Rechtsschutz der Gemeinde reicht, hängt wiederum vom kantonalen Recht ab[255]. Dass dabei in gewissen Fällen eine Beschränkung des Individualrechtsschutzes und unterschiedliche Lösungen in verschiedenen Gemeinden resultiert, ist folgerichtig und durchaus systemkonform.

c) Zusammenfassung

Aus dem Recht der Gemeinde zur Selbstgesetzgebung folgt, dass ihr auch bei der Anwendung des autonomen Gemeinderechts Verfassungsschutz zusteht. Aufgrund des unmittelbaren Zusammenhangs mit der Rechtssetzungsautonomie kann bezüglich der Anwendung von kommunalem Recht von einer abgeleiteten Autonomie gesprochen werden. Beachtenswert ist, dass die bundesgerichtliche Praxis hier im Ergebnis nicht auf das Kriterium der relativ erheblichen Entscheidungsfreiheit abstellt[256]. Selbstredend geniesst die Gemeinde Autonomie, wenn ihr bei der Anwendung des kommunalen Rechts ein Entscheidungsspielraum zusteht, sei es in Form einer Ermessensklausel oder eines unbestimmten Rechtsbegriffs. Darüberhinaus kommt der Autonomieschutz aber überhaupt immer dann zum Tragen, wenn die Gemeinde ihr autonom gesetztes kommunales Recht anwendet. Hinter dieser einfachen und praktikablen Praxis steht

---

[254] KNAPP II, N 2645. Dazu hinten S. 101.
[255] V.a. dem Verwaltungsrechtspflegegesetz. Zur Autonomieverletzung siehe hinten S. 101.
[256] MEYLAN 62; DAHINDEN 140.

der Gedanke, dass es stossend wäre, wenn die Gemeinde sich zwar gegen Eingriffe in ihre Rechtssetzungsautonomie wehren könnte, nicht aber gegen (willkürliche) Missachtung der Anwendung des im Rahmen ihrer Autonomie gesetzten Rechts[257]. Autonomie fehlt hingegen, wenn die Anwendung einer kommunalen Norm streitig ist, welche lediglich eine abschliessende Regel des kantonalen Rechts wiederholt. In jenem Fall schliesslich, in dem eine kommunale Norm angewendet wird, die materiell zwar dem kantonalen Recht zuzurechnen ist, welches aber keine abschliessende Regelung enthält, sind die Voraussetzungen der Autonomie bei der Anwendung kantonalen Rechts zu prüfen.

3. Autonomie in der Anwendung kantonalen oder eidgenössischen Rechts

a) Anerkennung von Autonomie in der Anwendung kantonalen oder eidgenössischen Rechts

Nachdem das Bundesgericht die Autonomie bei der Anwendung kommunalen Rechts bejaht hatte, musste es auch zur Frage der Autonomie bei der Anwendung von kantonalem Recht Stellung nehmen. Im Jahre 1970 wurde entschieden, dass den Zürcher Gemeinden bei der Anwendung des kantonalen Jagdgesetzes hinsichtlich der freien Gestaltung ihres Jagdrevieres grundsätzlich Autonomie zukomme[258]. Im Urteil i.S. *Titterten* [259] wurde diese Erweiterung des Autonomieschutzes bestätigt. Danach wird ein geschützter Autonomiebereich bei der Anwendung kantonalen Rechts anerkannt, wenn die kantonale Vorschrift einerseits der rechtsanwendenden Behörde ein bestimmtes Mass an Entscheidungsfreiheit belässt und andererseits eine Frage betrifft, die "ihrer Natur nach Gegenstand kommunaler Selbstbestimmung bilden kann". Keine Autonomie kommt der Gemeinde zu, wenn sie kantonale Normen anwendet, welche die hoheitlichen Befugnisse der einzelnen Gemeinden gegeneinander abgrenzen oder die Regelung interkommunaler Interessenkonflikte bezwecken[260]. Diese Rechtsprechung wurde seither mehrmals bestätigt[261].

---

[257] BGE 95 I 37 E.3a *(St. Moritz)*.

[258] BGE 96 I 718 *(Regensdorf)*.

[259] BGE 101 Ia 517.

[260] BGE a.a.O., Regest. Streitig war im konkreten Fall die Wasserlieferungspflicht zwischen Gemeinden. Rechtsgrundlage war das Wasserversorgungsgesetz des Kantons Baselland. Das Bundesgericht verneinte das Vorliegen von Autonomie mit der Begründung, es stehe der kantonalen Behörde als übergeordneter Instanz zu, verbindlich einzugreifen, zumal sich die Gemeinden (vertraglich) nicht geeinigt hätten.

[261] BGE 119 Ia 219 *(Küsnacht)*; 118 Ia 219 *(Gemeinde X.)*; 115 Ia 44 *(Bulle u. Freiburg)*; 110 Ia 199 *(Zermatt)*; 103 Ia 488 *(Bassersdorf)*; 101 Ia 517 *(Titterten)*. Damit wird eine Schranke für jene Fälle gezogen, die verbindlich vom Kanton zu entscheiden sind, wie bspw. bei interkommunalen Interessenkonflikten.

Selbst bei der Anwendung bundesrechtlicher Normen kann der Gemeinde Autonomie zukommen[262].

Unproblematisch ist der Fall, in dem das kantonale Recht den Gemeinden ausdrücklich Entscheidungsfreiheit in der Rechtsanwendung einräumt. So wurde bspw. Autonomie aufgrund eines kantonalen Gesetzes bejaht, das die Gemeinden ermächtigte, durch interkommunale Vereinbarungen im Einzelfall eine von den allgemeinen kantonalrechtlichen Regeln abweichende Steuerteilung vorzunehmen. Eine derartige Gestaltungsmöglichkeit eröffnet ohne weiteres einen geschützten Autonomiebereich[263].

Festzuhalten ist, dass das Bundesgericht in zahlreichen Fällen die Autonomie ohne erheblichen Begründungsaufwand bejaht hat[264].

Verneint wurde die Autonomie bspw. bei der verfahrensrechtlichen Behandlung der Motion nach solothurnischem Recht[265], hinsichtlich der Aufnahme von zugewiesenen Asylbewerbern[266] oder in bezug auf bestimmte Regelungen, wie Beschränkungen der Firsthöhen, im Bereich der Ortsplanung[267].

b) Die Rechtsprechung zur Autonomie bei der Anwendung unbestimmter Rechtsbegriffe des kantonalen oder eidgenössischen Rechts

aa) Fälle

Soweit ersichtlich bejahte das Bundesgericht erstmals im Entscheid *Zermatt*[268] ausdrücklich einen Autonomiebereich bei der Anwendung unbestimmter Rechtsbegriffe des kantonalen Rechts. Streitig war in jenem Fall, ob die Burgergemeinde "triftige Gründe"[269] hatte, einer Gesuchstellerin die Erteilung des Bürgerrechts zu verweigern. Das Bundesgericht kam zum Ergebnis, dass die beschwerdeführende Gemeinde bei der Auslegung dieses unbestimmten Rechtsbegriffs über einen relativ erheblichen Beurteilungsspielraum verfüge und damit über Autonomie[270].

Im Urteil *Lens* wurde festgehalten, unter dem Gesichtspunkt des Bundesrechts (Gewässerschutzgesetz) könnten die Gemeinden bei der Beseitigung des häuslichen Kehrrichts autonom sein[271]. Im Entscheid *Parpan* präzisierte das Bundesgericht, damit von Autonomie aufgrund von Bundesrecht gesprochen werden könnte, müsste die Bundesgesetzgebung im Zusammenhang mit dem unbestimmten Rechtsbegriff eine

---

[262] BGE 100 Ia 275 *(Parpan)*, 283 *(Lens)*; BGE 115 Ib 305 *(betr. Staufen u. Schafisheim)*; ZBl 1994, 280 *(Mund)*.

[263] ZBl 1975, 102 *(Hohtenn und Steg)*. Vgl. auch BGE 101 Ia 519 *(Titterten)*.

[264] Z.B. ZBl 1994, 131 *(Nürensdorf)*: Vornahme von Abschreibungen durch Zürcher Gemeinden.

[265] ZBl 1992, 319 *(Lostorf)*.

[266] ZBl 1990, 347 *(Richterswil)*.

[267] ZBl 1984, 512 *(Uitikon)*.

[268] BGE 110 Ia 197.

[269] Gemäss Art. 10 Abs. 3 des Gesetzes vom 23. November 1870 über die Burgerschaften.

[270] BGE a.a.O. 200. Die Autonomiebeschwerde wurde jedoch mangels einer Autonomieverletzung abgewiesen.

[271] BGE 100 Ia 283f.

Regelung enthalten, die klar erkennen liesse, dass der Gesetzgeber den Kantonen und eventuell den Gemeinden eine relativ erhebliche Entscheidungsfreiheit habe einräumen wollen[272].

In einem Bündner Entscheid aus dem Jahre 1992 konkretisierte das Bundesgericht seine Praxis: Ob die der Gemeinde bei der Auslegung eines unbestimmten Rechtsbegriffes des kantonalen Rechts gewährte Entscheidungsfreiheit in autonomierechtlichem Sinne qualifiziert sei, ergebe sich aus ihrer Bedeutung für den Sinn der kommunalen Selbständigkeit, d.h. daraus, ob nach der kantonalen Gesetzgebung durch die kommunale Gestaltung unter anderem mehr Demokratie und Rechtsstaatlichkeit sowie eine bessere und sinnvollere Aufgabenerfüllung auf lokaler Ebene ermöglicht werden sollen. Eine aufgrund der kantonalen Gesetzgebung bestehende Entscheidungsfreiheit müsse "gemeindefreiheitsbezogen" sein, um schutzwürdige Autonomie zu begründen[273].

Im Entscheid *Gaiserwald* [274] war streitig, welche Einrichtungen eines Freizeitzentrums als Gegenstand der (kommunalen) Vergnügungssteuer in Betracht zu ziehen sind. Die vergnügungssteuerpflichtigen Veranstaltungen wurden vom Bundesgericht als durch das kantonale Recht abschliessend umschrieben beurteilt. Obwohl der kantonale Gesetzgeber mit einem unbestimmten Rechtsbegriff operiere[275], werde dieser durch das kantonale Steuergesetz selbst konkretisiert. Der Kanton habe zudem ein Interesse daran, dass die Vergnügungssteuer im ganzen Kanton einheitlich gehandhabt werde. Schliesslich seien im fraglichen Bereich auch keine besonderen örtlichen Verhältnisse zu berücksichtigen. Insgesamt fehle es somit an erheblicher Entscheidungsfreiheit der Gemeinde und damit an Autonomie[276].

Im Entscheid *Savognin*[277] war die Anwendung eines unbestimmten Rechtsbegriffes des kantonalen Verfassungsrechts streitig[278]. Das Bundesgericht wies die Beschwerde jedoch ohne eingehende materielle Prüfung ab, da es die Anforderungen an die Beschwerdebegründung gemäss Art. 90 Abs. 1 lit. b OG als nicht erfüllt erachtete. Im Urteil i.S. *Laax* war erneut die Auslegung von Art. 40 Abs. 5 KV (GR) streitig. Das Bundesgericht erwog, der aus der Unbestimmtheit jener Norm resultierende "Beurteilungsspielraum" komme, was die Konkretisierung der Bestimmung betreffe, der Kantonsregierung - die einer Erhöhung der Liegenschaftssteuer die Genehmigung verweigerte - und nicht der Gemeinde zu[279].

---

[272] BGE 100 Ia 275f. Im konkreten Fall wurde dies verneint, da eine zwingende bundesrechtliche Norm vorliege, welche die einheitliche Anwendung des Gesetzes verlange.

[273] BGE 118 Ia 221f *(Gemeinde X.)*.

[274] BGE 114 Ia 168.

[275] "Veranstaltungen, die dem Vergnügen und der Unterhaltung dienen" (Art. 189 Abs. 1 StG SG in der Fassung vom 3. Juli 1986).

[276] BGE 114 Ia 171f.

[277] BGE 114 Ia 315.

[278] Grundsatz der gerechten und billigen Besteuerung gemäss Art. 40 Abs. 5 KV GR.

[279] ZBl 1995, 39 E.c. Der Entscheid überzeugt nicht. Bei einem unbestimmten Rechtsbegriff stellt sich einzig die Frage, ob dem (kommunalen) Rechtsanwender ein Beurteilungsspielraum zukommt oder

Zusammenfassend kann somit festgehalten werden: Das blosse Vorhandensein eines unbestimmten Rechtsbegriffes in einem von der Gemeinde anzuwendenden kantonalen (seltener eidgenössischen) Gesetz bedeutet nach der bundesgerichtlichen Rechtsprechung noch nicht Autonomie. Die Unbestimmtheit einer solchen Regelung muss zusätzlich eine qualitative Schwelle erreichen bzw. muss einen Bezug zur Selbständigkeit der Gemeinde haben, kurz: die Unbestimmtheit muss "gemeindefreiheitsbezogen" sein[280]. Oder wie das Bundesgericht an anderer Stelle ausführt: Relativ erhebliche Entscheidungsfreiheit bei der Anwendung kantonalen Rechts besteht dann, wenn der (erstinstanzliche) Vollzug solcher Vorschriften der Gemeinde übertragen ist und die Art der zu regelnden Materie für ein Selbstbestimmungsrecht der einzelnen Gemeinden Raum lässt[281].

bb) Bewertung der bundesgerichtlichen Praxis

Das Bundesgericht stellt konsequent auf das Kriterium der relativ erheblichen Entscheidungsfreiheit ab. Die relative Erheblichkeit wird dabei qualitativ verstanden. Diese Qualität wird durch die Bezugnahme auf die "Gemeindefreiheit" nicht ohne weiteres geklärt[282]. Immerhin führt das Element "gemeindefreiheitsbezogen" im besonderen Zusammenhang mit den unbestimmten Rechtsbegriffen weiter denn als allgemeines Kriterium zur Umschreibung von Autonomie. Die Konkretisierung unbestimmter Rechtsbegriffe durch die (autonome) Gemeinde - soweit sie verfassungsrechtlich geschützt sein soll - unterscheidet sich von derjenigen durch die (kantonale) Verwaltung. Der Verwaltung einen "Spielraum" zuzuerkennen, der vom Richter nur beschränkt überprüft werden darf, rechtfertigt sich nur dort, wo ihr mehr Sachkompetenz zukommt oder die Ueberprüfung zum vornherein beschränkt ist, wie bspw. bei der Bewertung von Examen. Die Zurückhaltung in der Ueberprüfung kommunaler Entscheide durch kantonale Behörden hat aber einen weiteren Grund: die verfassungsrechtliche Stellung der Gemeinde. Mit Hilfe von unbestimmten Rechtsbegriffen kann - muss aber nicht - der (materiell) letztinstanzliche Entscheid dem kommunalen Rechtsanwender zugewiesen sein. In diesem Lichte ist auch die Beschränkung des Individualrechtsschutzes zu sehen, die aus einem der Gemeinde zustehenden Beurteilungsspielraum resultieren kann. Insofern als diese verfassungsrechtliche Dimension der Offenheit von Normen bezeichnet werden soll, erscheint das Kriterium "gemeinde-

---

nicht. Ist dies der Fall, hat der (kantonale) Richter bzw. die Genehmigungsbehörde die Prüfung zurückhaltend vorzunehmen. Im vorliegenden Fall wurde die Rechtssetzungs-Autonomie der Gemeinde im Bereich der Liegenschaftssteuer zu Recht bejaht. In bezug auf die Autonomieverletzung geht es damit nur noch um die Frage, ob die Kantonsregierung ihre Rechtmässigkeitsprüfung korrekt durchgeführt und dabei Art. 40 Abs. 5 KV (GR) richtig ausgelegt hat. Letzteres hat das Bundesgericht frei zu prüfen. Inwiefern diese bundesgerichtliche Prüfung "beschränkt" ist - nur dann würde es Sinn machen, von einem Beurteilungsspielraum des Kantons zu sprechen -, legt das Bundesgericht nicht dar.

[280] BGE 118 Ia 222 *(Gemeinde X.)* m.w.V. Vgl. auch PFISTERER, Entwicklung 19.

[281] BGE 119 Ia 219 *(Küsnacht).*

[282] Siehe Kritik vorne S. 60 und 66f.

freiheitsbezogen" in diesem speziellen Zusammenhang der unbestimmten Rechtsbegriffe durchaus vertretbar[283].

Zu betonen ist, dass die Annahme von Autonomie bei der Auslegung unbestimmter Rechtsbegriffe nicht automatisch heisst, dass die Gemeinde ihre Auslegung auch durchsetzen kann. Die Autonomie führt lediglich dazu, dass der kantonale Entscheid einer verfassungsgerichtlichen Kontrolle unterzogen werden kann. Ob der Kanton seine Prüfungsbefugnis verfassungswidrig ausgeübt hat, ist damit noch nicht entschieden. Da die Gemeinde bei der Anwendung von kantonalem Gesetzesrecht im Ergebnis nur eine Willkürrüge erheben kann[284], drängt sich bei der Prüfung des Autonomiebereichs allerdings eine grosszügige Praxis auf.

c) Ergebnis

Die Rechtsprechung ist bestrebt, die Autonomie bei der Anwendung von höherrangigem Recht, insbesondere im Zusammenhang mit der Auslegung unbestimmter Rechtsbegriffe, im Lichte des Individualrechtsschutzes sinnvoll zu begrenzen. Zu diesem Zweck wird - im Unterschied zur Autonomie bei der Anwendung kommunalen Rechts[285] - auf das Erfordernis der relativen Erheblichkeit des Entscheidungsspielraums abgestellt[286]. Die Erheblichkeit wird dabei qualitativ verstanden. Das Problem, wie diese Qualität beschaffen sein soll, versucht das Bundesgericht in seiner neuesten Rechtsprechung durch eine Bezugnahme auf die "Gemeindefreiheit" zu lösen. Während dieses Vorgehen im speziellen Zusammenhang der unbestimmten Rechtsbegriffe im höherrangigen Recht vertretbar erscheint, ist ein solches Kriterium als allgemeine Umschreibung abzulehnen[287]. Neben dem Individualrechtsschutz bildet die Rechtseinheit eine weitere Schranke der Gemeindeautonomie. Die Praxis verneint Autonomie, selbst bei einer grundsätzlichen Offenheit der Norm, wenn eine einheitliche Anwendung des Gesetzes beabsichtigt ist.

---

[283] Der Begriff "gemeindefreiheitsbezogen" entspricht einem grundrechtlichen Vokabular. Die Bezugnahme auf eine "Gemeindefreiheit" setzt einen materiellen Gehalt der Gemeindeautonomie voraus; dazu vorne S. 35 und 66f.

[284] Dazu hinten S. 103 und 150.

[285] Siehe vorne S. 78f.

[286] Vgl. MEYLAN 62; DAHINDEN 141.

[287] Siehe vorne S. 60 und 66f.

VIERTES KAPITEL : AUTONOMIEVERLETZUNG

I. Einleitung

Für die Gemeinde, die eine Autonomiebeschwerde in Betracht zieht, von Bedeutung ist die Frage, welche Rügen sie vorbringen kann. Die Kenntnis der Fälle, in denen das Bundesgericht eine Autonomieverletzung bejaht hat, ermöglicht es erst, eine Autonomiebeschwerde hinreichend zu begründen. Ob eine Autonomieverletzung vorliegt, wird vom Bundesgericht nur geprüft, wenn zuvor die Autonomie der Gemeinde im fraglichen Sachbereich bejaht worden ist[1]. Die von anderen verfassungsmässigen Rechten abweichende Konzeption der Gemeindeautonomie[2] zeigt sich auch bei den Rügemöglichkeiten. Eine Autonomieverletzung unterscheidet sich wesentlich von einer "üblichen" Grundrechtsverletzung[3]. Dies ist insbesondere bei der Begründung einer Autonomiebeschwerde zu berücksichtigen.

In der älteren Praxis (vor 1965) prüfte das Bundesgericht unter dem Titel der Autonomieverletzung lediglich, ob seitens des Kantons eine Kompetenzüberschreitung vorlag. Dies war dann der Fall, wenn sich der Staat eine Entscheidungsbefugnis anmasste, die ihm nicht zustand, oder wenn er formell seine Zuständigkeit überschritt[4]. Ausgehend von der Erkenntnis, dass eine solche, rein formale Betrachtungsweise keinen hinreichenden Autonomieschutz gewährleistet[5], wurde der Tatbestand der Autonomieverletzung in der neueren Rechtsprechung fortlaufend erweitert.

Die Gemeindeautonomie ist nach herrschender Auffassung ein Institut des kantonalen Verfassungsrechts. Die typische Rüge einer Gemeinde im Rahmen einer Autonomiebeschwerde lautete an sich, die Gemeindeautonomie als kantonales Verfassungs-*Recht* sei verletzt. Dieser systematische Grundgedanke schlug sich in der Theorie der beiden Wirkungskreise[6] nieder und erscheint ansatzweise bei der grundrechtlichen Konzeption[7]. Da jedoch die kantonalen Verfassungen die kommunale Selbständigkeit in der Regel nur allgemein garantieren und deren konkrete Umschreibung in erster Linie dem kantonalen Gesetzgeber obliegt, ergeben sich mit dem Beschwerdegrund der Verletzung der Gemeindeautonomie Probleme. Auch die Bezeichnung der Gemeindeautonomie als verfassungsmässiges Recht vermag nicht über ihre fehlende

---

[1] Allerdings lässt das Bundesgericht z.T. die Frage nach dem Autonomiebereich offen, mit der Begründung, es liege jedenfalls keine Autonomieverletzung vor, so BGE 111 Ia 334 *(Urdorf).*

[2] Zum Problem der Gemeindeautonomie als verfassungsmässiges Recht siehe vorne S. 21ff. Zur Abgrenzung der Gemeindeautonomie von Stimmrecht und Gewaltentrennung vgl. BGE 111 Ia 137 E.3.

[3] Zur Ablehnung der Gemeindeautonomie als Grundrecht siehe vorne S. 16ff.

[4] BGE 65 I 132 *(Hundwil);* 83 I 123 *(Neuenburg);* 89 I 111 *(Speicher).* Zum organisationsrechtlichen Ansatz vgl. vorne S. 25ff.

[5] Grundlegend BGE 93 I 433 *(Zuchwil).*

[6] Dazu vorne S. 7, 64.

[7] Dazu vorne S. 16ff.

normative Bestimmtheit auf Verfassungsebene hinwegzutäuschen[8]. In der Praxis der Autonomiebeschwerde ist denn auch mehrheitlich von anderen Verfassungsgrundsätzen, vor allem von Art. 4 BV die Rede. Dennoch hält das Bundesgericht daran fest, Beschwerdegrund im Rahmen der Autonomiebeschwerde sei die Verletzung der Gemeindeautonomie. Einen Verstoss gegen Art. 4 BV oder andere verfassungsmässige Rechte könne die Gemeinde nur dann geltend machen, wenn die behauptete Verfassungsverletzung mit dem streitigen Eingriff in die Autonomie in engem Zusammenhang stehe[9]. Die Gemeinde kann somit grundsätzlich nur die Verletzung ihrer Autonomie als kantonales verfassungsmässiges Recht geltend machen. Zusätzlich ist sie berechtigt - wenn auch nicht selbständig -, die Verletzung anderer verfassungsmässiger Rechte und Verfassungsgrundsätze, vor allem von Art. 4 BV, zu rügen[10].

Im folgenden ist zu untersuchen, welche verfassungsmässigen Rechte bzw. Verfassungsgrundsätze die Gemeinde im Rahmen der Autonomiebeschwerde im einzelnen anrufen kann und wann das Bundesgericht eine Autonomieverletzung bejaht hat. Entsprechend der bundesgerichtlichen Praxis wird unterschieden, ob eine Verletzung durch eine kantonale Behörde als Gesetz- bzw. als Planungsgeber (nachfolgend Ziff. II) oder als Genehmigungs- oder Aufsichtsinstanz bzw. als richterliche Instanz (nachfolgend Ziff. III - IV) vorliegt.

II. Autonomieverletzung durch kantonale Rechtssetzungs- und Planungsakte

Der Autonomieschutz gegenüber kantonalen Rechtssetzungs- und Planungsakten ist beschränkt. Die Aufgabenausscheidung zwischen Kanton und Gemeinden ist primär Sache des kantonalen Gesetzgebers. Dabei geniesst dieser einen grossen "Gestaltungsspielraum", in den das Bundesgericht nur zurückhaltend[11] eingreift. Soweit (v.a. neuere) Kantonsverfassungen Kompetenznormen zugunsten der Gemeinde enthalten, bleibt die genaue Abgrenzung immer noch dem kantonalen Gesetzgeber überlassen. Nur ausnahmsweise kann die Gemeinde die Verletzung eines verfassungsmässigen Gesetzgebungsauftrages rügen, der den Kanton verpflichtet, den Gemeinden einen möglichst weiten Gestaltungsspielraum zu belassen[12]. Am ehesten greift der Autonomie-

---

[8] Vgl. vorne S. 23.

[9] Statt vieler BGE 113 Ia 333 *(Sonogno)*.

[10] In neueren Entscheiden hält das Bundesgericht - in scheinbarer Umkehrung dieses Grundsatzes - fest, soweit nur die Auslegung von Gesetzesrecht in Frage stehe und damit nur auf Willkür geprüft werde, falle die Rüge der Verletzung der Gemeindeautonomie mit der Rüge wegen Verletzung von Art. 4 BV zusammen und habe keine selbständige Bedeutung, BGE 116 Ia 225 *(Kappel)*, 43f *(Silvaplana)*. Zum Verhältnis zwischen Willkürrüge und Rüge der Autonomieverletzung hinten S. 107f, 170f und 180.

[11] Dahinter steht der Gedanke, dass es bei der Gemeindeautonomie - im Unterschied zu Individualrechten - um einen organisatorischen Aspekt geht, der stark politischen Charakter trägt. Vgl. PFISTERER, Stellung 206, 219.

[12] Z.B. § 106 Abs. 2 KV AG; dazu ZIMMERLI, Gemeinden 204f.

schutz gegenüber kantonalen Verordnungen oder bei parallelen Zuständigkeiten von Kanton und Gemeinden.

1. Die Formel des Bundesgerichts

Eine Autonomieverletzung liegt vor, wenn der Kanton durch den Erlass einer generell-abstrakten Regelung oder einer im Verfahren der Planung ergangenen Anordnung zu Unrecht in den geschützten Autonomiebereich der Gemeinde eingreift[13]. Bei einer Einschränkung ihrer Autonomie durch die Gesetzgebung kann die Gemeinde verlangen, dass die kantonalen Behörden ihre eigenen Kompetenzen nicht überschreiten und sowohl die bundesrechtlichen als auch die kantonalen Vorschriften in jenem Bereich, in dem Autonomie besteht, nicht verletzen. Ficht eine Gemeinde eine kantonale Verordnung an, kann sie geltend machen, die kantonale Behörde habe zu Unrecht die Kompetenz beansprucht, einen Sachbereich zu regeln, in welchem die Gemeinde aufgrund der Gesetzgebung autonom sei. Sie kann weiter vorbringen, der Eingriff in die Autonomie sei materiell widerrechtlich[14].

2. Kantonale Rechtsetzungs- und Planungsakte

Als Rechtssätze gelten alle generell-abstrakten Anordnungen, welche natürlichen oder juristischen Personen Pflichten auferlegen oder Rechte einräumen oder die Organisation, die Zuständigkeit oder die Aufgaben der Behörden oder das Verfahren regeln[15]. Darunter fallen Gesetze, Verordnungen des Parlamentes oder des Regierungsrates und auch rechtsetzende Verträge[16]. Gegenüber kantonalen *Rechtssetzungsakten* geniessen die Gemeinden nur einen beschränkten Schutz. Sie müssen geltend machen, dass der Kanton in einen durch höherrangiges Recht geschützten Autonomiebereich eingreift[17].

Die Gemeindeautonomie kann auch durch die kantonale *Planung* verletzt werden[18]. Unter Planungsakten sind grundsätzlich Massnahmen der Raumplanung, gestützt auf das RPG oder auf kantonales Recht, zu verstehen[19], vor allem kantonale

---

[13] BGE 119 Ia 218 *(Küsnacht)*, 295 *(Winterthur)*.

[14] BGE 117 Ia 356f *(Kloten u. Uster)*; 115 Ia 46 *(Bulle u. Freiburg)*; 113 Ia 206 *(Egerkingen)* und 345 *(Rümlang u.a.)*; 94 I 547f *(Grandson)*.

[15] Art. 5 Abs. 2 GVG; dieser allgemeine, bundesrechtliche Rechtssatzbegriff kommt jedenfalls dann zur Anwendung, wenn das kantonale Recht keine (abweichende) Regelung enthält (vgl. BGE 112 Ib 253). Vgl. IMBODEN/RHINOW/KRAEHENMANN, Nr. 5.

[16] Vgl. WALTER KAELIN, Gesetz und Verordnung, in Handbuch des bernischen Verfassungsrechts, Bern/Stuttgart/Wien 1995, 129ff.

[17] Dazu hinten S. 89f.

[18] BGE 119 Ia 295 E.c *(Winterthur)*; vgl. auch BGE 104 Ia 43 *(Egg)*; 94 I 547 E.4 *(Grandson)*. Zur umstrittenen Rechtsnatur des kantonalen Richtplanes vgl. HAEFELIN/MUELLER, 177 N 755.

[19]Zu Raumplanungsmassnahmen vgl. IMBODEN/RHINOW/KRAEHENMANN, Nr. 124; HAEFELIN/ MUELLER, 175ff.

Richtpläne[20], aber auch Schutzverordnungen und -pläne[21]. Das Bundesgericht erkannte insbesondere, dass die Gemeinde einen kantonalen Richtplan anfechten kann, da dieser für sie als Behörde, die raumplanerische Aufgaben zu erfüllen hat, verbindlich ist[22].

Keinen Autonomieschutz geniesst die Gemeinde gegen eine Aenderung der *Kantonsverfassung*. Dies mindestens, solange die Gemeindeautonomie nicht dem Bundesrecht zugerechnet wird. Der Kanton kann mittels einer Verfassungsrevision den Umfang der Gemeindekompetenzen jederzeit ändern. Er braucht dazu nicht einmal die Zustimmung der betroffenen Gemeinden einzuholen[23].

Keine Autonomiebeschwerde ist sodann gegen eigene *kommunale* Rechtssetzungsakte möglich. Die Gemeinde kann ihre Autonomie nicht selbst verletzen, und zudem dient die Autonomiebeschwerde nicht zur Lösung intrakommunaler Auseinandersetzungen[24]. Anders ist die Situation bei Rechtssetzungs- oder Planungsakten der Nachbargemeinde. Falls diese an der Gemeindegrenze eine Umzonung (bspw. Industriezone) beabsichtigt, kann sich daraus u.U. ein erhebliches Rechtsschutzinteresse der Gemeinde ergeben[25].

Nicht geschützt sind die Gemeinden schliesslich gegen Rechtssetzungsakte des *Bundes*. Neben der fehlenden Verankerung der Gemeindeautonomie im Bundesverfassungsrecht stünde hier auch die fehlende Anfechtbarkeit von Akten der Bundesgesetzgebung im Verfahren der staatsrechtlichen Beschwerde im Wege[26].

3. *Rechtsschutz gegen kantonale Rechtssetzungsakte*

a) Allgemeines

Das Bundesgericht hatte nur in wenigen Fällen zu prüfen, ob kantonale Rechtssetzungsakte die Gemeindeautonomie verletzten, und gab sich in solchen Fällen zurückhaltend. Zu unterscheiden ist vorerst, ob sich die als verletzt gerügte Handlungsfreiheit der Gemeinde auf eine Verfassungsnorm - das ist die Ausnahme - oder lediglich auf eine Gesetzesnorm stützt. Nur im ersten Fall kann das Bundesgericht ein kantonales Gesetz umfassend auf seine Uebereinstimmung mit verfassungsrechtlichen Vorgaben über die Selbstbestimmung der Gemeinde prüfen. Fliesst die Autonomie aus dem

---

[20] Vgl. BGE 111 Ia 130 *(Wiesendangen)*.

[21] Vgl. BGE 96 I 240 *(Bachs)*; 94 I 547 *(Grandson)*.

[22] Dazu hinten S. 91.

[23] Anders das Verhältnis von Bund und Kantonen; eine Revision der Bundesverfassung bedarf der Zustimmung der Kantone, vgl. Art. 123 Abs. 1 BV.

[24] Vgl. PFISTERER, Stellung 211f.

[25] Zu denken ist an die Empfindlichkeitsstufen im Lärmschutzrecht. Soweit der Hoheitsakt der Nachbargemeinde einer kantonalen Genehmigung bedarf, ist diese Anfechtungsobjekt. Eine Betroffenheit durch Hoheitsakte der Nachbargemeinde ist auch denkbar im Bereich des Heimatschutzes oder des Steuerrechts.

[26] Vgl. Art. 84 Abs. 1 OG sowie Art. 113 Abs. 3 BV.

Gesetzesrecht, ist der Rechtsschutz gegen Gesetzesänderungen zum vornherein beschränkt; weiter reicht der Autonomieschutz diesfalls gegenüber kantonalen Verordnungen. Von Bedeutung ist der Rechtsschutz der Gemeinde gegenüber kantonalen Planungsakten. Insbesondere parallele Zuständigkeiten von Kanton und Gemeinden beschäftigten das Bundesgericht[27].

b) Beschränkter Rechtsschutz gegen kantonale Gesetze

Da sich der Autonomiebereich in der Regel aufgrund des kantonalen Gesetzesrechts ergibt, liegt folgerichtig nur ausnahmsweise eine Autonomieverletzung durch jene Instanzen vor, welche zur Einräumung von kommunaler Handlungsfreiheit kompetent sind. Aus den meist sehr allgemein gehaltenen Umschreibungen der Gemeindeautonomie in den Kantonsverfassungen lässt sich nur selten eine justiziable Autonomiegewährleistung in bezug auf einen bestimmten Sachbereich ableiten. Nicht geltend machen können die Gemeinden, dass ein Gesetz gegen die verfassungsmässige Autonomiegarantie im allgemeinen verstösst[28].

Vorgebracht wurde von Gemeinden, dass Rechtssätze des Kantons unzulässigerweise in (bisher bestehende) kommunale Autonomiebereiche eingreifen würden. Das Bundesgericht hielt hierzu fest, dass der kantonale Gesetzgeber durch Rechtsänderungen die von ihm einmal gezogenen Schranken der kommunalen Selbständigkeit nachträglich enger ziehen darf, solange nicht irgendwelche unmittelbar durch die Verfassung gewährleisteten Befugnisse oder Anforderungen berührt werden[29]. Bereits in einem älteren Entscheid stellte das Bundesgericht immerhin fest, dass gesetzliche Vorschriften das Selbstbestimmungsrecht der Gemeinden nur einschränken können, soweit sie selbst nicht verfassungswidrig sind[30]. Da sich die Gemeinde grundsätzlich nicht auf Individualrechte berufen kann, bedeutet Verfassungswidrigkeit vor allem eine Verletzung von Art. 4 BV[31]. Der kantonale Gesetzgeber wird als "maître de la loi" angesehen, der eine einmal getroffene Aufgabenteilung neu vornehmen darf[32]. Abgesehen von der bisher offengelassenen Möglichkeit, die Verletzung eines Wesenskerns festzustellen[33], erachtet sich das Bundesgericht somit lediglich befugt, die Ver-

---

[27] Dazu hinten S. 96f.

[28] BGE 103 Ia 191 *(Moosseedorf)*; vgl. auch BGE 113 Ia 214 *(Winterthur)*; 94 I 457f *(Lausanne)*; PFISTERER, Entwicklung 13f.

[29] BGE 117 Ia 356 *(Kloten u. Uster)*; 113 Ia 214 *(Winterthur)*. In BGE 103 Ia 191 wurde eine Autonomiebeschwerde der Gemeinde *Moosseedorf,* die in ihrem Ladenschlussreglement - im Hinblick auf ein neues Einkaufszentrum - fünf Abendverkäufe pro Woche gestattete, abgewiesen; der bernische Gesetzgeber hatte das (kantonale) Gewerbegesetz dahin geändert, dass höchstens zwei wöchentliche Abendverkäufe gestattet sind. Zur Rüge, der kantonale Erlass verletze verfassungsmässige Individualrechte der Bürger (Handels- und Gewerbefreiheit), ist die Gemeinde nicht legitimiert.

[30] BGE 52 I 353 *(Frauenfeld)*.

[31] Siehe hinten S. 93.

[32] BGE 94 I 457 *(Lausanne)*. Abgesehen vom nachträglichen verfassungsgerichtlichen Schutz werden kommunale Interessen in einem bestimmten Mass auch vorgängig, im politischen Prozess der kantonalen Gesetzgebung berücksichtigt.

[33] BGE 103 Ia 195 *(Moosseedorf)*; vgl. PFISTERER, Stellung 159 m.w.V. und vorne S. 18.

fassungsmässigkeit eines kantonalen Gesetzes auf Beschwerde einer Gemeinde hin unter dem Gesichtspunkt von Art. 4 BV oder einer spezifischen, kommunale Zuständigkeit in einem bestimmten Sachbereich gewährleistenden Verfassungsvorschrift zu prüfen[34].

Vereinzelt sehen Kantonsverfassungen vor, dass das kantonale Recht den Gemeinden einen möglichst weiten Handlungsspielraum zu gewähren hat[35]. Zum Teil werden solche Verfassungsbestimmungen als justiziabel eingestuft[36], zum Teil wird dies verneint[37]. Im ersteren Fall kann sich die Gemeinde vor Bundesgericht[38] dagegen zur Wehr setzen, dass ein kantonales Gesetz eine Aufgabe, welche die Verfassung Kanton und Gemeinden zuweist, so umfassend regelt, dass den Gemeinden praktisch kein Entscheidungsspielraum mehr bleibt. Diesfalls wären "unmittelbar durch die Verfassung gewährleistete Befugnisse oder Anforderungen berührt"[39].

c) Rechtsschutz gegen kantonale Verordnungen

In Frage kommen sowohl regierungsrätliche als auch parlamentarische Verordnungen. Das Bundesgericht unterscheidet ausdrücklich zwischen Autonomieverletzungen durch ein Gesetz und solchen durch eine Verordnung[40]. Es gewährt einen umfassenderen Schutz gegen Erlasse unterhalb der Gesetzesstufe[41]. Im einzelnen bedeutet dies folgendes: Ficht eine Gemeinde eine kantonale Verordnung an, kann sie geltend machen, die kantonale Behörde habe zu Unrecht die Kompetenz beansprucht, einen Sachbereich zu regeln, in welchem die Gemeinde aufgrund der Gesetzgebung autonom ist. Sie kann weiter vorbringen, die Verordnung sei materiell widerrechtlich[42]. Die Gemeinde ist insbesondere befugt zu rügen, die Verordnung verletze - ohne dazu ermächtigt zu sein - geltendes Gesetzesrecht[43]. Die Beschwerde kann somit mit der Verletzung von Delegationsprinzipien begründet werden, was das Bundesgericht frei prüft[44]. Im übrigen bleibt zu beachten, dass die Kognition des Bundesgerichts auf Willkür beschränkt ist, soweit keine verfassungsmässigen Ansprüche geltend gemacht werden.

Unter Umständen wird die Handlungsfreiheit der Gemeinde durch allgemeine Weisungen (Verwaltungsverordnungen) kantonaler Behörden berührt. Soweit solche

---

[34] Vgl. PFISTERER, Stellung 153.

[35] Z.B. Art. 109 Abs. 2 KV BE, § 106 Abs. 2 KV AG, Art. 101 Abs. 2 KV AR.

[36] So im Kanton Aargau: EICHENBERGER, § 106 N 11; AGVE 1982, 103.

[37] So im Kanton Bern: ZIMMERLI, Gemeinden 204.

[38] Vorbehalten bleibt ein kantonales Normenkontrollverfahren.

[39] BGE 117 Ia 356 E.4b *(Kloten u. Uster)*.

[40] BGE 117 Ia 356 *(Kloten u. Uster)*.

[41] PFISTERER, Entwicklung 14.

[42] BGE 117 Ia 356f *(Kloten u. Uster)*; 115 Ia 46 *(Bulle u. Freiburg)*.

[43] Vgl. BGE 108 Ib 241 *(Flims)*, wo sich eine "Verordnung über Bewilligungen für Bauten ausserhalb der Bauzonen ..." der Bündner Regierung allerdings zu Recht auf Art. 36 Abs. 2 RPG stützte.

[44] Zur Gesetzesdelegation vom Gesetzgeber an den Verordnungsgeber vgl. BGE 118 Ia 247f.

Weisungen für die kommunale Behörde verbindlich sind, muss die Gemeinde dagegen auch Autonomieschutz geltend machen können[45].

d) Rechtsschutz gegen kantonale Planungsakte

Die Gemeinde kann mit Autonomiebeschwerde einen kantonalen Richtplan anfechten[46]. Dieser Schutz ist wichtig, da die Gemeindeautonomie im Bereich der Raumplanung zentrale Bedeutung erlangt hat. Der Gestaltungsspielraum der Gemeinden hinsichtlich ihrer Ortsplanung ist wesentlicher Bestandteil kommunaler Selbständigkeit. Die Autonomiebeschwerde erscheint hier als Instrument, um kantonale (oder regionale) und kommunale Interessen auszutarieren. Der Verfassungsschutz ist allerdings begrenzt. Die Gemeinden haben sich an die Vorgaben im höherrangigen Recht, wozu auch der Richtplan gehört, zu halten[47]. Gegen einen Richtplan bzw. dessen Auswirkungen auf die kommunale Nutzungsplanung kann sich eine Gemeinde nur erfolgreich zur Wehr setzen, wenn sie mit ausführlicher Begründung nachweist, dass sie dadurch in unhaltbarer Weise in ihrer den Schutz der Gemeindeautonomie geniessenden Planungshoheit verletzt wird[48].

Dies ist bspw. der Fall, wenn ein kantonaler Richtplan Landwirtschaftsgebiet für einen grösseren Teil des Gemeindegebietes anordnet, obschon die Gemeinde einen Bedarf für Industrie- und Gewerbeland nachweist und geltend machen kann, ein ausgewogenes Verhältnis zwischen Wohnraum und Arbeitsplätzen sie für sie sowohl aus ortsplanerischer Sicht als auch mit Rücksicht auf ihren Finanzhaushalt von grösster Bedeutung, worüber sich der Kanton, ohne sich auf übergeordnete Interessen stützen zu können, hinwegsetzt. Wenn allerdings innerhalb einer Region ein ausreichendes Angebot an Industrie- und Gewerbeland besteht, kann sich der Kanton wiederum auf übergeordnete raumplanerische Erwägungen stützen[49].

Neben Richtplänen kommen weitere kantonale Planungsmassnahmen in Betracht, z.B. Schutzverordnungen[50] oder spezielle Planungszonen[51].

4. Schutzbedürfnisse der Gemeinde gegen Rechtssetzungsakte

a) Der Regelfall einer Autonomiebeschwerde gegen kantonale Rechtssetzungsakte - der allerdings nur in Ausnahmefällen Erfolg verspricht[52] - besteht darin, dass sich die

---

[45] Vgl. JAAG 534f. Zur Autonomieverletzung durch Weisungen im Einzelfall hinten S. 100.
[46] BGE 111 Ia 130f *(Wiesendangen)*. Vgl. Art. 9 Abs. 1 RPG. Zum Richtplan als Anfechtungsobjekt der Autonomiebeschwerde siehe hinten S. 162; zur Beschwerdefrist siehe hinten S. 137.
[47] Vgl. Art. 2, 6ff, 14ff sowie 26 RPG.
[48] KUTTLER 51.
[49] N.p. BGE vom 2. Oktober 1991 i.S. *Wiesendangen*.
[50] BGE 96 I 240 *(Bachs)*; 94 Ia 547 *(Grandson)*.
[51] BGE 114 Ia 294 *(betr. Zollikofen)*.
[52] Siehe vorne S. 89.

Gemeinde gegen die Beschränkung oder den Entzug von Befugnissen wehrt. Die Autonomiebeschwerde ist diesfalls ein Mittel, um Aufgabenverlagerungen an den Kanton abzuwehren[53].

b) Denkbar ist auch, dass die Gemeinde sich gegen die Uebertragung neuer Aufgaben mit für sie unerwünschten Folgen zu widersetzen sucht. Im Vordergrund stehen finanzielle Belastungen[54]. Soweit ersichtlich nahm das Bundesgericht bisher nicht ausdrücklich Stellung zur Frage, wie weit die Pflicht der Gemeinde reicht, Aufgaben zu übernehmen. Immerhin ist davon auszugehen, dass in diesem Zusammenhang aufgrund der Gemeindeautonomie durchaus (verfassungsrechtliche) Schranken bestehen, die Gemeinde sich somit auf den Autonomieschutz berufen kann[55].

c) Die Gemeinde kann sich schliesslich dagegen zur Wehr setzen, dass der Kanton im Autonomiebereich der Gemeinde tätig wird. So verletzt bspw. ein Regierungsrat die Gemeindeautonomie, wenn er anstelle des für die Beschlussfassung zuständigen Gemeindeorgans (Gemeinderat) einen Gestaltungsplan festsetzt, ohne dass die Voraussetzungen für eine Ersatzvornahme gegeben sind[56].

5. Typen der Autonomieverletzung durch kantonale Rechtssetzungs- und Planungsakte

a) Formelle Autonomieverletzung durch Ueberschreitung der Zuständigkeit

Die Gemeinde kann bei einer Einschränkung ihrer Autonomie durch die kantonale Gesetzgebung verlangen, dass die kantonalen Behörden ihre *Zuständigkeit nicht überschreiten* [57]. Dazu gehört auch, dass die kantonale Instanz in der richtigen Form gehandelt und die Verfahrensvorschriften eingehalten hat[58]. Eine Autonomieverletzung

---

[53] PFISTERER, Stellung 215.

[54] Im Verhältnis Bund und Kantone wird eine solche Schranke unter dem Begriff der Bundestreue diskutiert, vgl. HAEFELIN/HALLER 100f.

[55] Im Entscheid *Churwalden* (BGE 107 Ia 240) beabsichtigte die Gemeinde auf eine (geplante) Auszonung zu verzichten, nachdem sie sich einer Entschädigungsforderung (aufgrund materieller Enteignung) gegenübersah. Das Bundesgericht gab dem Kanton recht, der auf der Umzonung beharrte und hielt das Entschädigungsrisiko für tragbar. Immerhin wird aus den Erwägungen die Anerkennung einer Schranke sichtbar: "Eine andere Wertung könnte sich nur dann aufdrängen, wenn die Leistung der Entschädigungssumme ... die Gemeinde in ihrem finanziellen Gleichgewicht so stark träfe, dass eine notstandsähnliche Situation einträte" (BGE a.a.O. 245). In diesem Zusammenhang kann sich die Gemeinde auch auf die Bestandesgarantie berufen, BGE 110 Ia 50f *(Thusis)*.

[56] BGE 111 Ia 67 *(Trimbach)*.

[57] BGE 114 Ia 295 *(betr. Zollikofen)*. Dies war bereits unter der alten Praxis möglich und entspricht dem organisationsrechtlichen Ansatz (dazu vorne S. 25ff). Denkbar ist, dass die Kantonsverfassung eine Aufgabe den Gemeinden zuordnet oder dass es sich um einen Gegenstand der Bundesgesetzgebung handelt.

[58] BGE 115 Ia 46ff *(Bulle u. Freiburg)*; 112 Ia 283f *(Hombrechtikon)*.

liegt vor, wenn der Kanton in unmittelbar durch die Verfassung gewährleistete Rechtssetzungsbefugnisse eingreift[59].

In gleichem Sinn kann sich eine Gemeinde gegen eine kantonale Verordnung wehren, soweit dadurch der kommunale Handlungsspielraum in einem Bereich beschränkt wird, den die Gesetzgebung der Gemeinde zuwies.

Die Gemeinde kann schliesslich rügen, der Kanton werfe ihr zu Unrecht eine Zuständigkeitsverletzung vor[60].

b) Materielle Autonomieverletzung durch Inhaltsmängel

Das Bundesgericht befand, dass der Autonomieschutz ungenügend wäre, wenn die Gemeinde bloss rügen könnte, der Kanton habe (formell) seine Kompetenzen überschritten. Vielmehr müsse die Gemeinde auch vorbringen können, der Kanton "a fait un mauvais usage de sa compétence"[61]. Damit spricht sich das Bundesgericht ausdrücklich für eine *materielle* Ueberprüfung der angefochtenen kantonalen Hoheitsakte aus[62]. Die Gemeinde kann somit bei einer Einschränkung ihrer Autonomie durch die Gesetzgebung verlangen, dass die kantonalen Behörden *"sowohl die bundesrechtlichen als auch die kantonalen Vorschriften in jenem Bereich, in dem Autonomie[63] besteht, nicht verletzen"[64].* Vereinzelt ist auch bei Autonomiebeschwerden von der Möglichkeit verfassungskonformer Auslegung kantonaler Hoheitsakte die Rede[65].

aa) Auch im Bereich der Rechtssetzung möglich - wenn auch seltener als bei der Rechtsanwendung - ist die Rüge einer Verletzung des *Willkürverbots (Art. 4 BV).* Nach der Praxis ist ein Entscheid willkürlich, wenn er sich nicht auf ernsthafte sachliche Gründe stützt, sinn- oder zwecklos erscheint[66].

---

[59] BGE 103 Ia 194f E.3 *(Moosseedorf).*

[60] ZBl 1993, 566 *(Zürich).*

[61] BGE 94 I 547f *(Grandson);* damit konnte das Bundesgericht im konkreten Fall auf die Willkürrüge der Gemeinde eintreten.

[62] Dieser Schritt wurde für die Frage der Autonomieverletzung durch kantonale Aufsichts- oder Rechtsschutzakte bereits im Urteil i.s. *St. Moritz* (ZBl 1965, 400) vollzogen. Vgl. die beiden Prüfungsschritte (formelle und materielle Rügen) etwa in BGE 119 Ia 296f *(Winterthur).* Bereits in der älteren Praxis war die materielle Prüfung der Verfassungsmässigkeit durch das Bundesgericht bejaht worden, BGE 52 I 353 *(Frauenfeld).*

[63] Die Einschränkung auf Normen im Zusammenhang mit dem Autonomiebereich ist fraglich und führt zu Abgrenzungsproblemen. Dazu hinten S. 183ff.

[64] BGE 117 Ia 356 *(Kloten u. Uster);* 115 Ia 46 *(Bulle u. Freiburg);* 113 Ia 206 *(Egerkingen).* Das Bundesgericht spricht in diesem Zusammenhang von Ueberprüfung der "Gesetzmässigkeit" (BGE 113 Ia 204) oder von "Widerrechtlichkeit" (BGE 117 Ia 357; 115 Ia 46). Das darf nicht darüber hinwegtäuschen, dass es auch bei der falschen Kompetenzausübung im Ergebnis stets um eine Verfassungsverletzung geht, bspw. Rechtsungleichheit oder Willkür, da ja nur solche in die Zuständigkeit des Bundesgerichts im Rahmen einer staatsrechtlichen Beschwerde fallen. Die Anwendung von kantonalem Verfahrensrecht wird vom Bundesgericht nur auf Willkür geprüft.

[65] BGE 117 Ia 357 E.4b *(Kloten u. Uster);* 115 Ia 47 E.3c *(Bulle u. Freiburg).*

[66] Z.B. BGE 102 Ia 12.

bb) Die Gemeinde kann sich gegenüber dem kantonalen Gesetz- oder Verordnungsgeber auf das Prinzip der *Rechtsgleichheit* berufen[67]. Ein Erlass verletzt das Gebot der Rechtsgleichheit, wenn er rechtliche Unterscheidungen trifft, für die ein vernünftiger Grund in den zu regelnden tatsächlichen Verhältnissen nicht ersichtlich ist (Fall der unzulässigen Unterscheidung), oder wenn er Unterscheidungen unterlässt, die sich aufgrund der Verhältnisse aufdrängen (Fall der unzulässigen Gleichstellung)[68]. Voraussetzung ist, dass sich der unbegründete Unterschied oder die unbegründete Gleichstellung auf eine wesentliche Tatsache bezieht[69]. Damit das Rechtsgleichheitsgebot verletzt ist, muss die vom Gesetzgeber getroffene Unterscheidung oder Gleichstellung als unhaltbar erscheinen. Das Bundesgericht spricht dem kantonalen (wie auch dem kommunalen) Gesetzgeber eine *erhebliche Gestaltungsfreiheit* zu und übt bei der Ueberprüfung eines kantonalen Gesetzes, unter Berufung auf den Grundsatz der Gewaltentrennung, insofern Zurückhaltung[70]. Fälle unzulässiger Gleichstellung bzw. Unterscheidung sind für die Gemeinde v.a. dann relevant, wenn sie sich kostenmässig auswirken[71].

cc) Die Gemeinde kann sich sodann auf den Grundsatz von *Treu und Glauben* berufen[72].

dd) Als Problem des *Verhältnismässigkeitsgrundsatzes* betrachtete das Bundesgericht die Frage, welche Uebergangsfrist der kantonale Gesetzgeber für die Anpassung kommunalen Rechts an eine neue kantonale Ordnung gewähren muss. Die Gemeinde kann im Rahmen einer Autonomiebeschwerde nicht mehr verlangen, als dass ihr die für den Erlass einer angepassten, neuen kommunalen Ordnung erforderliche Zeit eingeräumt werde[73].

---

[67] BGE 103 Ia 197 *(Moosseedorf)* mit Verweis auf BGE 97 I 511 *(Romanel-sur-Lausanne),* der allerdings eine Autonomieverletzung durch einen kantonalen Genehmigungsakt betraf. Vgl. auch BGE 104 Ia 143 E.e *(Tägerig),* wo eine Verletzung des Rechtsgleichheitsgebotes verneint wurde, da die Gemeinde nicht darlegte, inwiefern der kantonale Gesetzgeber bei anderen Gemeinden, die sich in einer gleichen oder ähnlichen Lage befanden, eine ganz andere Haltung eingenommen hätte.

[68] BGE 117 Ia 101 m.w.V. Insbesondere zum Problem der *Rückwirkung* von Erlassen vgl. BGE 113 Ia 425.

[69] BGE 110 Ia 14.

[70] BGE 109 Ia 327f *(Igis).* Dieses Zurückhaltungsgebot kommt auch der Gemeinde zugute, falls eine kantonale Instanz einen kommunalen Erlass unter dem Gesichtspunkt der Rechtsgleichheit zu prüfen hat. Zur Kognition und zur Prüfungsdichte siehe hinten S. 146ff.

[71] So wurde in BGE 115 Ia 55 eine Verordnung des Freiburger Staatsrates, die u.a. die Kostenverteilung für kantonale Strassen regelte, auf Beschwerde der Gemeinden *Bulle und Freiburg* vom Bundesgericht (teilweise) aufgehoben. Das Bundesgericht kam zum Schluss, dass das Rechtsgleichheitsgebot verletzt werde, weil in unzulässiger Weise zwischen Stadt- und Landgemeinden unterschieden worden sei.

[72] BGE 98 Ia 432f *(Cully);* im konkreten Fall wurde die Rüge abgewiesen, da die von der Gemeinde geltend gemachte Zusicherung nicht von der zuständigen Behörde erfolgte. In BGE 103 Ia 191 *(Moosseedorf)* war die Aenderung der kantonalen Gesetzgebung betreffend Ladenschluss streitig; eine Verletzung des Gebots von Treu und Glauben wurde verneint, da es an einer Zusicherung des Gesetzgebers, mithin an einer Vertrauensgrundlage fehlte.

[73] BGE 103 Ia 198 *(Moosseedorf).* Im konkreten Fall beanspruchte der Kanton Bern neu die Regelung

ee) Im Entscheid *Tägerig* wurde gerügt, eine vom Grossen Rat in Abweichung von der Gemeinde beschlossene Fassung einer Norm der kommunalen Bau- und Zonenordnung entbehre der gesetzlichen Grundlage und verletze damit das *Gesetzmässigkeitsprinzip*[74]. In einem Freiburger Fall wurde die gegen einen allgemeinverbindlichen Beschluss des Regierungsrates gerichtete Rüge abgewiesen, es fehle an einer gesetzlichen Grundlage für eine Aufgabendelegation an die Gemeinden[75].

c) Verfahrensfehler
Neben inhaltlichen Mängeln ist die Gemeinde auch zur Rüge der Verletzung von Verfahrensgarantien befugt.

aa) Bloss theoretisch ist im Rahmen einer Autonomiebeschwerde gegen einen kantonalen Rechtssetzungsakt die Annahme einer *Rechtsverzögerung*. Denkbar wäre bspw., dass ein Kanton die erforderliche Richtplanung über Gebühr hinauszögert und so den Gemeinden die zeitgerechte Erfüllung ihres Planungsauftrages verunmöglicht[76].

bb) Wichtiger ist der Anspruch der Gemeinde auf *rechtliches Gehör*. Ist der Kanton zum Erlass von Vorschriften befugt, welche geeignet sind, die Autonomie der Gemeinde zu beeinträchtigen, so steht dieser grundsätzlich das Recht zu, sich vernehmen zu lassen. Inwiefern die Gemeinde im Gesetzgebungsverfahren eine Verletzung des Gehörsanspruchs geltend machen kann, hängt in erster Linie vom kantonalen Recht ab. Bereits im Entscheid *Bachs* anerkannte das Bundesgericht ein "gewisses Mitspracherecht" der Gemeinde im Rechtssetzungs- und Planungsverfahren[77], zumal die Gemeinde vom fraglichen Hoheitsakt allein betroffen war, und leitete diesen Anspruch direkt aus der Autonomiegarantie ab[78]. Im n.p. Urteil vom 13. Juni 1989 i.S. *Altstätten* ging das Bundesgericht einen Schritt weiter:

"Im vorliegenden Fall geht es ... um das rechtliche Gehör in einem Verfahren, in dem ein Erlass zustandekommen soll, der sich nicht nur an eine einzige Gemeinde richtet, sondern für den ganzen Kanton gilt. Auch in solchen kantonalen Verfahren kann sich ein Anhö-

---

der (Zahl zulässiger) Abendverkäufe. Die den Gemeinden gewährte Uebergangsfrist von einem Jahr zur Anpassung ihrer Ladenschlussreglemente sah das Bundesgericht als verhältnismässig an. Vgl. zum Verhältnismässigkeitsprinzip auch BGE 104 Ia 142 E.d *(Tägerig)*, wo das Bundesgericht im Rahmen der Willkürprüfung die Verhältnismässigkeit einer kantonalen Regelung bejahte.

[74] BGE 104 Ia 140f. Die Rüge drang - unter dem Gesichtswinkel der Willkür - nicht durch.

[75] BGE 115 Ia 47 E.4 *(Bulle u. Freiburg)*. Im konkreten Fall wurde die Erlassform (Verordnungsstufe) vom Bundesgericht als hinreichend erachtet, da es sich um Ausführungsaufgaben handelt, die - vom Bundesrecht vorgeschrieben - eng mit Aufgaben verbunden sind, mit denen die Gemeinden bereits aufgrund des kantonalen Rechts betraut sind.

[76] Das Bundesgericht liess bisher allerdings offen, ob auch der Gesetzgeber eine Rechtsverzögerung begehen könne, ZBl 1985, 494.

[77] Im Unterschied zum privaten Beschwerdeführer, vgl. BGE 113 Ia 99 m.w.V.

[78] BGE 96 I 239.

rungsrecht rechtfertigen, nämlich, wenn eine einzige Gemeinde vom Erlass besonders betroffen ist. Solche Mitwirkung auf kantonaler Ebene kann Verluste an kommunaler Eigenständigkeit, wie sie die Aufgabenverflechtung ... mit sich bringt, aufwiegen. Ein Mitspracherecht soll die Chance zu einem Gespräch zwischen Gemeinde und Kanton verbessern und zur richtigen Beurteilung und Abwägung der entgegenstehenden öffentlichen Interessen führen ... Dieses Recht, das sich ... aus der Gemeindeautonomie ergibt, (ist) formeller Natur, seine Verletzung führt somit ungeachtet der materiellen Richtigkeit ... des betreffenden Hoheitsaktes zu dessen Aufhebung"[79].

Damit kann die Gemeinde im Rahmen der Autonomiebeschwerde eine Verletzung des Anspruchs auf rechtliches Gehör rügen:
- aufgrund ausdrücklicher gesetzlicher Grundlage oder herrschender Praxis oder
- bei alleiniger oder besonderer Betroffenheit.

Dieses Mitspracherecht soll es der Gemeinde ermöglichen, bereits bei der Rechtssetzung ihre durch die Gemeindeautonomie gedeckten Interessen vorzubringen. Damit wird die Frage einer Beeinträchtigung der kommunalen Selbständigkeit in einem frühen und meist entscheidenden Stadium aufgeworfen.

d) Sonderfall: Regelungskonflikte

Bei einem Konflikt zwischen kantonalem und kommunalem Recht hat Gemeinderecht, das kantonalem Recht widerspricht, grundsätzlich zu weichen. Die Gemeinde kann sich insofern nicht auf ihre Autonomie berufen; das höherrangige Recht geht vor. Neben solchen Kompetenzkonflikten i.e.S. können *parallele Sachzuständigkeiten von Kanton und Gemeinden* vorliegen, die Anlass zu Autonomiestreitigkeiten geben. Solche Fälle werden etwa als Regelungskonflikte bezeichnet[80]. Hauptfall bildet die Kollision kantonaler und kommunaler Planung[81]. Das Bundesgericht prüft in einem solchen Fall in einem ersten Schritt, ob die Gemeinde und der Kanton zum Erlass der entsprechenden Vorschrift zuständig sind bzw. waren. Ist dies zu bejahen, wird weiter untersucht, ob der Kanton seine Kompetenz richtig ausgeübt hat. Das kantonale Recht

---

[79] BGE a.a.O. E.6b/cc.
[80] PFISTERER, Stellung 207. Im Unterschied dazu geht es bei einem Kompetenzkonflikt i.e.S. um Situationen, in denen Kanton und Gemeinden dieselbe Zuständigkeit beanspruchen. Ein Anwendungsfall eines negativen Kompetenzkonflikts, in dem weder die Gemeinde noch der Kanton für bestimmte Gebiete die Nutzungsplanung festsetzen wollten, findet sich in BGE 113 Ia 192 *(Uster)*.
[81] So beschwerte sich die Gemeinde *Grandson,* die eine Industriezone belassen wollte, gegen das Vorgehen des Kantons Waadt, der für das fragliche Gebiet gestützt auf kantonales Recht einen Sondernutzungsplan erliess (BGE 94 I 541). Das Bundesgericht wies die Beschwerde ab mit der Begründung, das Interesse des Kantons, am fraglichen Ort ein Kraftwerk (centrale thermique) errichten zu wollen, gehe dem Interesse der Gemeinde vor (BGE a.a.O. 550). Im Fall *Bachs* war die Vereinbarkeit einer kantonalen (Landschafts-)Schutzverordnung mit der kommunalen Zonenplanung zu prüfen. Es wurde erwogen, dass die Gemeindeautonomie vor dem von der übergeordneten Behörde zu wahrenden Interesse an der Erhaltung des Orts- und Landschaftsbildes zurückzutreten habe (BGE 96 I 240f). Zur vorfrageweisen Anfechtung eines kantonalen Richtplanes vgl. BGE 111 Ia 130ff E.3 *(Wiesendangen).*

verdient in diesen Fällen also nicht von vornherein den Vorrang[82]. Die Gemeinde kann sich gegen eine verfassungswidrige Ausübung der Kompetenz durch die kantonale Behörde zur Wehr setzen[83]. Sie kann insbesondere vorbringen, die kantonale Regelung sei durch keine überwiegenden kantonalen (oder regionalen) Interessen gerechtfertigt, bzw. die kantonale Behörde habe eine Interessenabwägung fehlerhaft vorgenommen und begehe dadurch eine Verfassungsverletzung[84]. Das Bundesgericht hat sich somit bei Regelungskonflikten zwischen Gemeinde und Kanton nicht mit der Anwendung rein formaler Derogationsregeln begnügt. An deren Stelle tritt eine umfassende, verfassungskonkretisierende Interessenabwägung[85]. Damit findet im Ergebnis eine Ueberprüfung kantonaler Hoheitsakte - bei Gesetzen allerdings nur beschränkt - auf ihre Verfassungsmässigkeit statt.

---

[82] Im Entscheid *Zollikofen* (BGE 114 Ia 291ff) wandte das Bundesgericht bei der Frage der Autonomieverletzung einen funktionellen Massstab an: Der Kanton Bern hatte eine Planungszone zur Kulturlandsicherung erlassen, wozu er an sich befugt war. Im konkreten Fall sah das Bundesgericht jedoch in der kantonalen Planungszone vorab ortsplanerische Ziele verwirklicht. Damit hatte der Kanton in den Zuständigkeitsbereich der Gemeinde eingegriffen und somit deren Autonomie verletzt.

[83] Z.B. Verletzung des Grundsatzes der Verhältnismässigkeit (BGE 94 I 550f); vgl. auch ZIMMERLI, Verhältnismässigkeit 92ff.

[84] Im erwähnten BGE 94 I 541 schied der Staatsrat in einem kantonalen Plan in der Gemeinde *Grandson* ein Gebiet für die Errichtung eines thermischen Kraftwerks aus. Die Gemeinde brachte in der dagegen erhobenen Autonomiebeschwerde u.a. vor, der kantonale Plan verunmögliche ihr die Ausscheidung einer Industriezone, da er das einzige hierzu geeignete Gebiet umfasse. Das Bundesgericht bewertete das kantonale Interesse in freier, aber zurückhaltender Prüfung (die Kognitionsfrage wurde offengelassen) als grösser. - Sind in einem bestimmten Sachbereich (Lärmschutz) die kantonalen und kommunalen Kompetenzen nicht klar voneinander abgegrenzt, muss eine neue kantonale Vorschrift, die eine Aufgabendelegation an die Gemeinde vorsieht, auf einem ausreichenden öffentlichen Interesse beruhen, BGE 115 Ia 52 *(Bulle u. Freiburg)*. Zur Kollision zwischen Pflicht des Kantons, kommmunale Zonenpläne auf ihre Rechtmässigkeit und Uebereinstimmung mit den Planungsgrundsätzen zu überprüfen, und dem Recht der Gemeinde, nach Festlegung einer Entschädigungspflicht wegen materieller Enteignung auf eine vorgesehene Eigentumsbeschränkung (Auszonung) zu verzichten vgl. BGE 107 Ia 240 *(Churwalden)*. Vgl. weiter zur Interessenabwägung im Bereich der Raumplanung BGE 98 Ia 436 E.5 *(Cully)*. Zu Fehlern bei der Interessenabwägung im Rahmen der Rechtsanwendung siehe hinten S. 128.

[85] PFISTERER, Stellung 208f. Nicht zufällig wurde das Gebot der Interessenabwägung im Raumplanungsrecht entwickelt; vgl. dazu Art. 3 RPV; BGE 117 Ia 307; 115 Ia 353 und PIERRE TSCHANNEN, in AJP 1993, 726ff.

III. Allgemeines zum Schutz gegen kantonale Rechtsanwendungsakte

1. Die Formel des Bundesgerichts

Ist eine Gemeinde in einem Sachbereich autonom, so kann sie sich (letztinstanzlich) mit staatsrechtlicher Beschwerde dagegen zur Wehr setzen, dass die kantonale Behörde im (Aufsichts-), Genehmigungs- oder Rechtsmittelverfahren (formell) ihre Prüfungsbefugnis überschreitet. Die Gemeinde kann zudem (materiell) vorbringen, dass die kantonale Behörde bei der Anwendung der kommunalen, kantonalen oder bundesrechtlichen Vorschriften, die den betreffenden Sachbereich ordnen, gegen das Willkürverbot verstossen habe oder, soweit kantonales oder eidgenössisches Verfassungsrecht in Frage steht, dieses unrichtig ausgelegt oder angewendet habe[86].

2. Kantonale Rechtsanwendungsakte

a) In der Praxis setzen sich Gemeinden mittels Autonomiebeschwerde häufiger gegen Rechtsanwendungsakte als gegen Gesetze des Kantons zur Wehr[87]. Gemäss Art. 84 Abs. 1 OG ist die staatsrechtliche Beschwerde auch zulässig gegen "Verfügungen (Entscheide)"[88]. Das Bundesgericht versteht unter einer *Verfügung* einen individuellen, an den Einzelnen gerichteten Hoheitsakt, durch den eine konkrete verwaltungsrechtliche Rechtsbeziehung rechtsgestaltend oder feststellend in verbindlicher und erzwingbarer Weise geregelt wird[89]. Als *Entscheide* werden etwa Hoheitsakte von verwaltungsbehördlichen Rechtsmittelinstanzen und von Gerichten bezeichnet[90]. Keinen Autonomieschutz können die Gemeinden gegen Hoheitsakte von rechtsanwendenden Behörden des Bundes oder gegen Rechtsanwendungsakte ihrer eigenen Gemeindeorgane beanspruchen.

b) Die kantonalen Instanzen, durch deren Hoheitsakte die Gemeinde in ihrer Autonomie beeinträchtigt werden kann, können in verschiedenen Funktionen tätig sein. Die Uebergänge sind dabei fliessend.

Der Kanton übt die *Aufsicht* über die Gemeinden aus[91]. Ihm kommt das Recht und die Pflicht zu, zu überprüfen, ob die Gemeindetätigkeit mit dem kantonalen Recht,

---

[86] BGE 120 Ia 210 *(Wangen)*; 118 Ia 454 *(Alvaneu)*; 115 Ia 44 *(Bulle u. Freiburg)*; 114 Ia 169f *(Gaiserwald)*, 372 E.2a *(Aesch)*; 103 Ia 468 *(Lugano)*; ZBl 1989, 21 *(Cadro)*.

[87] Zum Schutz gegenüber kantonalen Rechtssetzungsakten siehe vorne S. 88.

[88] Zum Anfechtungsobjekt der Autonomiebeschwerde siehe hinten S. 158.

[89] BGE 101 Ia 74; 104 Ia 26 und 29. Im Gegensatz zur Legaldefinition in Art. 5 VwVG muss sich die Verfügung gemäss Art. 84 OG nicht auf öffentliches Recht (des Bundes) stützen; vgl. KAELIN, Verfahren 138.

[90] Die Begriffe "Verfügung" und "Entscheid" werden im folgenden als bedeutungsgleich verwendet.

[91] Dazu JAAG 530ff.

aber auch mit dem Bundesrecht und sogar dem Gemeinderecht übereinstimmt[92]. Die Aufsicht des Kantons befasst sich mit den verschiedenen kommunalen Tätigkeiten, unabhängig davon, ob die Gemeinde in jenem Bereich autonom ist[93]. Die Gemeinde steht zum Kanton in Rechtsbeziehungen. Die Staatsaufsicht ist - wie die Selbständigkeit der Gemeinde - an das Recht gebunden. Entsprechend umschreibt das kantonale Recht Art und Umfang der Aufsicht[94]. Die Staatsaufsicht führt zu einem erheblichen Konfliktpotential zwischen Kanton und Gemeinden[95]. Den wichtigsten Bereich der Staatsaufsicht im Rahmen der Autonomiebeschwerde bildet die Pflicht zur *Genehmigung von Gemeindeerlassen und -beschlüssen* [96].

Sodann handeln kantonale Behörden in *richterlichen Funktionen*, v.a. als Rechtsmittelinstanzen[97]. Während es bei der aufsichtsrechtlichen Tätigkeit i.e.S. primär um eine staatsinterne Auseinandersetzung geht, kommt im Rahmen eines Rechtsschutzverfahrens ein besonderes Dreiecksverhältnis zum Ausdruck: Die Gemeinde steht gewissermassen in doppelter Frontstellung, gegenüber dem Kanton einerseits und gegenüber einem Privaten anderseits[98].

3. Formelle und materielle Autonomieverletzung durch kantonale Rechtsanwendungsakte

Im folgenden werden die verschiedenen Typen der Autonomieverletzung durch kantonale Behörden als Aufsichts-, insbesondere als Genehmigungsinstanz, und solche mit richterlichen Funktionen dargestellt[99]. Entsprechend der bundesgerichtlichen Praxis wird unterschieden zwischen formellen[100] (nachfolgend IV.) und materiellen (nachfolgend V.) Autonomieverletzungen.

---

[92] Der Kanton übt seine Aufsicht von Amtes wegen aus, kann aber auch auf Anzeige oder Beschwerde eines Privaten tätig werden. Neben *direkter* Aufsicht, bei der der Kanton aufgrund gesetzlichen Auftrages eine bestimmte kommunale Tätigkeit (bspw. den Finanzhaushalt) meist periodisch kontrolliert, wird etwa von *indirekter* Aufsicht gesprochen in jenen Fällen, in denen kantonale Behörden im Rahmen eines Rechtsschutzverfahrens Aufsichtsfunktion ausüben.

[93] Im Unterschied zu früheren Phasen der Rechtsprechung (dazu vorne S. 7, 64) geniesst die Gemeinde heute nicht nur dort Autonomie, wo keine Aufsicht besteht, vgl. BGE 93 I 160 *(Volketswil)*.

[94] Bezüglich der Art der Aufsicht wird etwa zwischen *informatorischen Aufsichtsmitteln* (bspw. Inspektionen, Vorlegungspflicht für bestimmte Geschäfte), *Genehmigungspflicht* (für bestimmte Gemeindeakte) und *Intervention* (Weisungen, Ersatzvornahme) unterschieden. Hinsichtlich des Umfangs der Aufsicht ist von Bedeutung, ob nur eine *Rechts-* oder auch eine *Ermessenskontrolle* besteht.

[95] PFISTERER, Stellung 262.

[96] Z.B. Genehmigung des Baureglementes und des Zonenplanes der Gemeinde durch den Kanton.

[97] Bspw. wenn ein Grundeigentümer gegen ein von der Gemeinde abgewiesenes Baugesuch ein Rechtsmittel ergreift.

[98] PFISTERER, Stellung 277.

[99] Im Sachregister der Amtlichen Sammlung der Entscheidungen des Schweizerischen Bundesgerichts werden die Urteile, die Autonomiebeschwerden gegen kantonale Rechtsanwendungsakte betreffen, in der Rubrik *Autonomieverletzung* unter "Verletzung durch kant. Behörde als Genehmigungsinstanz" einerseits und "Verletzung durch kant. Behörde mit richterlicher Funktion" anderseits aufgeführt.

[100] Dahinter steht die organisationsrechtliche Konzeption, vorne S. 25.

IV. Formelle Autonomieverletzung durch kantonale Rechtsanwendungsakte

1. Verneinung eines Autonomiebereichs

Verneint eine kantonale Behörde zu Unrecht das Bestehen von Autonomie im streitigen Sachbereich und setzt sie sich dementsprechend über den Standpunkt der Gemeinde hinweg, dann kann sich die Gemeinde dagegen zur Wehr setzen[101].

2. Ueberschreitung der Zuständigkeit

Wie bereits bei der Autonomieverletzung durch kantonale Rechtssetzungsakte gesehen[102], kann die Gemeinde verlangen, dass die kantonalen Behörden ihre Zuständigkeit nicht überschreiten. Auch bei kantonalen Rechtsanwendungsakten, die sie im Autonomiebereich treffen, kann sie sich gegen eine Kompetenzüberschreitung zur Wehr setzen.

Eine Autonomieverletzung liegt vor, wenn eine kantonale Behörde eine Anordnung trifft, die ihr nicht zusteht, zumal wenn die kommunalen Behörden zuständig sind[103]. Die Zuständigkeitsordnung wird auch verletzt, wenn kantonale Organe kommunales Recht nicht anwenden, weil sie zu Unrecht die betreffende Frage als durch kantonales oder eidgenössisches Recht entschieden betrachten[104]. Hierher gehört auch der Fall, bei dem eine gemäss kantonalem Recht unzuständige Behörde gehandelt hat; unter Umständen ist der Entscheid einer unzuständigen Behörde sogar nichtig[105]. Mit der Zuständigkeitsrüge ist die Gemeinde auch berechtigt zu verlangen, dass eine kantonale (Rechtsmittel-)Behörde auf eine form- und fristgerecht erhobene Eingabe eintritt[106].

Der Handlungsspielraum der Gemeinde kann auch durch eine konkrete Weisung einer kantonalen (Aufsichts-)Behörde beschränkt werden[107]. Soweit damit eine vom Gesetzgeber vorgenommene Kompetenzaufteilung zugunsten der Gemeinde faktisch wieder aufgehoben würde, kann darin eine Autonomieverletzung liegen[108].

Problematisch können Auflagen im Zusammenhang mit Subventionen sein. Wenn solche Auflagen den Zweck der Sicherstellung korrekter Mittelverwendung überschreiten und der Gemeinde eingeräumte Entscheidungsfreiheit beschränken, kann dies deren Autonomie verletzen.

---

[101] BGE 110 Ia 199 *(Burgergemeinde Zermatt)*.
[102] Vorne S. 92.
[103] Vgl. BGE 96 I 724ff *(Regensdorf)*.
[104] BGE 108 Ib 239 E.3c; JAGMETTI 334.
[105] Dazu IMBODEN/RHINOW/KRAEHENMANN, Nr. 40.
[106] ZBl 1994, 277 *(Mund)*.
[107] Zur Autonomieverletzung durch generelle Weisungen siehe vorne S. 90f.
[108] JAAG 535.

Bei Rückweisungsentscheiden schliesslich mag der Gemeinde unter Umständen bei der Korrektur ihres Standpunktes ein Entscheidungsspielraum verbleiben, welchen der Kanton nicht durch die Rückweisung an sich, aber durch zu weit gehende Auflagen verletzen kann[109].

3. Ueberschreitung der Prüfungsbefugnis

a) Allgemeines

Eine Autonomieverletzung liegt vor, wenn die kantonale Behörde ihre Prüfungsbefugnis überschreitet. Dies kann dadurch geschehen, dass sich die kantonale Behörde eine Prüfungsbefugnis anmasst, die ihr das kantonale Recht nicht gewährt, oder dadurch dass sie die dort umschriebenen Grenzen überschreitet[110]. Auseinanderzuhalten sind zwei Fragen: Welchen Umfang hat die Prüfungsbefugnis der kantonalen Behörde? Ist dieser Prüfungsumfang eingehalten worden?

In bezug auf den Prüfungsumfang, der sich in der Regel aus dem kantonalen Verfahrensrecht ergibt, folgt das Bundesgericht der Auslegung durch die kantonale Behörde, solange sie nicht willkürlich ist[111]. Von Bedeutung kann auch eine kantonale Praxis sein, bspw. eine Zurückhaltung in der Ueberprüfung kommunaler Entscheide, soweit es um die Auslegung unbestimmter Rechtsbegriffe oder um Fragen der Beweiswürdigung geht. Ob der so festgestellte Prüfungsumfang überschritten worden ist, wird - da es in der Regel um Gesetzesrecht geht - grundsätzlich ebenfalls nur auf Willkür hin überprüft[112]. Allerdings ist die bundesgerichtliche Praxis in diesem Punkt nicht einheitlich. In einzelnen Fällen, bspw. bei der Missachtung eines Beurteilungsspielraumes[113], wird faktisch eine freie Prüfung vorgenommen. Daraus als allgemeine Regel abzuleiten, das Bundesgericht prüfe frei, ob die kantonale Behörde ihre Prüfungsbefugnis überschritten habe[114], ist aber unzutreffend[115]. Dahinter verbirgt sich, einmal mehr, ein konzeptionelles Problem. Da das Prüfungsprogramm bei einer Autonomieverletzung das Ueberschreiten der Prüfungsbefugnis neben der Rüge der Verfas-

---

[109] KUTTLER 56 unter Verweis auf BGE 115 Ia 349 *(betr. Wädenswil)*.

[110] Dabei kommt es nicht auf den Wortlaut, sondern auf das tatsächliche Verhalten des Kantons an, BGE 93 I 160 *(Volketswil)*; PFISTERER, Stellung 330.

[111] BGE 101 Ia 261f *(Ritzingen)*; 97 I 139 *(Malans)*, 517 *(Romanel-sur-Lausanne)*; 93 I 161 *(Volketswil)*. In BGE 115 Ia 408f E.3a *(Flims)* wurde die Auffassung der kantonalen Behörde zum Prüfungsumfang als vertretbar erachtet. In der neueren Praxis stellt sich diese Kognitionsfrage jedoch selten, da der Umfang der Prüfungsbefugnis aus dem kantonalen Verfahrensrecht meist klar hervorgeht. In der Regel bedarf die Befugnis zur Zweckmässigkeitsprüfung einer ausdrücklichen gesetzlichen Grundlage, GVP SG 1986 Nr. 66.

[112] Vgl. GYGI, Prüfung 201.

[113] Siehe sogleich lit. c/bb.

[114] So DAHINDEN 187 unter Verweis auf MEYLAN 116, der allerdings nur Einzelfälle erwähnt.

[115] Vgl. z.B. BGE 111 Ia 138 E.6a *(betr. Davos)*, wo ausdrücklich von Willkür die Rede ist.

sungswidrigkeit bzw. der Rechtsanwendungswillkür als eigenen Beschwerdegrund aufführt, erscheint es folgerichtig, hier eine freie Prüfung zu fordern[116].

Wann eine Gemeinde durch den Entscheid einer kantonalen Aufsichts-, Genehmigungs- oder Rechtsschutzinstanz derart in ihrer Autonomie verletzt ist, hängt vom *Umfang* der Ueberprüfungsbefugnis der kantonalen Instanz ab[117]. Wo das kantonale Recht den Umfang der Ueberprüfungsbefugnis nicht ausdrücklich regelt, bestimmt das Bundesgericht denselben durch Auslegung[118]. Festzuhalten ist, dass auch eine umfassende Zweckmässigkeitskontrolle das Bestehen von Autonomie nicht zum vornherein ausschliesst[119].

b) Prüfungsbefugnis am Beispiel des öffentlichen Baurechts

Der Umfang der Prüfungsbefugnis soll am Beispiel des öffentlichen Baurechts verdeutlicht werden. Bei der Ueberprüfung[120] von kommunalen *Baureglementen und Zonenplänen* sieht das kantonale Recht in der Regel eine umfassende Rechts- und Ermessenskontrolle[121], inklusive Ueberprüfung der Angemessenheit vor[122,123]. Zum Teil besteht lediglich eine Rechtskontrolle, verbunden mit einer beschränkten Ermessenskontrolle, d.h. es darf nur geprüft werden, ob eine Ueberschreitung oder ein Missbrauch des Ermessens durch die Gemeinde vorliegt[124]. Bei zu gross bemessenen Bauzonen oder umgekehrt bei Kleinbauzonen bspw. darf die kantonale Behörde auch eingreifen,

---

[116] Nach grundrechtlicher Konzeption (vorne S. 16) geht es um einen Teilgehalt der Gemeindeautonomie; so im Ergebnis auch KAELIN, Verfahren 190. Nach dem organisationsrechtlichen Ansatz (vorne S. 25) liegt eine Kompetenz-, mithin eine Verfassungsverletzung vor. Nach verfahrensrechtlicher Konzeption (vorne S. 30) hingegen liefe diese Rüge auf eine Willkürrüge hinaus.

[117] BGE 116 Ia 227 (Kappel); 113 Ia 194 *(Uster)*; 112 Ia 284 *(Hombrechtikon)*; 104 Ia 138 *(Tägerig)*; 102 Ia 170 *(Wollerau)*; 101 Ia 261 *(Ritzingen)*; 93 I 160 *(Volketswil)* und 432 *(Zuchwil)*.

[118] So z.B. in BGE 101 Ia 261f *(Ritzingen)* für den Kanton Wallis.

[119] BGE 104 Ia 138 *(Tägerig)*; KUTTLER 54.

[120] Die kantonale Behörde, meist der Regierungsrat, kann entweder als Genehmigungsinstanz oder als Rechtsmittelinstanz auf Rekurs eines Privaten hin tätig sein. Dabei kann sich die Prüfungsbefugnis in beiden Fällen decken (was das Bundesgericht in BGE 110 Ia 52 und 112 Ia 284 für ZH annahm) oder nicht (so in BGE 110 Ia 209 und 111 Ia 138 für GR).

[121] Zu Begriff und Arten des Ermessens vgl. HAEFELIN/MUELLER 81ff.

[122] Z.B. <u>ZH</u> (BGE 110 Ia 52; 112 Ia 284; 113 Ia 194; 104 Ia 47); <u>BE</u> (BGE 106 Ia 71f); <u>AG</u> (BGE 104 Ia 131); <u>SO</u> (BGE 116 Ia 227; 111 Ia 70); <u>VS</u> (BGE 101 Ia 261); <u>SZ</u> (BGE 102 Ia 171). Die umfassende Prüfungsbefugnis schränkt zwar die Handlungsfreiheit und damit die Rügemöglichkeiten der Gemeinde ein, ist aber vor dem Hintergrund des den betroffenen Privaten gemäss Art. 33 Abs. 3 RPG zustehenden Rechtsschutzanspruchs zu sehen.

[123] Z.T. besteht bei der Zweckmässigkeitsprüfung ein Zurückhaltungsgebot, vgl. Art. 3 Abs. 2 BauG SG (sGS 731.1): "In allen Belangen der Raumplanung und des öffentlichen Baurechts stehen dem Staat die Rechts- und Ermessenskontrolle zu. Er wahrt den nötigen Ermessensspielraum der politischen Gemeinden bei der Orts- und Regionalplanung".

[124] Z.B. <u>BL</u> (BGE 114 Ia 373: *Aesch;* Ermessenskontrolle nur "aus Gründen der Regionalplanung"); <u>GR</u> (BGE 110 Ia 209: *Flims;* nur auf Ueberschreitung und Missbrauch beschränkte Ermessenskontrolle bei Rekurs; BGE 111 Ia 138: *Davos;* nur auf die von der Gemeinde zu wahrenden öffentlichen Interessen beschränkte Ermessenskontrolle bei der Genehmigung). In diesen Fällen darf der Kanton nicht die Angemessenheit des kommunalen Entscheides überprüfen; es ist Sache der Gemeinde, unter mehreren verfügbaren Lösungen zu wählen, BGE 110 Ia 52 *(Elsau)*.

wenn ihr lediglich eine Rechtskontrolle zusteht, da solche Zonen nach bundesgerichtlicher Praxis nicht nur unzweckmässig, sondern grundsätzlich gesetzwidrig sind[125].

c) Fälle

aa) Unrichtige Annahme einer Rechtsverletzung

Nach bundesgerichtlicher Diktion überschreitet die kantonale Behörde ihre Prüfungsbefugnis, "wenn sie zu Unrecht eine Rechtsverletzung annimmt"[126]. Der Begriff "Rechtsverletzung" ist zu präzisieren. Der Verfassungsrichter übt gegenüber dem kantonalen Entscheid nur eine Verfassungskontrolle aus. Damit lautet die Frage: Liegt seitens des Kantons ein Rechtsfehler vor, der die Intensität von Willkür erreicht[127]? Im Ergebnis geht es somit insbesondere um eine willkürliche Handhabung von Gemeinderecht.

bb) Missachtung des der Gemeinde zustehenden Beurteilungsspielraumes

Als Ueberschreitung der Prüfungsbefugnis behandelt das Bundesgericht den Fall, in welchem eine kantonale Rechtsmittelinstanz in einen geschützten Beurteilungsspielraum[128] der Gemeinde eingreift. Bei der Auslegung solcher, im autonomen *Gemeinderecht* enthaltener unbestimmter Rechtsbegriffe kann sich die Gemeinde dagegen wehren, dass die kantonale Rechtsmittelinstanz einen vertretbaren, das heisst innerhalb ihres Beurteilungsspielraumes liegenden Entscheid aufhebt, und zwar auch dann, wenn die abweichende Auslegung des betreffenden Rechtsbegriffs durch die Rechtsmittelinstanz an sich ebenfalls vertretbar wäre[129]. Einen solchen Schutz gegen Missachtung ihres Beurteilungsspielraums - was vom Bundesgericht frei überprüft wird[130] - geniesst die Gemeinde jedoch nur, wenn sie einer blossen Rechtskontrolle untersteht[131]. Kommt der kantonalen Beschwerdeinstanz umfassende Kognition zu, besteht der Autonomieschutz einzig darin, dass der kantonale Entscheid seinerseits nicht auf einer willkürlichen Anwendung des autonomen Gemeinderechts beruhen darf[132].

---

[125] BGE 116 Ia 231 (Bauzone); 119 Ia 303 (Kleinbauzone); vgl. auch BGE 102 Ia 430.

[126] BGE 93 I 160 *(Volketswil)*; 92 I 376 *(Celerina)*. In BGE 108 Ia 82 *(Kirchgemeinde Straubenzell)* nahm das Bundesgericht eine Ueberschreitung der Prüfungsbefugnis an, dadurch dass der St. Galler Regierungsrat im Rechtsmittelverfahren zu Unrecht einen Missbrauch der Amtsgewalt durch den Kirchenrat der evangelisch-reformierten Kirche des Kantons St. Gallen angenommen hatte.

[127] GYGI, Prüfung 201; KAELIN, Verfahren 190.

[128] Zu den Voraussetzungen eines Beurteilungsspielraumes siehe vorne S. 77.

[129] BGE 96 I 374 *(Flims)*; 97 I 139 *(Malans)*; n.p. BGE vom 13. Juli 1989 i.S. *St. Gallen*, E.3a.

[130] So ausdrücklich BGE 96 I 374 *(Flims)*. Gutheissend MEYLAN 116; DAHINDEN 187. Dogmatisch bedeutet dies die Anerkennung eines speziellen Teilgehalts der Gemeindeautonomie.

[131] Eine Aufhebung des kommunalen Verwaltungsaktes durch die übergeordnete kantonale Behörde kommt nur in Betracht, wenn sich die Gemeinde im Zusammenhang mit der Anwendung des fraglichen unbestimmten Rechtsbegriffs auf den Einzelfall eines Missbrauchs oder einer Ueberschreitung ihrer Beurteilungsermächtigung schuldig gemacht oder wenn sie verfassungsmässige Rechte des Bürgers verletzt hat, BGE 96 I 374 *(Flims)*.

[132] BGE 99 Ia 254 *(Kaiseraugst)*; n.p. BGE vom 13. Juli 1989 i.S. *St. Gallen*.

Soweit die Anwendung unbestimmter Rechtsbegriffe des *kantonalen* Rechts in Frage steht, kann die Gemeinde - Autonomie vorausgesetzt - nur geltend machen, der Entscheid der kantonalen Behörde sei willkürlich[133].

Die Rechtsprechung zum Autonomieschutz bei der Anwendung unbestimmter Rechtsbegriffe steht in einem Spannungsfeld zwischen Gemeindeautonomie und Individualrechtsschutz. Die Zuerkennung von Verwaltungsautonomie schränkt tendenziell die Ueberprüfungsmöglichkeiten eines kommunalen Entscheides ein, und damit auch den Umfang des Rechtschutzes von Privaten. Soweit allerdings eine willkürliche Rechtsanwendung durch den Kanton gerügt wird, ist der Individualrechtsschutz nicht beeinträchtigt, da eine sachlich nicht vertretbare Rechtsanwendung auch nicht im Interesse eines Privaten aufrechtzuerhalten ist.

cc) Ermessenskontrolle, wo nur Rechtskontrolle

Verletzt wird die Autonomie dadurch, dass sich die kantonale Behörde eine Prüfungsbefugnis anmasst, die ihr nicht zusteht[134]. Insbesondere wenn in Fällen, in denen lediglich die Rechtmässigkeit einer kommunalen Anordnung überprüft werden darf, faktisch auch die Zweckmässigkeit geprüft wird[135]. Da es in der Regel um die Anwendung kantonaler Verfahrensgesetze geht, ist die Kognition des Bundesgerichts auf Willkür beschränkt. Aus der unklaren Praxis wird vereinzelt eine freie Prüfung abgeleitet[136]. Immerhin liesse sich die (gesetzwidrige) Ausdehnung der Prüfungsbefugnis auf Ermessenskontrolle durch die kantonale Behörde auch zwanglos als "schlechthin unhaltbar" bezeichnen.

dd) Zu weit gehende Ermessenskontrolle

Es kommt vor, dass der Kanton zwar eine Kontrolle der Ermessensausübung vornehmen darf, nicht aber der Angemessenheit. Beispiel eines Ermessensspielraums ist die Erteilung einer Ausnahmebewilligung[137]. Hebt die kantonale Behörde in einem solchen Fall einen Ermessensentscheid der Gemeinde auf, ohne darzutun, dass eine Ueberschreitung oder ein Missbrauch des Ermessens durch die Gemeinde vorliegt, verletzt sie die Gemeindeautonomie. Sie setzt diesfalls *ihr eigenes Ermessen anstelle desjenigen der Gemeinde* und überschreitet dadurch die Prüfungsbefugnis[138]; sie hat es

---

[133] BGE 96 I 725f *(Regensdorf)*; n.p. BGE vom 17. Februar 1971 i.S. *Morschach*.

[134] BGE 104 Ia 45 *(Egg)*; 94 I 64 *(Chur)*.

[135] BGE 114 Ia 373 *(Aesch)*; 100 Ia 290 *(Küsnacht)*; 97 I 509 *(Romanel-sur-Lausanne)*; 93 I 160 *(Volketswil)*. In BGE 113 Ib 389f wurde die Ausdehnung der Prüfungsbefugnis auf Ermessensüberprüfung durch das Tessiner Verwaltungsgericht sogar als "praticamente arbitraria" bezeichnet.

[136] MEYLAN 116; DAHINDEN 187.

[137] BGE 97 I 140f *(Malans)*.

[138] ZBl 1987, 131, 133 *(Langnau a.A.)*; BGE 110 Ia 209f *(Flims)*; 99 Ia 254 *(Kaiseraugst)*. In BGE 115 Ia 406ff *(Flims)* wurde eine Ueberschreitung der Prüfungsbefugnis durch das Bündner Verwaltungsgericht verneint, welches eine durch die Gemeinde gefällte Baubusse herabgesetzt hatte; sowohl das kantonale Verfahrensrecht als auch Art. 6 Ziff. 1 EMRK verlangten eine freie, umfassende gerichtliche Ueberprüfung des kommunalen Strafentscheides auch im Bereich der Strafzumessung.

der Gemeinde zu überlassen, unter mehreren verfügbaren und zweckmässigen Lösungen zu wählen[139]. Diese Formulierungen des Bundesgerichts erwecken den Eindruck, dass der Verfassungsrichter eine eigentliche Ermessenkontrolle vornimmt[140]. Eine solche steht ihm jedoch nicht zu. Das Bundesgericht kann die Ermessenskontrolle des Kantons nur auf Verfassungsmässigkeit überprüfen. Die Gemeinde muss somit vorbringen, in der Ueberschreitung der Kontrollbefugnisse durch die kantonale Behörde liege eine Verfassungsverletzung[141].

Von Bedeutung können kantonale Besonderheiten sein. Nach der Praxis des Zürcher Verwaltungsgerichts beispielsweise ist die Beantwortung von Auslegungsfragen durch die zuständige Gemeindebehörde bei der Anwendung von kommunalem Recht dann zu schützen, wenn sie "als vertretbar und nicht als rechtsverletzend" erscheint. Zwar stehe es kantonalen Behörden grundsätzlich zu, auch die kommunale Ermessensausübung und allgemein die Auslegung des Gemeinderechts durch die Gemeindebehörden zu überprüfen; doch hätten sie insoweit Zurückhaltung zu üben und dürften sie nicht ihr Ermessen bzw. ihre eigene Sinngebung an die Stelle der kommunalen Auffassung setzen, als sich diese auf rechtlich vertretbare Gründe stützen könne[142].

ee) Willkür bei umfassender Prüfungsbefugnis

Gegenüber einer mit umfassender Prüfungsbefugnis ausgestatteten kantonalen Behörde besteht der Schutz der Gemeindeautonomie einzig darin, dass der von jener vertretene Standpunkt nicht willkürlich sein darf. Nur wenn der Eingriff in die kommunale Gestaltungsfreiheit jeder vernünftigen, sachlichen Begründung entbehrt, kann sich die Gemeinde mit Erfolg auf eine Verletzung ihrer Autonomie berufen[143]. Auch bei umfassender Prüfungsbefugnis möglich ist die Rüge, die kantonale Behörde habe ihr Ermessen anstelle desjenigen der Gemeinde gesetzt[144]. Für den Bereich der Raumplanung hat das Bundesgericht präzisiert: Grundsätzlich hat die kantonale Behörde es der Gemeinde zu überlassen, unter mehreren verfügbaren und zweckmässigen Lösungen zu wählen. Sie darf jedoch bei ihrer Zweckmässigkeitskontrolle nicht erst einschreiten, wenn die Lösung der Gemeinde ohne sachliche Gründe getroffen wurde und schlechthin unhaltbar ist. Die kantonale Behörde darf sie vielmehr korrigieren, wenn sie sich aufgrund überkommunaler öffentlicher Interessen als unzweckmässig erweist oder wenn sie den wegleitenden Grundsätzen und Zielen der Raumplanung[145] nicht

---

[139] BGE 110 Ia 52 (Elsau); 106 Ia 72 (Worb).

[140] MEYLAN 116 und DAHINDEN 187 entnehmen der Praxis denn auch eine freie Prüfung.

[141] Nach dem verfahrensrechtlichen Ansatz (vorne S. 30) geht es allein um Rechtsanwendungswillkür. Nach dem grundrechtlichen (vorne S. 16) und dem organisationsrechtlichen (vorne S. 25) Ansatz wäre eine freie Prüfung vertretbar. Siehe vorne S. 101f.

[142] ZBl 1993, 565 (Opfikon). Vgl. auch ZBl 1993, 418 (Gemeinde X.), Kanton ZG.

[143] BGE 116 Ia 227 (Kappel); 113 Ia 194 (Uster); 112 Ia 271 (Zürich), 284 (Hombrechtikon); 110 Ia 52 (Elsau); 104 Ia 47f (Egg); 102 Ia 171f (Wollerau); ZBl 1993, 561 (Opfikon); 1989, 121 (Niederhasli).

[144] BGE 116 Ia 227 (Kappel); 113 Ia 194f (Uster); 112 Ia 284 (Hombrechtikon); 110 Ia 52 (Elsau); ZBl 1987, 131 (Langnau a.A.). Vgl. für den Bereich der Raumplanung Art. 2 Abs. 3 RPV.

[145] Bspw. das grundsätzliche Verbot von Kleinbauzonen, BGE 119 Ia 303 E.b (Zauggenried); 116 Ia 343

entspricht oder unzureichend Rechnung trägt. Verlangt die kantonale Behörde von der Gemeinde mit vernünftiger, sachlicher Begründung eine Aenderung des Zonenplans, um ihn mit den gesetzlichen Anforderungen in Uebereinstimmung zu bringen, so kann sich diese nicht mit Erfolg über eine Verletzung ihrer Autonomie beklagen[146].

4. Weitere formelle Mängel

Eine Autonomieverletzung liegt vor, wenn ein kantonaler Entscheid auf einer offensichtlich unvollständigen Ermittlung des rechtserheblichen Sachverhalts beruht[147] oder wenn in willkürlicher Weise Verfahrensvorschriften verletzt worden sind[148].

In einem Walliser Entscheid kam das Bundesgericht zum Schluss, es bestehe aufgrund von Art. 4 BV kein Anlass, den Kanton anzuhalten, eine Beschwerde der Gemeinde an die öffentlichrechtliche Abteilung des Kantonsgerichts gegen Nichtgenehmigungsentscheide des Staatsrates zuzulassen[149].

V. Materielle Autonomieverletzung durch kantonale Rechtsanwendungsakte

Eine materielle Autonomieverletzung liegt vor, wenn eine kantonale Behörde sich zwar im Rahmen ihrer Zuständigkeit bewegt, ihr Entscheid jedoch inhaltlich oder in bezug auf den Verfahrensablauf gegen die in der Verfassung explizit enthaltenen oder daraus abgeleiteten Vorgaben verstösst. In Frage käme primär eine Verletzung der Gemeindeautonomie im eigentlichen Sinn. Ein solcher Beschwerdegrund würde aber voraussetzen, dass die Kantonsverfassung konkrete Garantien zugunsten der Gemeinde enthält, was selten der Fall ist. Wichtiger in der Praxis ist die Verletzung von Art. 4 BV und anderen Verfassungsgrundsätzen des Bundesverfassungsrechts. In der Folge sind die verschiedenen Tatbestände der - hier als materiell bezeichneten - Autonomieverletzung durch kantonale Rechtsanwendungsakte darzustellen.

(Tersnaus).

[146] BGE 116 Ia 227 *(Kappel)*; 113 Ia 194 *(Uster)*; 112 Ia 271 *(Zürich)*; 110 Ia 52f *(Elsau)*; ZBl 1983, 317f *(Wetzikon)*; 1982, 352ff *(Mühledorf)*.

[147] BGE 112 Ia 279 *(Sent)*, wo nicht einmal - mindestens nicht ausdrücklich - Rechtsanwendungswillkür verlangt wurde. KUTTLER 55.

[148] Vgl. PFISTERER, Stellung 330. Eine solche Rechtsverletzung kann u.U. auch eine formelle Rechtsverweigerung darstellen, was eine freie Ueberprüfung ermöglichen würde.

[149] ZBl 1994, 279 E.c *(Mund)*. Das Kantonsgericht war auf eine (kantonale) Verwaltungsgerichtsbeschwerde der Gemeinde, die diese gemäss der Rechtsmittelbelehrung des Staatsrates ergriffen hatte, nicht eingetreten.

1. Verletzung spezieller Verfassungsgarantien zugunsten der Gemeinde

Wird die Gemeindeautonomie[150] als verfassungsmässiges Recht bezeichnet[151], muss die Gemeinde folgerichtig eine Verletzung der Kantonsverfassung, die dieses Recht garantiert, geltend machen können. Damit eine solche Rüge überhaupt Sinn macht, muss es sich dabei um einen justiziablen, normativ hinreichend bestimmten Anspruch handeln, den die beschwerdeführende Gemeinde aus der entsprechenden Kantonsverfassung ableitet. Da sich der Autonomiebereich - der nach grundrechtlicher Konzeption eine gewisse Beziehungsnähe zum Schutzbereich eines Grundrechts[152] aufweist - in der Regel erst aus der kantonalen Gesetzgebung ergibt, erstaunt es nicht, dass dieser eigentlich typische Tatbestand der Autonomieverletzung in der Praxis kaum von Bedeutung ist[153].

Hinzuweisen ist auf die Autonomierechtsprechung im Bereich von Gemeindeverbänden. In einem Entscheid aus dem Jahre 1987 *i.S. Rümlang, Oberglatt und Niederglatt*[154] fochten mehrere Verbandsgemeinden eines "Kreisspital-Verbandes" einen Beschluss des Regierungsrates an, welcher eine Statutenrevision, die nach Ansicht der Beschwerdeführerinnen ihr Austrittsrecht beschränkte, genehmigt hatte. Das Bundesgericht kam zum Ergebnis, dass der Genehmigungsbeschluss gegen das den Verbandsgemeinden *unmittelbar* aufgrund der *Kantonsverfassung* gewährleistete freie Austrittsrecht verstosse und damit - da für eine Beschränkung dieses Austrittsrechts die Zustimmung der beschwerdeführenden Gemeinden fehlte - auch die Gemeindeautonomie verletze[155].

2. Willkürverbot

a) Die "Unselbständigkeit" der Willkürrüge im Rahmen einer Autonomiebeschwerde

Die Gemeinde kann geltend machen, die kantonale Instanz habe qualifiziert fehlerhaft gehandelt, es liege mithin Rechtsanwendungswillkür vor[156]. Ein allgemeines verfassungsmässiges Recht auf willkürfreie Rechtsanwendung steht der Gemeinde nicht zu[157]. Die Bedenken, die das Bundesgericht in bezug auf die Zulassung der Gemeinde

---

[150] Zur Abgrenzung der Gemeindeautonomie von Stimmrecht und Gewaltentrennung vgl. BGE 111 Ia 137.

[151] Dazu vorne S. 21.

[152] Zur grundrechtlichen Konzeption der Gemeindeautonomie siehe vorne S.16ff und hinten S. 173ff.

[153] Trotzdem muss in der Beschwerde ausdrücklich die Autonomierüge erhoben werden; BGE 112 Ia 367.

[154] BGE 113 Ia 341.

[155] Zur Revision der Statuten eines Zweckverbandes vgl. auch BGE 113 Ia 200 *(Egerkingen)*.

[156] Vgl. GYGI, Prüfung 198, 201; ders., Kognition 97ff.

[157] Das Willkürverbot ist an sich ein selbständiges verfassungsmässiges Recht, wird aber vom Bundesgericht im Zusammenhang mit der Rechtsanwendung nicht als solches eingestuft. Die Geltendmachung des Willkürverbots setzt (auch für private Beschwerdeführer) eine Berechtigung in der Sache voraus.

zur Willkürrüge hat, liegen darin begründet, dass die Gemeinde als Trägerin öffentlicher Gewalt nach bundesgerichtlicher Konzeption zur Verfassungsbeschwerde im Grunde nicht legitimiert ist[158]. Auf der anderen Seite steht das Bestreben, einen wirksamen Schutz der Gemeindeautonomie zu realisieren[159]. Diesem Dilemma versucht das Bundesgericht dadurch zu entgehen, dass es der Gemeinde als Trägerin öffentlicher Gewalt keine "selbständige" Willkürrüge zugesteht. Die Gemeinde kann lediglich im Rahmen der Rüge der Verletzung der Gemeindeautonomie vorbringen, der angefochtene kantonale Entscheid sei willkürlich[160].

Die Frage, wie sich die Willkürrüge zur Rüge der Verletzung der Gemeindeautonomie verhält, soll im letzten Teil dieser Arbeit eingehender behandelt werden[161]. An dieser Stelle reicht die Feststellung, dass die Gemeinde - im Rahmen einer Autonomiebeschwerde - geltend machen kann, der angefochtene kantonale Entscheid verletze das Willkürverbot (Art. 4 BV)[162]. Voraussetzung zur Erhebung der Willkürrüge ist, dass die Gemeinde im fraglichen Sachbereich Autonomie geniesst. Im folgenden soll der Inhalt der Willkürrüge anhand der bundesgerichtlichen Praxis dargestellt werden.

b) Der Tatbestand der Autonomieverletzung durch willkürliche Rechtsanwendung

aa) Allgemeines

Allgemein verletzt ein Entscheid das aus Art. 4 BV abgeleitete Willkürverbot, wenn er offensichtlich unhaltbar ist, mit der tatsächlichen Situation in klarem Widerspruch steht, eine Norm oder einen allgemeinen Rechtsgrundsatz krass verletzt oder in stossender Weise dem Gerechtigkeitsgedanken zuwiderläuft[163]. Ein Entscheid wird vom Bundesgericht jedoch nur aufgehoben, wenn er *im Ergebnis verfassungswidrig* ist, nicht schon wenn die Begründung unhaltbar ist[164].

Willkür in der *Rechtsanwendung* liegt vor, wenn die Auslegung:
- nicht nur unrichtig, sondern *schlechthin unhaltbar ist* [165],
- wenn sie jeder vernünftigen Begründung entbehrt[166],

Vgl. KAELIN, Verfahren 68, Fn 165, und 238f.

[158] Vgl. BGE 93 I 65 *(Mendrisio)* und vorne S. 11.

[159] Vgl. BGE 93 I 433 *(Zuchwil)*.

[160] BGE 120 Ib 210 *(Wangen)*; 116 Ia 224 *(Kappel)*, 255 *(Cadro)*; 115 Ia 46 *(Bulle u. Freiburg)*; 113 Ia 333 *(Sonogno)*; 111 Ia 251 *(Barbengo)*; ZBl 1994, 301 E.1b *(Gemeinde E.)*.

[161] Siehe hinten S. 176f und 180.

[162] Um sicher zu gehen, dass die Autonomiebeschwerde nicht mit dem Argument abgewiesen wird, die Gemeinde könne keine selbständige Willkürrüge erheben, empfiehlt es sich, in der Beschwerde geltend zu machen, die Gemeindeautonomie und Art. 4 BV (Willkürverbot) seien verletzt.

[163] BGE 119 Ia 32f; 118 Ia 130; 117 Ia 294; 116 Ia 83; 115 Ia 332 je m.w.V. Massgeblich ist der objektive Tatbestand der Gesetzesverletzung und nicht das subjektive Motiv der rechtsanwendenden Behörde, HAEFELIN/MUELLER 99. Zum Willkürverbot vgl. J.P. MUELLER, Grundrechte 239ff; HAEFELIN/MUELLER 99f; HAEFELIN/HALLER 502f; IMBODEN/RHINOW/KRAEHENMANN NR. 73; SPUEHLER, Praxis 149ff.

[164] BGE 118 Ia 26; 117 Ia 139; 116 Ia 327 je m.w.V.

[165] BGE 116 Ia 104; 107 Ia 114; 105 Ia 194f.

- wenn sie sachlich nicht vertretbar bzw. unter Berücksichtigung der Funktion der Norm nicht haltbar ist[167] oder
- wenn sie zu einem fragwürdigen Ergebnis führen würde[168].

Dabei kann es um die Anwendung kommunalen, kantonalen oder eidgenössischen Rechts gehen[169]. Entscheidendes Gewicht kommt der Begründung des Standpunktes der kantonalen Behörde zu. Die Gemeinde muss sich in ihrer Beschwerdeschrift detailliert mit der Begründung im angefochtenen Entscheid auseinandersetzen[170]. Es reicht nicht, wenn die Gemeinde bloss Willkür rügt, ohne konkret darzulegen, inwiefern die Rechtsanwendung der kantonalen Behörde sachlich nicht vertretbar ist[171]. Festzuhalten ist, dass das Bundesgericht nicht die einzig richtige Auslegung der Norm sucht; es prüft nur, ob die von der kantonalen Behörde vorgenommene Auslegung im Ergebnis sachlich vertretbar erscheint[172]. Im Rahmen der Willkürrüge kann die Gemeinde auch vorbringen, es seien in unhaltbarer Weise massgebende kommunale Vorschriften überhaupt nicht berücksichtigt worden[173].

bb) Fälle

Willkür wurde bejaht:

- in einem Fall, in dem die kantonale Behörde das Interesse der Gemeinde an der Erhaltung des Ortsbildes weniger hoch bewertete als das Interesse eines Privaten an der Errichtung einer Sonnenkollektorenanlage[174];
- bei einem Entscheid einer kantonalen Rechtsmittelinstanz, die eine Norm des kommunalen Baureglementes - ohne der konstanten Praxis der Gemeindebehörden Rechnung zu tragen - einschränkend ausgelegt und ihr dadurch einen anderen Sinn und eine Bedeutung gegeben hat, die der (kommunale) Gesetzgeber nicht gewollt hat[175];
- beim Vorgehen des Zürcher Regierungsrates, der zwar zu Recht von der Gemeinde eine sachgerechte Abgrenzung der kommunalen Zonen von der vom Kanton festzusetzenden Landwirtschaftszone verlangte, diese Anpassung aber in sachlich unhaltbarer Weise von

---

[166] BGE 104 Ia 43 *(Egg)*.

[167] BGE 102 Ia 177, 179 *(Zermatt)*. Willkür liegt nicht schon dann vor, wenn die kommunale Lösung ebenfalls vertretbar erscheint oder gar vorzuziehen wäre (vgl. BGE 119 Ia 117 E.a *[Baden]*).

[168] BGE 109 Ia 33 *(Birsfelden)*; BGE 108 Ia 196 *(Genf)*.

[169] BGE 103 Ia 479 *(Bassersdorf)*. Zur willkürlichen Anwendung kommunalen Rechts vgl. BGE 97 I 519 *(Lostorf)*; 95 I 33 *(St. Moritz)*.

[170] BGE 112 Ia 268 *(Zürich)*.

[171] Zur Beschwerdebegründung siehe hinten S. 139.

[172] Vgl. BGE 108 Ia 195f *(Genf)* m.w.V.

[173] BGE 108 Ib 239 *(Flims)*; im konkreten Fall hatte der Kanton allerdings zu Recht die Frage der Zulässigkeit eines Bauvorhabens ausserhalb der Bauzone nach kantonalem Recht beurteilt; eine willkürliche Anwendung des kantonalen Rechts wurde von der Gemeinde nicht geltend gemacht.

[174] BGE 118 Ia 456 *(Alvaneu)*; als sachlich unhaltbar erachtete das Bundesgericht zudem die Bejahung der Zonenkonformität der geplanten Sonnenkollektorenanlage in einer sog. Erhaltungszone.

[175] BGE 108 Ia 74 *(Lausanne)*.

einer Erklärung der Grundeigentümer über den Verzicht auf Entschädigungsforderungen gegenüber dem Staat abhängig machen wollte[176];

- bei der Nichtgenehmigung einer Umzonung, ohne eine umfassende Interessenabwägung durchzuführen[177];

- bei einem Entscheid des Freiburger Staatsrates, der das Vorliegen eines Einkaufszentrums, was nach Ansicht der Gemeinde eine Spezialplanung erfordert hätte, verneinte[178];

- bei der Auslegung einer Vorschrift des kommunalen Baureglementes über die Berechnung der für den Grenzabstand massgebenden Fassadenhöhe. Entgegen dem Wortlaut hielt der Staatsrat des Kantons Wallis dafür, die fragliche Fassadenhöhe nicht vom "fertigen Terrain", sondern von einer höherliegenden Abdeckung aus zu messen[179];

- beim Entscheid des Verwaltungsgerichts des Kantons Basel-Land, der für die Berechnung der Ausnützungsziffer auch jenen Teil eines Grundstückes berücksichtigen wollte, der nicht in der Bauzone, sondern in der Zone für Grünflächen und öffentliche Anlagen lag[180];

- bei einem Entscheid des Bündner Verwaltungsgerichts - betreffend die Erhebung von Erschliessungsabgaben für den Bau einer Strasse -, der den Kostenverteilungsschlüssel der Gemeinde änderte. Das Bundesgericht erachtete die vom Verwaltungsgericht vorgenommene Auslegung des kantonalen Baugesetzes als sachlich nicht haltbar[181];

- bei einem Entscheid des Bündner Verwaltungsgerichts, das eine kommunale Baupolizeibusse reduzierte, und zwar aufgrund der sachlich nicht haltbaren Annahme, es liege lediglich fahrlässige Begehungsweise vor[182];

- in bezug auf die Auffassung des Verwaltungsgerichts, eine kommunale Gebührenordnung bilde keine ausreichende gesetzliche Grundlage für die Gebührenerhebung, bloss weil sie den (unrichtigen) Titel "Weisung" trägt[183];

- bei einer unhaltbaren Auslegung der Gebührenregelung in einem kommunalen Kanalisationsreglement durch das Luzerner Verwaltungsgericht[184];

- bei der Nichtgenehmigung eines Baureglements, welches Beherbergungsbetriebe von der Anrechnung auf einen nach kantonalem Recht festgelegten Mindestwohnanteil ausnahm[185];

---

[176] BGE 113 Ia 196 (Uster).

[177] BGE 114 Ia 371 (Aesch); eine unzureichend Interessenabwägung und damit einen Verstoss gegen Art. 4 BV sah das Bundesgericht v.a. darin, dass sich der Regierungsrat zum Problem der Fruchtfolgeflächen überhaupt nicht geäussert hatte.

[178] BGE 116 Ia 426 (Düdingen).

[179] BGE 102 Ia 175 (Zermatt).

[180] BGE 109 Ia 30 (Birsfelden); das fragliche Grundstück liegt am Ufer der Birs. Der Vorinstanz warf das Bundesgericht willkürliche Auslegung von kommunalem (Zonenreglement der Gemeinde) und kantonalem (Gesetz über den Wasserbau und die Nutzung der Gewässer) Recht vor.

[181] BGE 110 Ia 210 (Flims).

[182] BGE 115 Ia 412 (Flims); die Gemeinde rügte auch eine Ueberschreitung der Prüfungsbefugnis, was das Bundesgericht allerdings verneinte. Vgl. auch ZBl 1982, 92 (Surcuolm).

[183] ZBl 1984, 538 (Kloten).

[184] BGE 102 Ia 564 (Meggen).

- bei der Annahme des Bündner Verwaltungsgerichts, Aesthetikvorschriften der Gemeinden Tamins und Trin deckten sich mit der entsprechenden Regelung im kantonalen Recht[186];
- bei einer sachlich nicht vertretbaren Herabsetzung einer vom Gemeindevorstand ausgesprochenen Baubusse durch das Verwaltungsgericht[187];
- bei der Annahme des Regierungsrates, eine von ihm nicht genehmigte Bestimmung der Gemeindeordnung (betr. Finanzkompetenzen) widerspreche dem Gemeindegesetz[188].

Willkür wurde verneint:
- bei der Festlegung des Standortes für eine Sonderverbrennungsanlage im Versorgungsplan (kantonaler Richtplan) des Kantons Zürich[189];
- bei der Verneinung des Siedlungszusammenhangs bei der Festsetzung von Weiler- oder Erhaltungszonen[190];
- in einem Fall, in dem die nachträgliche Unterschutzstellung einer Häusergruppe unter Denkmalschutz aufgrund eines vormals ausgesprochenen Verzichts der Gemeinde, Denkmalschutzmassnahmen anzuordnen, als unzulässiger Widerruf betrachtet wurde[191];
- bei der Nichtzulassung ungleicher Grenzabstände, wo sie zu Lasten einer Zone für öffentliche Bauten ohne im voraus bestimmte Grenz- und Gebäudeabstände vereinbart wurde[192];
- beim Standpunkt des Zürcher Verwaltungsgerichts, erst während eines Rechtsmittelverfahrens bekannt werdenden künftigen planerischen Festsetzungen eine Vorwirkung nur zuzuerkennen, wenn gewichtige öffentliche Interessen - welche im konkreten Fall verneint wurden - dies verlangten[193];
- in einem Fall, in dem eine kantonale Aufsichtsbehörde der Gemeinde untersagte, ursprünglich budgetierte zusätzliche Abschreibungen nachträglich durch eine Ergänzung des Voranschlages zu verkleinern[194];
- bei der Annahme des Walliser Staatsrates, die von der Beschwerdeführerin ausgeschiedenen Maiensässzonen und deren Reglementierung sowie eine Zone für "vorgesehene Skipisten" genügten den Vorschriften des kantonalen Raumplanungsgesetzes nicht[195];

---

[185] ZBl 1993, 560 *(Opfikon)*.

[186] ZBl 1983, 466 *(betr. Tamins u. Trin)*.

[187] ZBl 1982, 92 *(Surcuolm)*. Der Entscheid enthält Ausführungen über die Zulässigkeit der Uebertragung von kommunalen Verfügungsbefugnissen an eine private Organisation (Ingenieurbüro).

[188] ZBl 1982, 420 *(Schinznach-Bad)* mit Kritik der Redaktion.

[189] BGE 119 Ia 297 E.b *(Winterthur)*.

[190] BGE 119 Ia 301 *(Zauggenried)*. Zu diesem Entscheid, der die Nutzung leerstehender Gebäudevolumen ausserhalb des eigentlichen Siedlungsgebietes betrifft vgl. KARLEN 117ff.

[191] BGE 119 Ia 310ff E.5 *(Zürich)*.

[192] BGE 119 Ia 116 E.3-5 *(Baden)*.

[193] BGE 118 Ia 510 *(Zürich)*.

[194] ZBl 1995, 130 *(Nürensdorf)*.

[195] ZBl 1994, 280 *(Mund)*.

- bei einem Entscheid des Zürcher Regierungsrates, wonach die Gemeinden verpflichtet seien, den unentgeltlichen Transport der Kindergartenschüler zu gewährleisten[196];

- bei einem Entscheid des Zürcher Verwaltungsgerichts, wonach gewisse revidierte Gesetzesbestimmungen des kantonalen Planungs- und Baugesetzes sofort anwendbar seien[197];

- bei einem Entscheid des Zürcher Verwaltungsgerichts, der die Erwägung des Regierungsrates stützte, wonach im Zusammenhang mit der Bewilligung einer Zweckänderung von Familienwohnungen auch wirtschaftliche Aspekte in die Güterabwägung einbezogen werden dürften[198];

- bei der Zuordnung einer kommunalen Schutzverordnung (zum Schutz der Altstadt) zu den gesetzesähnlichen und damit von der kommunalen Legislative zu erlassenden Planungsmassnahmen[199];

- in bezug auf den Standpunkt des Verwaltungsgerichts, an der Erhaltung luxuriöser Grosswohnungen bestehe kein öffentliches Interesse, das ein Verbot der Zweckänderung rechtfertigen würde[200];

- bei der Nichtgenehmigung eines Uferschutzplanes mit der Begründung, die Gemeinde habe eine ufernahe Wegführung vorzusehen[201];

- in bezug auf den Standpunkt des Verwaltungsgerichts, dass für eine vorzeitige (administrative) Entlassung eines Primarlehrers keine "triftigen Gründe" im Sinne des Gesetzes vorlägen[202];

- beim Vorgehen des Zürcher Regierungsrates, der einer Aenderung einer Vorschrift der kommunalen Bauordnung die Genehmigung versagte, im wesentlichen mit der Begründung, dass die neue kommunale Norm (betreffend Abfalldeponien) in eine im Gang befindliche kantonale Richtplanung eingreife und daher nicht zweckmässig sei. Das Bundesgericht hielt es für sachlich vertretbar, wenn der Regierungsrat davon ausging, die neue kommunale Vorschrift könne zu der in absehbarer Zeit in Kraft tretenden kantonalen Planung in Widerspruch stehen[203];

- bei der Verweigerung der Genehmigung eines Zonenplanes durch den Walliser Staatsrat, soweit es um die Aufnahme eines bestimmten Gebietes in die Bauzone ging. Die Nichteinzonung wurde als durch den Kanton durchaus sachlich begründet erachtet[204];

- bei der Verweigerung der Genehmigung einer rund 30 Meter von der Bauzone entfernten isolierten, kleinräumigen Punktzone für ein einzelnes Einfamilienhaus[205];

---

[196] ZBl 1994, 300 *(Gemeinde E.)*.

[197] ZBl 1993, 556 *(Zürich)*.

[198] ZBl 1993, 180 *(Zürich)*.

[199] ZBl 1993, 566 *(Zürich)*.

[200] ZBl 1992, 326 *(Zürich)*.

[201] ZBl 1991, 278 *(Thun)*.

[202] ZBl 1984, 409 *(Gemeinde S.)*.

[203] BGE 104 Ia 43 *(Egg)*.

[204] BGE 101 Ia 263 *(Ritzingen)*.

[205] BGE 116 Ia 339 *(Tersnaus)*. Sog. Kleinstbauzonen sind i.a. nicht nur unzweckmässig, sondern sogar gesetzwidrig; dazu BGE 109 Ia 188; BVR 1984, 296; EJPD/BRP, Erläuterungen zum RPG, N 7 zu Art. 15; vgl. auch Art. 23 RPV.

- bei der Verweigerung der Genehmigung einer Norm des kommunalen Baugesetzes betreffend Nutzungsmass. Ein von der Gemeinde vorgesehener Bonus der Ausnützungsziffer von 40% für Hotels und deren Personalbauten wurde von der Bündner Regierung in sachlich begründeter Weise abgelehnt[206];
- bei der Verpflichtung einer Bündner Gemeinde, für den Erwerb eines in einem generellen Erschliessungsplan eingezeichneten Fusswegrechts über eine Privatstrasse eine formelle Enteignung einzuleiten[207];
- bei einem Entscheid, wonach es der Gemeinde verwehrt sei, anstelle des Baus von Parkplätzen die Entrichtung einer Ersatzabgabe vorzusehen. Der Standpunkt des Kantons - da eine Ersatzabgabe im massgeblichen kantonalen Recht nicht vorgesehen sei, sei die Gemeinde zur Einführung einer solchen nicht ermächtigt - wurde als sachlich vertretbar erachtet[208];
- bei der Auslegung einer Vorschrift des Genfer Gesetzes über das Wohnungswesen und den Mieterschutz durch den Staatsrat. Dieser kam zum sachlich begründeten Ergebnis, dass ein im erwähnten Gesetz vorgesehenes Vorkaufsrecht nur der Errichtung von Wohnbauten diene und nicht der Erhaltung bestehender Gebäude[209];
- bei einem Entscheid des Zürcher Verwaltungsgerichts, wonach für die Veranlagung von Kanalisations- und Wasseranschlussgebühren die steuerrechtlichen Bestimmungen über die Veranlagungsverjährung heranzuziehen seien und diese als keiner Unterbrechung zugängliche Verwirkungsfrist zu betrachten sei[210].

3. Verletzung anderer ungeschriebener oder aus Art. 4 BV abgeleiteter allgemeiner Verfassungsgrundsätze

a) Voraussetzung des engen Zusammenhangs mit der Autonomierüge

Die Gemeinden können sich nach der bundesgerichtlichen Praxis im Rahmen der Autonomiebeschwerde zwar nicht auf Individualrechte, aber auf gewisse ungeschriebene oder aus Art. 4 Abs. 1 BV abgeleitete allgemeine Verfassungsgrundsätze berufen. Im Vordergrund stehen dabei rechtsstaatliche Verfahrensgrundsätze[211]. Art. 4 BV ist ein Strukturprinzip der gesamten schweizerischen Rechtsordnung und muss als sol-

---

[206] BGE 111 Ia 134 *(Davos)*. Die Regierung erachtete das vorgesehene Nutzungsmass für Hotels als zu hoch; es trage den bei der Ortsplanung zu berücksichtigenden öffentlichen Interessen (Orts- und Landschaftsschutz, Infrastrukturbelastung, Wohnhygiene usw.) zu wenig Rechnung und führe zu grossstädtischen Nutzungskonzentrationen. Das Bundesgericht betonte, es habe nicht zu entscheiden, welches Nutzungsmass als tragbar zu bezeichnen sei; zu beurteilen sei einzig, ob der Regierung eine willkürliche Ausübung ihres Aufsichtsrechts vorgeworfen werden könne, was zu verneinen sei.

[207] BGE 118 Ib 201f *(Arosa)*. Die vorliegende Willkürrüge wurde im Rahmen einer Verwaltungsgerichtsbeschwerde behandelt.

[208] BGE 99 Ia 71 *(Schaffhausen)*.

[209] BGE 108 Ia 188 *(Genf)*.

[210] BGE 112 Ia 260 *(Kloten)*; die Gemeinde vertrat den Standpunkt, es hätten die Verjährungsbestimmungen des OR angewendet werden müssen.

[211] ZBl 1994, 277 *(Mund)*.

ches auch öffentlichrechtlichen Körperschaften zugute kommen[212]. Voraussetzung ist allerdings, dass ein enger Zusammenhang mit dem Eingriff in die Autonomie besteht[213]. Wenn sich die Gemeinde im Zusammenhang mit einer Autonomierüge bspw. auf das Willkürverbot beruft, ist damit - zumindest auf den ersten Blick - das Problem der Zulässigkeit einer solchen Rüge gelöst: Die Berechtigung zur Beschwerdeführung wird bezogen auf die Hauptrüge, mithin die Verletzung der Autonomie, geprüft. Die Beschwerdeberechtigung in bezug auf die akzessorischen Rügen leitet sich gewissermassen mittelbar daraus ab. Als selbständig wird vom Bundesgericht somit nur die Rüge, die Autonomie sei verletzt, betrachtet. Selbständig in diesem Sinn heisst: die Voraussetzungen der Legitimation zur staatsrechtlichen Beschwerde erfüllen.

Das in der bundesgerichtlichen Praxis entwickelte Erfordernis der Akzessorietät entspricht der Rechtsprechung zur Legitimation öffentlichrechtlicher Körperschaften zur staatsrechtlichen Beschwerde und dem Befund der Autonomiebeschwerde als Ausnahmetatbestand einerseits sowie dem Bestreben des Bundesgerichts, einen wirksamen Schutz der Handlungsfreiheit der Gemeinde zu gewährleisten, andererseits[214]. Die Unterscheidung in selbständige und unselbständige Rügen im Rahmen der Autonomiebeschwerde wirft auf verfassungstheoretischer Ebene jedoch Fragen auf[215]. Für die beschwerdeführende Gemeinde entscheidend ist, dass sie sich im Rahmen einer Autonomiebeschwerde auf gewisse Verfassungsgrundsätze berufen kann, wobei bestimmte Teilgehalte von Art. 4 Abs. 1 BV im Vordergrund stehen. Bei der Substantiierung solcher akzessorischer Verfassungsrügen muss die Gemeinde ausführlich darlegen, worin die geltend gemachte Verfassungsverletzung besteht, sowie konkretisieren, dass dadurch ihre Autonomie verletzt wird[216].

b) Rechtsgleichheit

aa) Anspruchsgrundlage und Inhalt
Der Anspruch der Gemeinde auf rechtsgleiche Behandlung stützt sich auf Art. 4 BV[217]. Das Gebot der Rechtsgleichheit verlangt vom Rechtsanwender, dass "gleiche", d.h. in den rechtlich relevanten Punkten einander entsprechende Sachverhalte gleich behandelt werden[218]. Eine Verletzung des Rechtsgleichheitsgebotes liegt nur vor, wenn sich der unbegründete Unterschied oder die unbegründete Gleichstellung auf eine *wesentli-*

---

[212] HANGARTNER, Rechte 119.

[213] Ausführlich BGE 103 Ia 196f *(Moosseedorf)*; vgl. auch BGE 102 Ia 166 *(Villars-sur-Glâne)*; 97 I 511 *(Romanel-sur-Lausanne)*; 94 I 455 *(Lausanne)*. Relativierend neuestens ZBl 1994, 277 *(Mund)*.

[214] Vgl. vorne S. 11.

[215] Dazu vorne S. 35f und hinten S. 175 und 180.

[216] Ansonsten läuft die Beschwerdeführerin Gefahr, dass das Bundesgericht eine solche Verfassungsrüge als unabhängige Rüge auffasst und darauf gar nicht eintritt: vgl. BGE 102 Ia 166 E.5 *(Villars-sur-Glâne)*. Zur Begründung der Autonomiebeschwerde siehe hinten S. 139.

[217] BGE 97 I 511 *(Romanel-sur-Lausanne)*; 99 I 76 *(Schaffhausen)*.

[218] Das Prinzip beinhaltet nicht, dass zwei von der rechtsanwendenden Behörde zu behandelnde Tatbestände in allen ihren tatsächlichen Elementen absolut identisch sind, sondern nur, dass die relevanten Tatsachen gleich sind; BGE 112 Ia 196 E.b.

che Tatsache bezieht[219] und wenn die gleiche Behörde vergleichbare Sachverhalte ohne sachlichen Grund ungleich behandelt[220]. Die Gemeinde kann sich nicht auf die Praxis anderer Kantone berufen. Allein in der Tatsache einer kantonal unterschiedlichen Praxis in vergleichbaren Sachverhalten liegt keine Verletzung der Rechtsgleichheit[221]. Bei Planungsmassnahmen kommt dem Gleichheitsgebot nach der Praxis nur eine abgeschwächte Funktion zu[222]. Grundsätzlich kein Anspruch besteht auf Gleichbehandlung im Unrecht. Der Umstand, dass eine Norm von der kantonalen Behörde in einem anderen Fall nicht (richtig) angewendet worden ist, gibt noch keinen Anspruch, ebenfalls vom Gesetz abweichend behandelt zu werden[223]. Einer Praxisänderung steht das Gebot der Rechtsgleichheit grundsätzlich nicht entgegen. Die Abweichung von einer konstanten, langjährigen Rechtsanwendung muss auf einer gründlichen Untersuchung beruhen und durch ernsthafte, sachliche Gründe gerechtfertigt sein[224]. Setzt sich eine kantonale Behörde ohne sachliche Gründe über ihre eigene Praxis hinweg, liegt eine Verletzung von Art. 4 BV vor[225].

bb) Fälle

- Die Gemeinde kann vorbringen, der angefochten Entscheid stelle eine Ungleichbehandlung im Vergleich zu anderen Gemeinden dar[226];
- die Gemeinde kann sich wegen Nichtgenehmigung eines kommunalen Erlasses gegen eine Verletzung des Rechtsgleichheitsgebots zur Wehr setzen[227];
- die kantonale Genehmigungsbehörde darf, besserer Erkenntnis folgend, ihre frühere Genehmigungspraxis bei der Prüfung von kommunalen Plänen und Bauvorschriften ändern, ohne Art. 4 BV zu verletzen[228];
- Der Standpunkt des Schaffhauser Verwaltungsgerichts, die Gemeinden seien im Zusammenhang mit der Erstellung von Parkplätzen aufgrund der abschliessenden Regelung des

---

[219] BGE 118 Ia 2f; 117 Ia 101; 112 Ia 196.
[220] BGE 117 Ia 259; 97 I 351; 90 I 8; J.P. MUELLER, Grundrechte 222. Keine Verletzung bildet somit die unterschiedliche Praxis zweier verschiedener Verwaltungsinstanzen; vgl. BGE 102 Ia 87; HANGARTNER, Grundrechte 186.
[221] J.P. MUELLER, Grundrechte 222f.
[222] BGE 116 Ia 195; 115 Ia 389; SPUEHLER, Praxis 125.
[223] BGE 117 Ib 270, 425; 116 Ib 139, 234; 116 Ia 352; 114 Ib 240. Ausnahmsweise kann ein Anspruch auf gesetzwidrige Behandlung bestehen, wenn eine kantonale Behörde in ständiger Praxis vom Gesetz abweicht und auch nicht davon auszugehen ist, dass sie sich in Zukunft gesetzeskonform verhalten wird, BGE 115 Ia 83; vgl. G. MUELLER, in Kommentar BV, Art. 4, N 45ff.
[224] BGE 111 Ia 162; 108 Ia 125 E.2a.; 111 Ia 140 E.a *(betr. Davos)*. Vgl. J.P. MUELLER, Grundrechte 223.
[225] BGE 116 Ia 454 E.c *(Zürich)*.
[226] BGE 97 I 511 *(Romanel-sur-Lausanne);* 104 Ia 143 E.e *(Tägerig)*. Bejaht wurde dies in BGE 45 I 386 *(betr. Bottmingen)*.
[227] BGE 97 I 511 *(Romanel-sur-Lausanne)*.
[228] BGE 111 Ia 140 E.a *(betr. Davos)*.

kantonalen Rechts nicht ermächtigt, eine Ersatzabgabe einzuführen, hält vor dem Rechtsgleichheitsgebot stand[229];

- das Rechtsgleichheitsgebot wird verletzt, wenn sich eine kantonale Behörde ohne sachliche Gründe über ihre eigene Praxis hinwegsetzt[230].

c) Anspruch der Gemeinde auf rechtliches Gehör

aa) Anspruchsgrundlage und Verhältnis zum Gehörsanspruch des Privaten

Unbestritten ist, dass die Gemeinde im Rahmen einer Autonomiebeschwerde eine Verletzung des Anspruchs auf rechtliches Gehör vorbringen kann[231]. Fraglich ist das Verhältnis zum Gehörsanspruch des Privaten nach Art. 4 BV. In einzelnen Entscheiden hielt das Bundesgericht fest, der Gehörsanspruch der Gemeinde finde seine verfassungsmässige Grundlage in der Gemeindeautonomie selbst, und nicht in Art. 4 BV[232]. In BGE 108 Ia 191 *(Genf)* jedoch wird der Anspruch der Gemeinde auf rechtliches Gehör ausdrücklich auf Art. 4 BV abgestützt[233]. Noch im Fall *Bachs* [234] hielt das Bundesgericht fest, es stünden sich ausschliesslich öffentliche Interessen gegenüber, weshalb sich die Frage des rechtlichen Gehörs der Gemeinde "grundsätzlich nach anderen Gesichtspunkten" beurteile, als wenn ein privater Beschwerdeführer eine Verletzung von Art. 4 BV rüge[235]. In einem neueren Entscheid kam das Bundesgericht wiederum zum Schluss, der Gehörsanspruch der Gemeinde "a la même portée que celui qui est garanti aux particuliers par l'art. 4 Cst."[236]. Die schwankende Praxis zeigt die Unsicherheit in den verfassungstheoretischen Grundlagen[237].

Im Gegensatz zum Privaten kann die Gemeinde, die in der Sache selbst kein rechtlich geschütztes Interesse hat, nicht unmittelbar aufgrund von Art. 4 BV die Verletzung von Verfahrensrechten rügen, die ihr als Partei zustehen[238]. Dies entspricht der

---

[229] BGE 99 Ia 76 *(Schaffhausen).* Die Gemeinde rügte, dass es mit Art. 4 BV unvereinbar sei, in gewissen Fällen von der Parkplatzbaupflicht abzusehen, ohne gleichzeitig eine Ersatzleistung aufzuerlegen.

[230] BGE 116 Ia 454 *(Zürich).*

[231] BGE 110 Ia 200 *(Burgergemeinde Zermatt)* m.v.V.; 113 Ia 338 *(Bourgeoisie de St-Maurice).* Zum Gehörsanspruch der Gemeinde im Gesetzgebungs- und Planungsverfahren siehe vorne S. 95.

[232] BGE 96 I 238 *(Bachs);* 98 Ia 431 *(Cully).* Ohne Ausführungen zur Anspruchsgrundlage auf diese Entscheide verwiesen wird in BGE 108 Ia 85 *(Kirchgemeinde Straubenzell);* 110 Ia 200 *(Zermatt).* Das Verständnis von Teilgehalten der Gemeindeautonomie macht den grundrechtlichen Ansatz (dazu vorne S. 16ff) sichtbar.

[233] Bereits im Urteil i.S. *Moosseedorf* (BGE 103 Ia 197) wurde der Gehörsanspruch der Gemeinde in einem obiter dictum als Beispiel für ungeschriebene oder aus Art. 4 BV abgeleitete allgemeine Verfassungsgrundsätze genannt, deren Verletzung die Gemeinde akzessorisch rügen kann.

[234] BGE 96 I 234.

[235] BGE a.a.O. 238.

[236] BGE 116 Ia 54 *(Freiburg).*

[237] Nach grundrechtlicher Konzeption (vorne S. 16) wäre der Gehörsanspruch als Teilgehalt unmittelbar aus der Gemeindeautonomie ableitbar. Nach dem verfahrensrechtlichen Ansatz, der hier vorgezogen wird (dazu vorne S. 30), geht es auch beim Gehörsanspruch der Gemeinde um Art. 4 BV.

[238] BGE 112 Ia 367f E.6 *(Schweizerische Gewerbekrankenkasse);* bestätigt in BGE 120 Ia 100 E.2 *(Kanton BS).*

Praxis, wonach die Gemeinde nur in Zusammenhang mit ihrer Autonomie Verfassungsverletzungen rügen kann[239].

bb) *Inhalt und formelle Natur*

Das rechtliche Gehör bildet einerseits Grundlage der Sachaufklärung und anderseits ein Mitwirkungsrecht des Betroffenen beim Erlass einer Entscheidung[240]. Der Gehörsanspruch wirkt somit nach zwei Seiten. Er sichert der Gemeinde eine Beteiligung an Verfahren, die ihre Autonomie betreffen (können). Zudem besteht ein Zusammenhang zur materiellen Richtigkeit des kantonalen Entscheides. Die kantonale Behörde, die eine Pflicht zur Interessenabwägung trifft, muss sich mit den Argumenten der Gemeinde auseinandersetzen. Der Anspruch auf rechtliches Gehör garantiert der Gemeinde, dass sie in einem sie betreffenden kantonalen Entscheidverfahren die ihren Standpunkt und ihre Interessen stützenden Argumente vortragen kann. Im weiteren muss sie zu Argumenten, auf die der Entscheid abgestützt wird, Stellung nehmen können. Die Gemeinde muss schliesslich auch Kenntnis sämtlicher entscheidrelevanter Akten haben. Das Bundesgericht bezeichnet den Gehörsanspruch der Gemeinde, wie beim Privaten, als sog. formeller Natur, d.h. er besteht unabhängig davon, ob er den Ausgang des Verfahrens zu beeinflussen vermag[241].

cc) *Umfang*

Der Umfang des Gehörsanspruchs wird grundsätzlich durch das kantonale Verfahrensrecht umschrieben[242]. Erweist sich der kantonale Rechtsschutz als ungenügend, greifen die unmittelbar aus Art. 4 BV fliessenden Minimalgarantien[243]. Die Frage, in welchem Zeitpunkt und in welcher Form sich die Gemeinde äussern kann bzw. muss, richtet sich ebenfalls nach kantonalem Recht[244].

---

[239] Die Begründung des Bundesgerichts, Art. 4 BV schütze nur den Bürger, überzeugt allerdings nicht. Insofern als eine Gemeinde in einem kantonalen Verfahren Parteistellung innehat, aufgrund von Art. 88 OG grundsätzlich zur Verfassungsbeschwerde zugelassen ist und in eigenen Interessen betroffen ist, steht nichts entgegen, auch ihr aus Art. 4 BV Rechtsschutz zukommen zu lassen. Zwar ist es, aufgrund der bisherigen Praxis, folgerichtig, das Rechtsschutzinteresse nur im Bereich der Autonomie zu bejahen; zwingend ist dies freilich nicht. Nach dem verfahrensrechtlichen Ansatz (vorne S. 30) wäre ein Rechtsschutz auch direkt aus Art. 4 BV ableitbar.

[240] SPUEHLER, Praxis 136 N 438 m.w.V.; vgl. auch J.P. MUELLER, Grundrechte 267f. Bei der Gemeinde entfällt allerdings der Bezug zur "Würde des Menschen" (ZBl 1964, 216f).

[241] N.p. Urteil vom 13. Juni 1989 i.S. *Altstätten* E.6. Da die formelle Natur des Gehörsanspruchs beim Privaten auf einem menschenrechtlichen Gedanken beruht, ist diese Uebertragung auf Hoheitsträger freilich nicht zwingend; gl.M. HANGARTNER, Rechte 119. Immerhin erspart sich das Bundesgericht so eine materielle Prüfung.

[242] Von Bedeutung sind v.a. die kantonalen Verwaltungsrechtspflegegesetze.

[243] BGE 115 Ia 10; 108 Ia 191 *(Genf)*. Die Anwendung des kantonalen Rechts prüft das Bundesgericht nur unter dem Gesichtspunkt der Willkür, dazu hinten S. 149f.

[244] Möglich ist eine Heilung der in unterer Instanz erfolgten Verletzung des Gehörsanspruchs vor einer Beschwerdeinstanz; vgl. BGE 114 Ia 18 und 314.

dd) Teilgehalte

Der Anspruch auf rechtliches Gehör verleiht dem Betroffenen das Recht, sich vor Erlass eines Entscheides zur Sache zu äussern, erhebliche Beweise beizubringen, Einsicht in die Akten zu nehmen, mit erheblichen Beweisanträgen gehört zu werden, an der Erhebung wesentlicher Beweise mitzuwirken und sich zum Beweisergebnis zu äussern, wenn dies geeignet sind, den Entscheid zu beeinflussen[245]. In der Rechtsprechung haben sich einzelne Ansprüche zu Teilgehalten[246] verdichtet:
- Recht auf vorgängige Aeusserung und Anhörung,
- Recht auf Beweisofferte und -würdigung,
- Recht auf Akteneinsicht,
- Recht auf Begründung[247].

Im letzten Punkt zeigt sich eine wesentliche Funktion der Autonomiebeschwerde: Die Anfechtungsmöglichkeit führt (präventiv) dazu, dass kantonale Behörden ihre Entscheide ausreichend begründen[248]. Eine Begründung kann ausnahmsweise im Verfahren der staatsrechtlichen Beschwerde nachgeschoben werden[249].

ee) Fälle [250]

- Soweit es einem kantonalen Verfahren um die Frage geht, ob eine Gemeinde in einem Bereich autonom ist, ist sie von der zuständigen Behörde anzuhören[251];
- Die Gemeinde Cully machte bei der teilweisen Nichtgenehmigung ihres Zonenplanes geltend, ihr sei keine Gelegenheit geboten worden, einen Bericht des kantonalen Planungsamtes zu verlangen und ihre Argumente vor dem Staatsrat darzulegen. Das Bundesgericht verneinte eine Verletzung des Gehörsanspruchs, da es an der Gemeinde gelegen hätte, eine Stellungnahme des erwähnten Amtes zu verlangen und sie im übrigen Gelegenheit hatte, ihren Standpunkt auch gegenüber der Regierung vorzutragen[252];
- Art. 4 BV gewährt einer Partei eines Verwaltungsverfahrens keinen Anspruch auf mündliche Anhörung[253];
- kein Anspruch der Gemeinde im Verfahren der aufsichtsrechtlichen Ueberprüfung ihres Entscheides, sich vorgängig schriftlich vernehmen zu lassen[254];

---

[245] BGE 118 Ia 19; 117 Ia 268f.

[246] Im einzelnen vgl. SPUEHLER, Praxis 137ff; J.P. MUELLER, Grundrechte 273ff.

[247] Die Begründungspflicht soll einerseits eine rationale Entscheidung bewirken, anderseits den Entscheid nachvollziehbar machen und dessen Anfechtung ermöglichen; vgl. J.P. MUELLER, Grundrechte 284; vgl. auch SPUEHLER, Rechtsschutz 109. V.a. bei der Abwägung von Interessen (bspw. Raumplanung) kommt der Begründung eines Entscheides massgebliche Bedeutung zu.

[248] Bsp. einer als willkürlich erachteten Begründung: ZBl 1993, 562f (Opfikon).

[249] ZBl 1989, 363 (Oberwil).

[250] Weitere Beispiele zum Anspruch auf rechtliches Gehör bei SPUEHLER, Praxis 141f.

[251] BGE 116 Ia 52 (Freiburg).

[252] BGE 98 Ia 431 E.2.

[253] BGE 108 Ia 191 E.a (Genf).

[254] BGE a.a.O. Die Stadt Genf hatte ein gesetzliches Vorkaufsrecht geltend gemacht, um eine kulturellen

- keine Verletzung des Gehörsanspruch, wenn der angefochtene Entscheid zwar keine schriftliche Begründung enthält, die Gemeinde jedoch auf andere Weise von den Entscheidungsgründen Kenntnis erhalten oder ihr aufgrund vorausgegangener Verhandlungen bzw. des offen zu Tage liegenden Beweisergebnisses bekannt ist, weshalb die kantonale Behörde so und nicht anders entschieden hat[255].

d) Treu und Glauben

aa) Anspruchsgrundlage, Inhalt und Voraussetzungen

Das Bundesgericht hat im Rahmen der Rechtsprechung zu Art. 4 BV einen Tatbestand des Vertrauensschutzes i.e.S. entwickelt, auf den sich auch die Gemeinde im Rahmen einer Autonomiebeschwerde berufen kann[256]. Der Grundsatz von Treu und Glauben gebietet ein loyales und vertrauenswürdiges Verhalten im Rechtsverkehr[257]. Berechtigtes Vertrauen, das in Zusicherungen und sonstiges, bestimmte Erwartungen begründendes Verhalten von kantonalen Behörden gesetzt wird, soll geschützt werden. Eine Verletzung dieses Grundsatzes wird jedoch nur angenommen, wenn verschiedene Voraussetzungen erfüllt sind: Es muss ein Verhalten kantonaler Behörden vorliegen, das bestimmte Erwartungen auslöst (Vertrauensgrundlage)[258]. Vertrauensschutz setzt sodann in der Regel eine Vertrauensbetätigung voraus. Schliesslich vermögen überwiegende Interessen dem Vertrauensschutz unter Umständen vorzugehen[259]. Insbesondere eine Auskunft oder eine Zusicherung einer kantonalen Behörde ist nur bindend, wenn diese in einer konkreten Situation gehandelt hat und dabei zuständig war bzw. aus zureichenden Gründen als zuständig erachtet werden durfte. Die Auskunft muss vorbehaltlos erfolgt sein und eine allfällige Unrichtigkeit durfte nicht erkennbar sein. Die Auskunft muss sodann kausal für nachteilige Dispositionen gewesen sein. Schliess-

---

Zwecken gewidmete Villa zu erhalten. Der Staatsrat hob den entsprechenden Beschluss der Gemeinde auf, weil das fragliche Vorkaufsrecht nur der Errichtung von Wohnbauten und nicht der Erhaltung bestehender Gebäude diene.

[255] BGE 96 I 724 *(Regensdorf)*. Vgl. auch BGE 108 Ia 269 E.7 *(Kirchgemeinde Roggwil)*; 98 Ia 464. Ob eine Behörde einen Entscheid zu begründen hat, ist vorab eine Frage des kantonalen Rechts; BGE 96 I 723 *(Regensdorf)* m.w.V.

[256] BGE 89 I 114 *(Speicher)*; 98 Ia 432 E.3 *(Cully)*; 111 Ia 129 *(Wiesendangen)*; 103 Ia 197 *(Moosseedorf)*; 113 Ia 332 *(Sonogno)*. Der Umstand, dass sich der Vertrauensschutz zu einem eigenständigen Grundrechtsgehalt, gestützt auf Art. 4 BV, verdichtet hat, hat zur Folge, dass das Bundesgericht eine freie Prüfung vornimmt, BGE 98 Ia 433 *(Cully)*. Neben diesem Tatbestand des Vertrauensschutzes i.e.S. erscheint das Gebot von Treu und Glauben auch als Aspekt des Willkürverbots; dazu J.P. MUELLER, Grundrechte 255.

[257] HAEFELIN/MUELLER 117. Ob eine (kantonale) Behörde aufgrund des Gebots von Treu und Glauben gegenüber einer Gemeinde im gleichen Umfang gebunden ist wie gegenüber einem Privaten, wurde in BGE 98 Ia 432 E.3a *(Cully)* sowie 103 Ia 197 E.aa *(Moosseedorf)* offengelassen.

[258] Ist die Vertrauensgrundlage fehlerhaft, entfällt der Vertrauensschutz bei Kenntnis der Fehlerhaftigkeit.

[259] Vgl. zu den Voraussetzungen des Vertrauensschutzes HAEFELIN/MUELLER 120ff; G. MUELLER, in Kommentar BV, Art. 4, N 59ff.

lich darf sich die gesetzliche Ordnung seit der Auskunfterteilung nicht geändert haben[260].

bb) Fälle

- Im Entscheid *Cully*[261] brachte die Gemeinde vor, der Waadtländer Staatsrat sei nicht berechtigt gewesen, die Genehmigung eines kommunalen Planes zu verweigern, da er zuvor eine klare Zusicherung gegeben habe. Das Bundesgericht verneinte eine Verletzung des Gebots von Treu und Glauben. Die von der Beschwerdeführerin behauptete Zusicherung stammte nicht vom Staatsrat selbst, sondern von einer Verwaltungsabteilung, mithin von einer - für die Genehmigung eines Nutzungsplanes - unzuständigen Behörde;

- im Fall *Wiesendangen*[262] stellte sich die Frage, ob kantonale Richtpläne auch noch bei deren Anwendung auf kommunale Nutzungsplanungen mit der Autonomiebeschwerde angefochten werden können[263]. Da dies ausschliesslich nach den Grundsätzen der bundesgerichtlichen Rechtsprechung beurteilt wird, ging der Verweis der Gemeinde auf das Verhalten kantonaler Behörden zum vornherein fehl[264];

- die Volkswirtschaftsdirektion des Kantons Bern erteilte einem Ladenschlussreglement der Gemeinde *Moosseedorf*, das die Möglichkeit von Abendverkäufen an bis zu fünf Abenden pro Woche vorsah, vorbehaltlos die Genehmigung. Nach einer kurze Zeit später in Kraft getretenen Revision des kantonalen Gewerbegesetzes waren Abendverkäufe nur noch an höchstens zwei Tagen pro Woche zulässig. Eine Verletzung des Anspruchs der Gemeinde auf Vertrauensschutz wurde vom Bundesgericht verneint, da die Genehmigung des Reglements durch die Volkswirtschaftsdirektion den Gesetzgeber nicht zu binden vermag, eine Zusicherung des Gesetzgebers selbst jedoch fehlte[265].

e) Grundsatz der Verhältnismässigkeit

aa) Grundlage und Inhalt

Die Gemeinde ist berechtigt, im Zusammenhang mit der Rüge der Verletzung der Gemeindeautonomie auch den Grundsatz der Verhältnismässigkeit anzurufen[266]. Der Grundsatz der Verhältnismässigkeit bildet kein eigenständiges verfassungsmässiges Recht, aber einen allgemeinen Grundsatz des eidgenössischen Verfassungsrechts[267]. Das Bundesgericht leitet ihn teils direkt aus der Verfassung[268], teils aus Art. 4 BV[269]

---

[260] BGE 116 Ib 187; 115 Ia 18 E.4a; 114 Ia 213 E.3a je m.w.V. Vgl. auch HAEFELIN/MUELLER 126ff.

[261] BGE 98 Ia 427.

[262] BGE 111 Ia 129ff.

[263] Dies ist ausnahmsweise möglich; dazu hinten S. 137.

[264] BGE 111 Ia 132 E.f.

[265] BGE 103 Ia 197 E.aa.

[266] BGE 96 I 242 *(Bachs)*; 103 Ia 197f *(Moosseedorf)*; 104 Ia 135 *(Tägerig)*; 112 Ia 70 *(Bever)*; 113 Ia 333 *(Sonogno)*; 116 Ia 255 *(Cadro)*. Vgl. auch ZIMMERLI, Verhältnismässigkeit 92ff.

[267] BGE 102 Ia 71 *(Bergün)*.

[268] BGE 96 I 242 *(Bachs)*; 102 Ia 71 *(Bergün)*.

[269] Dabei stützt sich das Bundesgericht entweder auf das Gleichbehandlungsgebot, BGE 99 Ia 652, oder - im Rahmen der Autonomiebeschwerde - auch auf das Willkürverbot, so BGE 112 Ia 70ff.

ab. Soweit das Verhältnismässigkeitsprinzip nicht im Zusammenhang mit einer speziellen, seinerseits eine freie Prüfung erfordernden Verfassungsnorm[270] angerufen wird, prüft das Bundesgericht dessen Handhabung nur auf Willkür[271]. Das Verhältnismässigkeitsprinzip gilt für die Rechtsanwendung wie auch für die Rechtssetzung[272]. Leitidee des im Rahmen von Grundrechtseingriffen entwickelten Prinzips ist, dass ein Eingriff nicht weiter gehen darf, als es das zu erreichende Ziel erfordert[273]. Das Verhältnismässigkeitsprinzip verlangt, dass Massnahmen ein zweckdienliches und taugliches Mittel darstellen, um ein im öffentlichen Interesse liegendes Ziel zu erreichen, und dass sie in einem vernünftigen Verhältnis zu den durch sie bewirkten Einschränkungen (der Selbständigkeit der Gemeinde) stehen. Das Verhältnismässigkeitsprinzip beinhaltet drei Elemente, die kumulativ erfüllt sein müssen:

- Die Massnahme muss *geeignet* sein, um den angestrebten Erfolg zu erzielen (Zwecktauglichkeit, Zielkonformität);
- die Massnahme muss im Hinblick auf den angestrebten Zweck *erforderlich* sein. Auch eine geeignete Massnahme ist unzulässig, wenn eine gleich geeignete, weniger einschränkende Anordnung ausreicht, das anvisierte Ziel zu erreichen. Der Eingriff darf in sachlicher, räumlicher, zeitlicher und personeller Hinsicht nicht weiter gehen als notwendig;
- *Verhältnismässigkeit i.e.S.:* Selbst eine geeignete und erforderliche Massnahme kann unverhältnismässig sein, wenn der mit ihr verbundene Eingriff im Vergleich zur Bedeutung des angestrebten Ziels unangemessen schwer wiegt, mithin keine vernünftige Zweck-Mittel-Relation vorliegt. Hier geht es um eine Abwägung der betroffenen Interessen[274].

Ob das Verhältnismässigkeitsprinzip verletzt ist, lässt sich nicht generell beantworten; nötig ist eine individualisierende, den konkreten Umständen angepasste Betrachtungsweise[275].

bb) Fälle

- Auf dem Gebiet des Landschaftsschutzes liegt eine Verletzung des Verhältnismässigkeitsprinzips vor, wenn sich kantonale Schutzvorschriften (räumlich) nicht auf diejenigen Gebiete beschränken, deren Erhaltung als schützenswert erscheint, oder wenn sich der angestrebte Schutz (sachlich) mit weniger weitreichenden - die Autonomie der Ge-

---

[270] Hierzu zählt die Gemeindeautonomie i.d.R. nicht, da sie nur ausnahmsweise bereits auf Verfassungsstufe konkretisiert ist.

[271] ZBl 1982, 325 E.bb *(Gemeinde G.)*.

[272] Zu letzterem siehe vorne S. 94f.

[273] BGE 96 I 242 *(Bachs)*.

[274] J.P. MUELLER, Elemente 133ff; ZIMMERLI, Verhältnismässigkeit 12ff; HAEFELIN/MUELLER 112ff; HAEFELIN/HALLER 373.

[275] J.P. MUELLER, Elemente 133.

meinde im Bereich des Planungs- und Bauwesens und die Eigentumsgarantie Privater tangierenden - Beschränkungen ebenso wirkungsvoll gewährleisten liesse[276];

- als unverhältnismässig erachtete die Gemeinde *Grandson* das Vorhaben, für den Bau und Betrieb eines Kraftwerks einen kantonalen Plan aufzustellen. Die Gemeinde rügte, dass der Plan eine zu grosse Fläche einbeziehe und dass der Kanton das für ein Kraftwerk benötigte Land durch andere, weniger einschneidende Massnahmen sicherstellen könnte. Das Bundesgericht wies die Beschwerde ab. Das Vorgehen des Kantons sei gerechtfertigt, zumal der optimale Standort für das Kraftwerk im momentanen Zeitpunkt noch nicht feststehe. Darüberhinaus sei eine (andere) Nutzung von Teilen des vom fraglichen Plan erfassten Gebietes immer noch möglich[277];

- die Gemeinde kann rügen, die völlige Nichtgenehmigung eines kommunalen Reglements sei unverhältnismässig[278];

- das Verhältnismässigkeitsprinzip verlangt, dass der Gemeinde bei einer Aenderung des kantonalen Rechts für die Anpassung des kommunalen Rechts eine angemessene Frist eingeräumt wird[279];

- offengelassen wurde die Frage der Verhältnismässigkeit in BGE 103 Ia 186 E.3a.

cc) Bemerkung

Die Praxis zum Verhältnismässigkeitsprinzip im Rahmen der Autonomiebeschwerde erweckt den Eindruck, dass das Bundesgericht diesen Verfassungsgrundsatz fast wie ein (selbständiges) verfassungsmässiges Recht, mithin frei prüft. Zwar ist das Verhältnismässigkeitsprinzip auch hier mit einem verfassungsmässigen Recht, nämlich der Gemeindeautonomie, gekoppelt. Soweit die Gemeindeautonomie im konkreten Fall nur auf Gesetzesstufe umschrieben ist, und das ist die Regel, hätte das Bundesgericht auch die Verhältnismässigkeit nur auf Willkür zu prüfen. Betrachtet man jedoch bspw. den Entscheid *Grandson*, stellt man fest, dass das Bundesgericht sogar ausdrücklich eine freie Prüfung vornimmt[280]. Begründen liesse sich eine nicht nur auf Willkür beschränkte Prüfung der Verhältnismässigkeit entweder durch Annahme eines Teilgehalts der Gemeindeautonomie[281] oder durch Entwicklung eines selbständigen verfassungsmässigen Rechts[282].

---

[276] BGE 96 I 242 *(Bachs)*. Im konkreten Fall wurde eine Verletzung des Verhältnismässigkeitsprinzips vom Bundesgericht verneint. Die Beschwerdeführerin habe nicht dargetan, mit welchen anderen Mitteln als der regierungsrätlichen Schutzverordnung das fragliche Orts- und Landschaftsbild ebenso gut geschützt werden könne. Unbegründet sei auch der Vorwurf, der Grundsatz der Verhältnismässigkeit sei deshalb verletzt, weil die Schutzverordnung keine Revisionsbestimmungen enthalte und mithin eine nachträgliche Anpassung an veränderte Umstände ausschliesse; eine Verordnung könne jederzeit geändert werden. Vgl. auch ZBl 1964, 157ff und ZIMMERLI, Verhältnismässigkeit 92ff.

[277] BGE 94 I 550f.

[278] BGE 112 Ia 70 E.c, 73 (Bever).

[279] BGE 103 Ia 198 *(Moosseedorf)*.

[280] BGE 94 I 549, 550f.

[281] Dies entspräche dem grundrechtlichen Ansatz (vorne S. 16).

[282] Eine diesbezügliche Präzisierung durch das Bundesgericht bleibt abzuwarten.

f) Weitere Rügen

Die Gemeinde kann sich auch darüber beschweren, dass die in der Sache tätige kantonale Behörde nicht ordnungsgemäss zusammengesetzt bzw. dass ein Mitglied befangen gewesen sei und deshalb die *Garantie des verfassungsmässigen Richters* verletzt sei (Art. 58 BV)[283]. Gerügt werden kann auch eine Verletzung des *Gebots der Rechtssicherheit*[284] oder von Art. 2 UebBest.BV[285]. In Frage kommen weitere Verfassungsgrundsätze, die das Bundesgericht im Rahmen der Rechtsprechung zu Art. 4 BV entwickelt hat[286]. Der Autonomieschutz sollte für alle verfassungsmässigen Rechte und Verfassungsgrundsätze gelten, die geeignet sind, die verfassungsrechtliche Stellung der Gemeinde bei der Erfüllung öffentlicher Aufgaben mitzuprägen[287]. Im Vordergrund stehen dabei allgemeine rechtsstaatliche Verfahrensgrundsätze[288]. Im Zusammenhang mit der Autonomie kann die Gemeinde die Verletzung von solchen Verfahrensvorschriften rügen, deren Missachtung eine formelle Rechtsverweigerung darstellt[289]. Nicht berufen kann sich die Gemeinde als öffentlichrechtliche Körperschaft grundsätzlich auf Garantien der EMRK[290].

4. *Inhalt oder Tragweite eines verfassungsmässigen Rechts oder eines Verfassungsgrundsatzes verkannt*

a) Allgemeines

Die Gemeinde kann sich gemäss ständiger Praxis zwar nicht auf verfassungsmässige Individualrechte berufen. Sie kann im Rahmen der Autonomiebeschwerde jedoch geltend machen, die kantonale Behörde habe den Inhalt oder die Tragweite eines Grundrechts oder eines sonstigen verfassungsmässigen Rechts verkannt[291]. In diesem Fall steht ihr auch die Beschwerde wegen Verletzung von Art. 4 BV zu, sofern sie sich im Zusammenhang damit auf eine Verletzung ihrer Autonomie berufen kann[292]. Zu unterscheiden sind zwei Konstellationen: Die Gemeinde kann rügen, dass die kantonale Behörde ihr eine Grundrechtsverletzung vorwerfe, die gar nicht bestehe[293]. Vorgebracht

---

[283] ZBl 1993, 84 *(Gemeinde Y.)*; BGE 97 I 639 n.p. E.2a *(Pully)*; 110 Ia 198 *(Zermatt)*.

[284] Vgl. BGE 119 Ia 313 *(Zürich)*. Das Gebot der Rechtssicherheit schützt im Unterschied zum Grundsatz von Treu und Glauben generelles Vertrauen in Voraussehbarkeit und Beständigkeit des Rechts.

[285] ZBl 1988, 67 *(Wetzikon)*.

[286] Vgl. zur Rechtsverweigerung ALFRED KOELZ, in ZBJV 1988, 364.

[287] PFISTERER, Stellung 335; hinten S. 183ff.

[288] So ausdrücklich ZBl 1994, 277 *(Mund)*.

[289] BGE 120 Ia 100 E.2 *(Kanton BS)*.

[290] N.p. BGE vom 23. Dezember 1992 i.S. *Basel*, E.3b; ZBl 1994, 278 *(Mund)*.

[291] BGE 116 Ia 255f *(Cadro)*; 114 Ia 170 *(Gaiserwald)*; 112 Ia 63 *(Bern)*; 110 Ia 200 *(Zermatt)*; 103 Ia 196 *(Moosseedorf)*.

[292] BGE 114 Ia 170 *(Gaiserwald)*. Das Erfordernis des "Zusammenhangs" ist zu relativieren: Wenn eine kantonale Behörde einer Gemeinde zu Unrecht eine Verletzung von Art. 4 BV vorwirft, dann liegt gerade darin die Autonomieverletzung. Vgl. ZBl 1985, 107 *(Zofingen)*.

[293] Beispiel: Die kantonale Behörde hat den Standpunkt eines bauwilligen Grundeigentümers geschützt,

werden kann anderseits, der kantonale Entscheid verstosse seinerseits gegen ein Grundrecht, und diese Verfassungswidrigkeit stelle zugleich eine Autonomieverletzung dar[294]. Im zweiten Fall erscheint zwar die Gemeinde nicht als Trägerin des geltend gemachten verfassungsmässigen Rechts. Ein kantonaler Entscheid, der bspw. die Eigentumsgarantie eines privaten Grundeigentümers verletzt, ist aber verfassungswidrig. Diese Verfassungswidrigkeit kann die Gemeinde in ihrer Autonomie verletzen; entscheidend ist das Rechtsschutzinteresse der Gemeinde. Ob die kantonale Behörde ein verfassungsmässiges Individualrecht unrichtig ausgelegt hat, prüft das Bundesgericht mit freier Kognition[295].

b) Fälle

aa) Willkürverbot

- Die Bemessung der Kanalisationsanschlussgebühr nach dem Gebäudeversicherungswert ist mit Art. 4 BV vereinbar; da das Verwaltungsgericht zu Unrecht einen Verstoss gegen das Willkürverbot angenommen hat, verletzt sein Entscheid die Gemeindeautonomie[296].

bb) Eigentumsgarantie

- Dadurch dass die kantonale Behörde zu Unrecht ein öffentliches Interesse für eine Eigentumsbeschränkung als gegeben erachtete, wurde auch die Gemeindeautonomie verletzt[297];

- da die kantonale Behörde zu Unrecht annahm, es bestehe kein überwiegendes öffentliches Interesse, um ein Wegrecht aufzuheben, und also liege ein Verstoss gegen Art. 22ter BV vor, verletzte sie die Gemeindeautonomie[298];

- keine zu weit gehende Bedeutung wurde der Eigentumsgarantie dadurch beigemessen, dass die kantonale Behörde erwog, erst während eines Rechtsmittelverfahrens bekannt werdenden künftigen planerischen Festsetzungen sei eine Vorwirkung nur zuzuerkennen, wenn gewichtige öffentliche Interessen dies erfordern würden[299];

- bei der Frage, ob eine Ueberbauung in der Stadt Zürich unter Denkmalschutz zu stellen sei, folgte das Bundesgericht dem Standpunkt der kantonalen Behörde, welche das dafür erforderliche öffentliche Interesse als nicht erheblich höher als einige Jahre zuvor bewer-

---

indem sie die Eigentumsgarantie allzu extensiv ausgelegt hat. Das Interesse der Gemeinde und jenes des betroffenen Privaten gehen hier auseinander. Wird der Gemeinde vorgeworfen, sie habe ein Grundrecht verletzt, kann sie ihrerseits vorbringen, die kantonale Behörde habe hinsichtlich des fraglichen Grundrechts das Erfordernis der gesetzlichen Grundlage, des überwiegenden öffentlichen Interesses oder der Verhältnismässigkeit verkannt.

[294] Beispiel: Die kantonale Behörde erachtet ein übermässiges öffentliches Interesse für eine Eigentumsbeschränkung zu Unrecht als gegeben, vgl. BGE 103 Ia 187 (Savognin). Das Interesse der Gemeinde stimmt hier mit jenem des betroffenen Privaten überein.

[295] BGE 120 Ia 205 E.2c (Bern); 118 Ia 320 E.2 (Lugano); 104 Ia 127 (Sils).

[296] ZBl 1985, 107 (Zofingen).

[297] BGE 103 Ia 187ff (Savognin). Der Kanton machte das zukünftige Bedürfnis für den Bau einer Passstrasse als öffentliches Interesse geltend.

[298] BGE 106 Ia 96 E.3a-d (Klosters-Serneus).

[299] BGE 118 Ia 510 (Zürich).

tete, als die Gemeinde ausdrücklich auf die Anordnung von Schutzmassnahmen verzichtet hatte[300];

- gutgeheissen wurde eine Autonomiebeschwerde, weil eine kantonale Beschwerdeinstanz bei der Ueberprüfung der kommunalen Zonenplanung zu Unrecht einen Verstoss gegen die Eigentumsgarantie angenommen hatte[301];

- zu Unrecht hat eine kantonale Behörde angenommen, ein von der Gemeinde aus Gründen des Denkmalschutzes verfügtes Abbruchverbot stelle eine unverhältnismässige Eigentumsbeschränkung dar und verletze die Eigentumsgarantie[302];

- zur Anordnung einer Baulandumlegung mit Nutzungstransport im Interesse der Verwirkichung einer denkmalschützerischen Massnahme vermochte sich die Gemeinde *Silvaplana* auf eine hinreichende gesetzliche Grundlage zu stützen; zu Unrecht hatte die kantonale Behörde eine Verletzung der Eigentumsgarantie angenommen[303];

- der entgegen der Absicht der Gemeinde von der kantonalen Behörde vorgenommene Nichteinbezug eines bestimmten Gebietes in die Bauzone entsprach den Zielsetzungen des Raumplanungsgesetzes und verstiess nicht gegen die Eigentumsgarantie davon betroffener Grundeigentümer[304];

- die Verneinung eines hinreichenden öffentlichen Interesses für den Einbezug zweier Grundstücke in eine Freihaltezone durch die kantonale Behörde erfolgte in richtiger Auslegung von Art. 22ter BV, insbesondere unter Berücksichtigung der lokalen Wohnungsknappheit[305];

- zu Unrecht ging der Regierungsrat davon aus, die gleichzeitige integrale Anwendung des zürcherischen Gesetzes über die Erhaltung von Wohnungen für Familien (WEG) und des Wohnanteilplanes liege nicht im öffentlichen Interesse und verletze deshalb die Eigentumsgarantie[306].

cc) *Rechtsgleichheit*

- Ein städtisches Personalreglement, das die Beamten grundsätzlich verpflichtete, ihren Arbeitsplatz ohne Verwendung eines privaten Motorfahrzeuges zu erreichen, verstösst gegen das Rechtsgleichheitsgebot[307];

- Die von der Gemeinde aus Kapazitätsgründen vorgenommene Begrenzung des Benützerkreises eines Kleinhallenbades auf Gemeindeeinwohner verletzt das Rechtsgleichheitsgebot nicht[308];

---

[300] BGE 119 Ia 309-313 *(Zürich)*. Die Stadt Zürich erhob in diesem Zusammenhang allerdings nur Willkürrüge.
[301] BGE 104 Ia 120 *(Sils)*.
[302] BGE 115 Ia 27 *(Biel)*.
[303] BGE 116 Ia 45 *(Silvaplana)*.
[304] BGE 116 Ia 233 E.4 *(Kappel)*.
[305] ZBl 1992, 321 *(Zürich)*.
[306] ZBl 1989, 451 *(Zürich)*.
[307] BGE 120 Ia 203 *(Bern)*.
[308] BGE 100 Ia 287 *(Primarschulgemeinde Küsnacht)*.

- zu Unrecht nahm die kantonale Behörde eine Verletzung des Rechtsgleichheitsgebotes durch ein kommunales Abwassergesetz an, welches in bezug auf die Verlegung von Baukosten von Kanalisationen und Abwasserreinigungsanlagen keine Differenzierung der Belastung nach Massgabe des Wasserverbrauches vorsah[309];

- eine Gesetzesbestimmung, die die Gebühr für Kehrichtabfuhr und -beseitigung denjenigen auferlegt, die in der Gemeinde keinen Wohnsitz, sondern lediglich eine Ferienwohnung haben, und jene davon befreit, die dort Wohnsitz haben und eine solche Wohnung in der gleichen Gemeinde benützen, verstösst im konkreten Fall nicht gegen das Gleichheitsgebot[310];

- Rechtsgleichheit verletzt bei der Beurteilung eines Baugesuches (Erstellung von Parkplätzen)[311];

- vgl. auch BGE 45 I 137 *(Luzern)*.

dd) *Handels- und Gewerbefreiheit*

- Als willkürfrei wurde die Auffassung einer kantonalen Behörde erachtet, es sei unverhältnismässig, bloss Inhabern des Eidgenössischen Meisterdiploms eine Konzession für Installationen zu erteilen[312];

- der verfassungsrechtliche Schutz des Rätoromanischen wurde in einem konkreten Fall vom Bundesgericht höher bewertet als das auf die Handels- und Gewerbefreiheit gestützte Interesse einer Versicherungsgesellschaft, eine Reklametafel allein auf Deutsch zu beschriften[313];

- nicht vorgebracht worden - obwohl möglich - ist die Rüge, die kantonale Behörde habe die Tragweite der Handels- und Gewerbefreiheit verletzt in BGE 106 Ia 206 *(Zürich)*[314].

ee) *Glaubens- und Gewissensfreiheit*

- Zu Recht hat eine kantonale Behörde einem kommunalen Friedhofsreglement die Genehmigung verweigert. Die Regelung, dass auf einem Friedhof als Grabmäler nur Kreuze (und somit keine Grabsteine) zulässig sind, verletzt die Glaubens- und Gewissensfreiheit[315];

- gegen die Glaubens- und Gewissensfreiheit verstösst der Entscheid einer kantonalen Regierung, wonach einer die fakultative Einführung der Feuerbestattung vorgehenden kommunalen Verordnung die Genehmigung versagt wurde mit der Begründung, das kantonale Recht lasse nur die Erdbestattung zu[316];

---

[309] BGE 109 Ia 329 E.6 *(Igis)*.

[310] BGE 111 Ia 324 *(Locarno)*.

[311] BGE 116 Ia 453f E.4b,c *(Zürich)*.

[312] BGE 96 I 384 E.4 *(Wil)*; zur neuen Kognitionspraxis siehe hinten S. 150.

[313] ZBl 1993, 133 *(Disentis)*.

[314] Vgl. auch BGE 97 I 518 E.6 *(Romanel-sur-Lausanne)*.

[315] BGE 101 Ia 392 *(Hünenberg)*; zudem wurde eine Verletzung des Verhältnismässigkeitsprinzips bejaht.

[316] BGE 45 I 119 *(Luzern)*; bejaht wurde zudem eine Verletzung des Rechtsgleichheitsgebots.

- keine falsche Auslegung der Glaubens- und Gewissensfreiheit durch die kantonale Behörde lag in einem Fall vor, der das Anbringen von Kruzifixen in den Schulzimmern der Primarschule betraf [317].

ff) Treu und Glauben

- Gutgeheissen wurde eine Autonomiebeschwerde gegen eine kantonale Behörde, die das Vertrauen eines Grundeigentümers schützte, der ohne Baubewilligung eine Garage erstellt hatte. Eine Beschwerde des Eigentümers gegen die Abbruchverfügung der Gemeinde war vom Kanton geschützt worden mit der (sachlich nicht haltbaren) Begründung, da der Baugesuchsteller nach Einreichung des Baugesuchs innert zu erwartender Frist von der Gemeinde nichts gehört habe, habe er von einer "stillschweigenden" Baubewilligung ausgehen können [318].

gg) Gesetzmässigkeitsprinzip

- Die kantonale Behörde, die für verschiedene Benützungsgebühren im Bereich der Trinkwasserversorgung die Notwendigkeit einer formellgesetzlichen Grundlage bejahte, verletzt das Gesetzmässigkeitsprinzip nicht [319];
- unter dem "Gesichtswinkel der Willkür" abgewiesen wurde eine Autonomiebeschwerde einer Gemeinde, die - in bezug auf die Nichtgenehmigung einer kommunalen Bauvorschrift - rügte, eine von der kantonalen Behörde vorgeschriebene Baugebietsetappierung entbehre der gesetzlichen Grundlage [320].

hh) Grundsatz des öffentlichen Interesses

- Ohne Willkür durfte das Zürcher Verwaltungsgericht annehmen, das öffentliche Interesse an einer Unterschutzstellung (Denkmalschutz) einer Häusergruppe sei nicht erheblich höher zu bewerten als sieben Jahre zuvor, als die Gemeinde auf die Unterschutzstellung verzichtet hatte [321];
- das öffentliche Interesse an einem kantonalen Plan, der die Grundlage für die Errichtung eines thermischen Kraftwerkes schaffen sollte, wurde als ausgewiesen und geltend gemachte kommunale Interessen überwiegend erachtet [322].

---

[317] BGE 116 Ia 257 (Cadro); von der Gemeinde gerügt wurde auch eine falsche Auslegung des Gleichheitsgebots und des Prinzips der religiösen Neutralität öffentlicher Schulen.

[318] BGE 113 Ia 332 (Sonogno); der Standpunkt der kantonalen Behörde wurde vom Bundesgericht als willkürlich bezeichnet.

[319] BGE 118 Ia 326 E.d (Lugano).

[320] BGE 104 Ia 140 E.4b (Tägerig).

[321] BGE 119 Ia 310 E.5a (Zürich).

[322] BGE 94 I 548 E.5 (Grandson). Der Entscheid enthält allgemeine Ausführungen zum Grundsatz des öffentlichen Interesses; das Bundesgericht nahm, ohne die Kognitionsfrage zu entscheiden, eine freie Prüfung vor.

ii) Verhältnismässigkeitsprinzip

- In richtiger Auslegung von Art. 4 BV stellte eine kantonale Behörde fest, dass ein Grabsteinverbot (im Gegensatz zu Kreuzen) in einem kommunalen Friedhofsreglement unverhältnismässig sei[323];

- offengelassen wurde eine Verletzung des Verhältnismässigkeitsprinzips in BGE 103 Ia 191 *(Savognin)*.

kk) Weitere Fälle

Neben den erwähnten Hauptfällen kommen weitere verfassungsmässige Rechte in Betracht[324]. Vorgebracht werden kann im Rahmen der Autonomiebeschwerde auch, die kantonale Behörde habe das Prinzip der Gewaltentrennung falsch ausgelegt[325], das Prinzip der derogatorischen Kraft des Bundesrechts gemäss Art. 2 UebBest. BV verkannt[326], das Interesse an der Wahrung der Rechtssicherheit zu hoch bewertet[327] oder der Gemeinde zu Unrecht eine Verletzung des rechtlichen Gehörs vorgeworfen[328].

5. Autonomieverletzung durch fehlerhafte Interessenabwägung?

a) Allgemeines

Verwaltungsbehörden sind bei der Rechtsanwendung mitunter mit gegensätzlichen öffentlichen oder privaten Interessen konfrontiert. Eine Kollision zwischen verschiedenen öffentlichen oder zwischen öffentlichen und privaten Interessen ist durch wertende Gegenüberstellung und Interessenabwägung zu lösen[329]. Es besteht eine Pflicht zur Interessenabwägung[330].

---

[323] BGE 101 Ia 400 *(Hünenberg)*. Das fragliche Reglement verletzte auch die Glaubens- und Gewissensfreiheit.

[324] Z.B. BGE 116 Ia 255 *(Cadro)*: persönliche Freiheit. N.p. Urteil vom 4. April 1979 i.S. *Lugano:* Meinungsäusserungsfreiheit; dazu LEVI 242.

[325] BGE 118 Ia 323 E.2b *(Lugano)*; in den Erwägungen wird allerdings nur das Gesetzmässigkeitsprinzip behandelt und eine Verletzung desselben verneint. ZBl 1993, 568 *(Zürich)*.

[326] BGE 116 Ia 45 *(Silvaplana)*; ohne Erwägungen hierzu.

[327] Vgl. BGE 119 Ia 313 E.6 *(Zürich)*; ZBl 1989, 363 *(Oberwil)*.

[328] ZBl 1984, 410 *(Gemeinde S.)*.

[329] BGE 104 Ia 97 E.6. Vgl. G. MUELLER 337ff. Zur Interessenabwägung bei der Rechtssetzung siehe vorne S. 91/96f.

[330] Das Bundesgericht spricht in diesem Zusammenhang von "einem das gesamte Staats- und Verwaltungsrecht beherrschenden Grundsatz" (BGE 104 Ia 97 E.6) also von einem allgemeinen Rechtsgrundsatz des öffentlichen Rechts. Die Pflicht zur Abwägung kann unmittelbar aus der Verfassung abgeleitet werden. Das Gebot der Interessenabwägung kommt u.a. bei der Auslegung, bei der Ermessensbetätigung, bei der Lückenfüllung, bei Grundrechtseingriffen, bei Praxisänderungen oder beim Widerruf von Verfügungen zum Tragen. Für die Durchführung einer (Raum-)Planung hielt das Bundesgericht fest: "(Es) sind alle Interessen, seien es öffentliche oder private, zu beachten; Planungsmassnahmen sind nur dann verfassungskonform, wenn neben den Planungsgrundsätzen auch die konkreten, für den Einzelfall massgebenden Gesichtspunkte bei der Interessenabwägung berücksichtigt werden" (BGE 115 Ia 353 E.d; 114 Ia 368f, 374).

Hinter den gegensätzlichen Standpunkten von Kanton und Gemeinde steht vielfach eine unterschiedliche Bewertung von Interessen. Die Rüge einer fehlerhaften Interessenabwägung kommt im Rahmen der Autonomiebeschwerde primär unter dem Titel der falschen Anwendung von Verfassungsrecht zum Tragen, insbesondere bei der Auslegung eines spezifischen Grundrechts[331], sei es dass die Gemeinde dem Kanton oder umgekehrt der Kanton - zu Unrecht - der Gemeinde eine verfassungswidrige Interessenabwägung vorwerfen. Daneben kann im Rahmen einer Willkürrüge eine qualifiziert fehlerhafte Interessenabwägung geltend gemacht werden[332]. Sodann ist eine fehlerhafte Interessenabwägung u.U. darauf zurückzuführen, dass die kantonale Instanz einen falschen Prüfungsmassstab angewendet hat[333].

Wenn auch eine fehlerhafte Interessenabwägung von der Gemeinde im Rahmen verschiedener Verfassungsrügen vorzubringen ist und vom Bundesgericht nicht als eigenständiger Beschwerdegrund behandelt wird, so rechtfertigt es sich trotzdem diesen Tatbestand gesondert darzustellen. Dies zum einen, weil Interessenabwägungen im Rahmen von Autonomiestreitigkeiten grosse Bedeutung zukommt, und zum andern, weil die Begründung einige Besonderheiten aufweist.

Ausgangspunkt ist die Frage, wann eine Interessenabwägung fehlerhaft ist. Interessenabwägung heisst Ermittlung, Bewertung und Ausgleichung von Interessen[334]. Entsprechend lassen sich im Sinne einer Systematisierung folgende *Rechtsfehler der Interessenabwägung* ausmachen[335]:

- *Abwägungsausfall:* eine Abwägung fand überhaupt nicht statt;
- *Ermittlungsdefizit:* nicht alle erheblichen Belange wurden in die Abwägung einbezogen;
- *Ermittlungsüberschuss:* es wurden im Gegenteil auch unbeachtliche Gesichtspunkte beigezogen;
- *Fehlbewertung:* Interessen wurden in einer Weise bewertet, die der Wünschbarkeit ihrer Auswirkungen widerspricht (und wurden somit in ihrer Bedeutung verkannt);
- *Abwägungsmissverhältnis:* die abzuwägenden Interessen wurden in einer Weise ausgeglichen, die zu ihrer zutreffenden Bewertung ausser Verhältnis steht.

---

[331] Z.B. BGE 107 Ia 35, 38 *(betr. Full-Reuenthal)*; 94 I 548f E.5 *(Grandson):* Eigentumsgarantie; ZBl 1993, 133 *(Disentis):* Handels- und Gewerbefreiheit sowie Rechtsgleichheit.

[332] BGE 118 Ia 513 E.c *(Zürich)*; 98 Ia 439 *(Cully)*; vgl. KUTTLER 55.

[333] Vgl. BGE 114 Ia 118ff E.4c *(betr. Burgdorf)*, wo - allerdings zugunsten der privaten Beschwerdeführer - dem Regierungsrat vorgeworfen wurde, bei der Festsetzung einer Freifläche für eine Schiessanlage keine umfassende, die Prüfung von Alternativstandorten einschliessende Interessenabwägung vorgenommen zu haben. Eine solche Beschränkung der Ueberprüfungsbefugnis stellt eine formelle Rechtsverweigerung dar (a.a.O. 127).

[334] Vgl. Art. 3 RPV sowie PIERRE TSCHANNEN, in AJP 1993, 727.

[335] TSCHANNEN a.a.O., der überzeugend begründet, dass sich dieser Typ von Rechtsfehlern nicht einfach mit den herkömmlichen Ermessensfehlern umschreiben lässt, da es nicht nur um die Kontrolle des Ergebnisses, sondern auch um die Herstellung desselben, mithin um den Argumentationsprozess (Begründung) geht. Zu beachten ist, dass ein Abwägungsfehler nur als Verletzung des Willkürverbotes oder allenfalls im Zusammenhang mit einem anderen verfassungsmässigen Recht (z.B. Eigentumsgarantie) gerügt werden kann.

b) Fälle

- Eine Autonomiebeschwerde gegen die Verweigerung der Genehmigung einer Umzonung wurde geschützt, weil der Regierungsrat zu einem bei der Planung zu berücksichtigenden Interesse (Problem der Fruchtfolgeflächen) überhaupt nicht Stellung genommen hatte und damit gegen Art. 4 BV verstiess[336];

- das private Interesse von Eigentümern an der Ueberbauung ihres Landes wurde gegenüber dem Interesse der Gemeinde, ihr Wachstum massvoll zu steuern, überbewertet, was eine Autonomieverletzung darstellt[337];

- das Bundesgericht erachtete es im Zusammenhang mit dem geplanten Bau einer Sonnen-kollektorenanlage in einer Erhaltungszone als sachlich nicht haltbar, das Interesse des Privaten an der Errichtung der Anlage höher zu bewerten als das öffentliche Interesse an der Erhaltung des Ortsbildes[338];

- indem eine kantonale Rechtsmittelbehörde ohne nähere Abklärung der tatsächlichen Verhältnisse und ohne Abwägung der öffentlichen gegenüber den privaten Interessen einen Satz einer kommunalen Friedhofordnung strich, verletzte sie die Gemeindeautonomie[339];

- das vom Kanton geltend gemachte zukünftige Interesse am Bau einer Passstrasse wurde vom Bundesgericht als viel zu unbestimmt beurteilt, als dass deshalb ein Eingriff des Kantons in die kommunale Planung gerechtfertigt wäre[340];

- keine Autonomieverletzung lag vor in einem Fall, in dem der Waadtländer Staatsrat eine Nichtgenehmigung eines Ueberbauungsplanes (plan d'extension) auf ein ausgewiesenes Interesse des Kantons stützte[341];

- keine sachlich nicht haltbare Ueberbewertung der privaten Interessen eines Baugesuch-stellers lag vor in einem Fall, in dem es um die Frage der Vorwirkung einer künftigen planerischen Festsetzung während eines Rechtsmittelverfahrens ging[342];

- keine fehlerhafte Ermittlung und Abwägung der sich gegenüberstehenden öffentlichen und privaten Interessen bei der Aufhebung einer aus Denkmalschutzgründen erlassenen kommunalen Schutzverordnung durch den Kanton[343];

- keine Verletzung der Eigentumsgarantie oder von Art. 4 BV sah das Bundesgericht bei einer im Rahmen einer Auszonung durchgeführten Interessenabwägung durch die Gemeinde *Sils*[344];

- bei der Interessenabwägung im Rahmen der Bewilligung der Zweckänderung von Familienwohnungen nach dem Zürcher Gesetz vom 30. Juni 1974 über die Erhaltung von Woh-

---

[336] BGE 114 Ia 371 *(Aesch)*.
[337] BGE 114 Ia 370 *(Obfelden)*.
[338] BGE 118 Ia 456 *(Alvaneu)*.
[339] BGE 112 Ia 279 *(Sent)*.
[340] BGE 103 Ia 182ff *(Savognin)*.
[341] BGE 98 Ia 436 E.5 *(Cully)*.
[342] BGE 118 Ia 513f *(Zürich)*.
[343] BGE 119 Ia 313ff *(Zürich)*; ausschlaggebend war ein von der Gemeinde wenige Jahre zuvor gegenüber den Grundeigentümern ausgesprochener Verzicht, Denkmalschutzmassnahmen anzuordnen.
[344] BGE 104 Ia 128ff E.3.

nungen für Familien sind alle in der Sache erheblichen Interessen zu berücksichtigen, worunter auch wirtschaftlichen Aspekte wie bspw. die finanziellen Interessen einer gemeinnützigen Institution[345];

- der verfassungsrechtliche Schutz überwog im konkreten Fall das Interesse einer Versicherungsgesellschaft an einer freien, allein in deutsch gehaltenen Reklametafel; dem Bündner Verwaltungsgericht wurde vorgeworfen, es habe die Tragweite der Handels- und Gewerbefreiheit im Lichte des verfassungsmässig geschützten Interesses an der Erhaltung der rätoromanischen Sprache verkannt[346];

- die Gemeindeautonomie ist verletzt, wenn infolge einer fehlerhaften Interessenabwägung zu Unrecht angenommen wird, eine Planung der Gemeinde verletze Art. 22ter BV[347].

[345] ZBl 1993, 180 *(Zürich)*.
[346] ZBl 1993, 133 *(Disentis)*.
[347] ZBl 1992, 323 *(Zürich)*.

DRITTER TEIL

PROZESSUALES

Beim staatsrechtlichen Beschwerdeverfahren handelt es sich nicht um die Fortsetzung eines kantonalen Verfahrens, sondern um einen neuen Prozess. Im folgenden werden der Ablauf des Verfahrens vor Bundesgericht dargestellt (5. Kapitel), die Kognitionsregeln zusammengefasst (6. Kapitel) sowie die besonderen Prozessvoraussetzungen bei der Autonomiebeschwerde erläutert (7. Kapitel).

FUENFTES KAPITEL : BESCHWERDEVERFAHREN

Das staatsrechtliche Beschwerdeverfahren ist grundsätzlich *schriftlich*[1].

I. Verfahrensbeteiligte

1. Ueberblick

Bei einer Autonomiebeschwerde tritt in der Regel die Gemeinde als Beschwerdeführerin auf. Oft ist eigentlicher Beschwerdegegner nicht der Kanton, sondern der (meist) private Prozessgegner im kantonalen Verfahren, bspw. ein Grundeigentümer, dessen Baugesuch die Gemeinde abgewiesen hat. Private können bei Autonomiebeschwerden auch als Mitbeteiligte auftreten[2]. Bei Einzelfragen im Verfahren werden sinngemäss die zivilprozessualen Grundsätze herangezogen[3].

---

[1] Art. 91 OG.

[2] Z.B. BGE 119 Ia 214 *(Küsnacht)*; 116 Ia 221 *(Kappel)*.

[3] In BGE 116 Ia 223 E.1b *(Kappel)* wurde bspw. entschieden, dass der Prozess trotz Veräusserung des Streitgegenstandes (Grundstück) durch den Beschwerdeführer nicht gegenstandslos, sondern im Namen dieses ursprünglichen Beschwerdeführers fortgesetzt werde; die Zustimmung der Gegenpartei zu einem Parteiwechsel i.S.v. Art. 17 Abs. 1 BZP sei nicht gegeben.

2. Gemeinde als Beschwerdeführerin

Die materiellen Voraussetzungen der Partei- und Prozessfähigkeit[4] bereiten bei der Autonomiebeschwerde keine Probleme. Obwohl öffentlichrechtliche Körperschaften grundsätzlich nicht parteifähig sind, können sich Gemeinden - und andere öffentlichrechtliche Körperschaften[5] - wegen Verletzung ihrer durch die Verfassung gewährleisteten Autonomie zur Wehr setzen[6]. Die *Parteifähigkeit* kommt dabei nur der Gemeinde, nicht ihren Organen zu[7]. Grundsätzlich ist auch nur die Gemeinde als Rechtsperson und nicht eine Vielzahl von stimmberechtigten Gemeindebürgern Partei[8]. Selbstverständlich kommt der Gemeinde auch die *Prozessfähigkeit* zu. Als Beschwerdeführerin verfügt sie über den Prozessgegenstand, d.h. sie bestimmt das Thema des Verfahrens: Was wird weswegen angefochten? Sie kann bis zum Urteil die Beschwerde einschränken oder zurückziehen; sie kommt auch in beschränktem Umfang als Kostenträgerin in Betracht[9].

Schützt eine kantonale Rechtsmittelinstanz den Entscheid der obersten in der Sache zuständigen kommunalen Instanz (z.B. städtisches Disziplinargericht), so ist die Gemeindeautonomie von vornherein nicht verletzt. Das gilt auch dann, wenn eine nachgeordnete kommunale Instanz (z.B. Stadtrat) das kommunale Recht anders ausgelegt wissen möchte[10].

3. Insbesondere die Prozess-Vertretung

Körperschaften des öffentlichen Rechts werden im Prozess durch ihre Organe vertreten[11]. Die kommunale Exekutive (Gemeinderat) ist generell befugt, für die Gemeinde staatsrechtliche Beschwerde zu führen[12]. Nur wenn das kantonale oder kommunale Recht dies ausdrücklich vorsieht, ist dazu eine Zustimmung der Gemeindelegislative erforderlich[13]; diese kann auch nachträglich erfolgen[14]. Die Gemeinde, bzw. das zur

---

[4] Dazu KAELIN, Verfahren 209ff.

[5] Bspw. ein Gemeindeverband oder eine kantonale Korporation, BGE 108 Ia 85 E.b *(ev.-ref. Kirche des Kantons St. Gallen)*.

[6] BGE 119 Ia 216 E.1b *(Küsnacht);* 99 Ia 756; 103 Ia 59; 109 Ia 174; 112 Ia 363 E.5.

[7] BGE 102 Ia 566 E.1 *(Meggen);* ZBl 1993, 518 *(betr. Mitglieder des Bezirksrates Laufental).*

[8] In BGE 116 Ia 289 *(betr. Buttisholz)* trat das Bundesgericht allerdings auf eine Autonomiebeschwerde eines Initiativkomitees, das aus stimmberechtigten Gemeindebürgern bestand, ein und wies sie ab, ohne sich zur Zulässigkeit der Beschwerde zu äussern. Zur Figur des Kollektivrechts siehe vorne S. 17.

[9] Dazu hinten S. 145.

[10] ZBl 1980, 305 *(Chur).*

[11] KAELIN, Verfahren 219; GYGI, Bundesverwaltungsrechtspflege 180.

[12] BGE 116 Ia 255 E.2 *(Cadro);* 103 Ia 472 E.1 *(Lugano).* Zu beachten ist, dass die Gemeinde im staatsrechtlichen Beschwerdeverfahren kein erhebliches Kostenrisiko eingeht; dazu hinten S. 145.

[13] BGE 101 Ia 394 *(Hünenberg).* Von Bundesrechts wegen wird das Beschwerderecht der Gemeinde dadurch solange nicht unzulässig eingeschränkt, als die Befugnis der Gemeindeexekutive gewahrt wird, fristgerecht Beschwerde einzureichen, wenn die Zustimmung der Gemeindelegislative nicht rechtzeitig eingeholt werden kann; vgl. BGE 100 Ia 91 E.c *(Bassersdorf);* 91 I 41 *(Ilanz).*

Vertretung ermächtigte Organ, kann einen gewillkürten Vertreter bestimmen. Ein Anwaltszwang besteht nicht; auch Nichtanwälte sind im staatsrechtlichen Beschwerdeverfahren zugelassen[15]. Die Gemeinde, die das Beschwerdeverfahren durch einen gewillkürten Vertreter führen lässt, wird dadurch nicht gehindert, selbständig Prozesshandlungen vorzunehmen[16].

4. Streitgenossenschaft

Von einem kantonalen Hoheitsakt können mehrere Gemeinden betroffen sein, die sich in ihrer Autonomie verletzt sehen. Falls mehrere Gemeinden den gleichen Hoheitsakt anfechten, können sie gemeinsam Beschwerde führen[17]. Private können als Mitbeteiligte zusammen mit der Gemeinde Beschwerde führen. Das Bundesgericht kann auch getrennte Beschwerden, die sich gegen den gleichen Hoheitsakt richten - z.B. die Beschwerden einer Gemeinde und eines Privaten -, vereinigen und im gleichen Verfahren behandeln[18].

5. Kanton als Gemeinwesen, gegen das sich die Autonomiebeschwerde richtet

Der beschwerdeführenden Gemeinde steht die kantonale Behörde gegenüber, deren Hoheitsakt angefochten ist. Der Kanton wird durch das Organ vertreten, von welchem der angefochtene Entscheid oder Erlass ausgegangen ist. Dabei handelt es sich in der Regel um den Regierungsrat oder um das Verwaltungsgericht. In Frage kommt auch eine Rekurskommission[19], ein kantonales Departement[20] oder eine kantonale kirchliche Behörde[21], bei der Beschwerde gegen Rechtssetzungsakte sodann das kantonale Parlament (i.d.R. Grosser Rat)[22]. Dieser Behörde steht das Recht zu, eine Vernehmlassung einzureichen[23].

---

[14] BGE 101 Ia 395 E.1 (Hünenberg).

[15] Vgl. Art. 29 Abs. 2 OG.

[16] KAELIN, Verfahren 219.

[17] Z.B. BGE 117 Ia 352 (Kloten, Uster u.a.); 115 Ia 42 (Bulle u. Freiburg); 113 Ia 341 (Rümlang, Oberglatt u. Niederglatt); 108 Ia 82 (kantonale Kirche u. Kirchgemeinde); 105 Ia 255 (Saint-Aubin-Sauges u. Gorgier).

[18] Z.B. BGE 108 Ia 74 (Lausanne); 103 Ia 182 (Savognin); 96 I 722 E.F (Regensdorf).

[19] BGE 114 Ia 80 (Steuerrekurskommission FR); 108 Ia 74 (Baupolizeirekurskommission VD).

[20] BGE 103 Ia 487 (Direktion des Innern ZH).

[21] BGE 108 Ia 264 (Evangelischer Kirchenrat TG).

[22] Z.B. BGE 103 Ia 191 (Grosser Rat BE). Diesfalls ist der Regierungsrat zur Vertretung befugt; KAELIN, Verfahren 221.

[23] Art. 93 OG; siehe hinten S. 141.

6. Beschwerdegegner und weitere Beteiligte

Als Beschwerdegegner wird der Private bezeichnet, der der Gemeinde im kantonalen Verfahren gegenüberstand. Er kann ebenfalls eine Vernehmlassung abgeben und sich - auch wenn er im kantonalen Verfahren obsiegt hat und selber nicht staatsrechtliche Beschwerde führen könnte - gegen in seinen Augen unrichtige Feststellungen und Folgerungen der kantonalen Instanz wenden[24].

Bei einer Beschwerde gegen ein Urteil des Verwaltungsgerichts kann bspw. auch der vorinstanzlich zuständige Regierungsrat zu einer Vernehmlassung aufgefordert werden. Der Regierungsrat tritt dabei, ohne direkt Gegenpartei zu sein, als weiterer Beteiligter auf. Als solche kommen auch kantonale Verwaltungsabteilungen oder Organe des Bezirks in Betracht[25].

Unter Umständen befindet sich eine Gemeinde auf der Seite des Beschwerdegegners[26].

II. Einleitung des Beschwerdeverfahrens

1. Beschwerdefrist

Die Frist für die Einreichung einer staatsrechtlichen Beschwerde beträgt 30 Tage[27]. Die Frist beginnt mit der nach kantonalem Recht massgebenden Eröffnung oder Mitteilung des Erlasses oder der Verfügung bzw. am Tag danach[28]. Zu frühe Eingabe der Beschwerde schadet nicht[29]. Die Frist ist gewahrt, wenn die Beschwerde vor Mitternacht des letzten Tages, an das Bundesgericht adressiert, den PTT übergeben wird. Notfalls hat das zur Vertretung befugte Gemeindeorgan die Beschwerde einzureichen, bevor es eine erforderliche Zustimmung der Gemeindelegislative erhalten hat[30].

---

[24] BGE 115 Ia 30 *(Biel)*.

[25] In BGE 113 Ia 212 *(Winterthur)* richtete sich die Autonomiebeschwerde der politischen Gemeinde gegen den Regierungsrat und den eigenen Stadtrat!

[26] So z.B. bei einer Autonomiebeschwerde einer Nachbargemeinde gegen die Genehmigung der Nutzungsplanung: BGE 114 Ia 466 *(Luterbach g. Deitingen u.a.)*. Vgl. auch BGE 115 Ib 302 *(Kanton AG g. Staufen u. Schafisheim u.a.)*; 96 I 718 *(Regensdorf u.a. g. Niederhasli u.a.)*.

[27] Art. 89 Abs. 1 OG. Diese gesetzliche Frist kann nicht erstreckt werden (Art. 33 Abs. 1 OG). Zur Wiederherstellung vgl. Art. 35 OG.

[28] Art. 32 Abs. 1 OG. Zur Fristberechnung vgl. auch Art. 32 Abs. 2 OG (sowie BG über den Fristenlauf an Samstagen; SR 173.110.3) und Art. 34 Abs. 1 OG.

[29] BGE 103 Ia 194 *(Moosseedorf)*; 110 Ia 3 E.1. Das Bundesgericht setzt bis zum Fristbeginn die Instruktion aus.

[30] Vgl. vorne S. 134f.

a) Bei der Anfechtung von Erlassen

In der Regel beginnt die Beschwerdefrist mit der Publikation des Erlasses im kantonalen Amtsblatt. Entscheidend ist der Zeitpunkt, in welchem der Beschwerdeführer von der Publikation Kenntnis erhalten konnte, nicht etwa das Datum des Inkrafttretens[31].

Bei *kantonalen Gesamt- oder Richtplänen* läuft die 30tägige Frist ab Bekanntmachung durch das kantonale Parlament[32]. Ein Plan kann von der Gemeinde unter Umständen auch bei der späteren Anwendung, bspw. im Rahmen einer Ortsplanungsrevision, noch angefochten werden[33].

b) Bei der Anfechtung von Verfügungen und Entscheiden

Die Beschwerdefrist beginnt mit der nach kantonalem Recht massgebenden Eröffnung bzw. Mitteilung. In der Regel ist dies die postalische Zustellung an die Gemeinde oder deren Rechtsvertreter. Werden von Amtes wegen, d.h. aufgrund gesetzlicher Vorschrift oder ständiger Praxis, nachträglich Entscheidungsgründe zugestellt, gilt der Zeitpunkt des Erhalts der schriftlichen Begründung[34].

2. Einreichungsort

Die Beschwerde ist beim Bundesgericht in '1000 Lausanne 14' einzureichen.

III. Beschwerdeschrift

1. Form und Inhalt der Beschwerdeschrift

a) Form

Die staatsrechtliche Beschwerde ist schriftlich, in einer Nationalsprache, in genügender Anzahl für das Gericht und jede Gegenpartei, mindestens jedoch im Doppel einzureichen; sie ist eigenhändig zu unterschreiben[35]. Ein Parteivertreter hat sich durch eine Vollmacht zu legitimieren[36]. Mit der Beschwerdeschrift ist als Beilage eine Ausfertigung des angefochtenen Hoheitsaktes einzureichen.

---

[31] Vgl. KAELIN, Verfahren 348ff. Untersteht der Erlass dem obligatorischen oder fakultativen Referendum oder muss er durch eine Behörde genehmigt werden, beginnt die 30tägige Frist mit der nach kantonalem Recht vorgesehenen Mitteilung des Erwahrungsbeschlusses bzw. der amtlichen Bekanntmachung, dass der Erlass infolge unbenutzten Ablaufs der Referendumsfrist zustande gekommen (BGE 103 Ia 194 *[Moosseedorf];* 119 Ia 126) bzw. genehmigt worden ist (BGE 114 Ia 222).

[32] BGE 111 Ia 130 E.3c *(Wiesendangen).*

[33] BGE a.a.O. 131.

[34] Art. 89 Abs. 2 OG; BGE 106 Ia 239; 99 Ia 558f.

[35] Art. 30 Abs. 1 OG.

[36] Art. 29 Abs. 1 OG. Diese ist vom vertretungsberechtigten Organ, in der Regel dem Gemeinderat, zu unterzeichnen.

b) Inhalt

Die Beschwerde muss folgende Punkte beinhalten[37]:
- Name und Adresse der Beschwerdeführerin und gegebenenfalls des Parteivertreters;
- die genaue Bezeichnung des angefochtenen Erlasses bzw. Entscheides;
- die Anträge[38];
- die Darstellung der wesentlichen Tatsachen;
- die Nennung der verfassungsmässigen Rechte, deren Verletzung gerügt wird (Gemeindeautonomie und eventuell andere verfassungsmässige Rechte, v.a. Art. 4 BV);
- eine Begründung, inwiefern diese Rechte durch den angefochtenen Hoheitsakt verletzt worden sind[39].

Zudem sollte die Beschwerdeschrift den Beschwerdegegner und allfällige weitere Beteiligte nennen sowie Ausführungen zu den Sachurteilsvoraussetzungen (Frist, Erschöpfung des kantonalen Instanzenzuges, Legitimation u.a.)[40] enthalten.

2. Beschwerdeanträge[41]

a) Grundsätzlich nur Kassation

Wegen der kassatorischen Natur der staatsrechtlichen Beschwerde kann auch mit der Autonomiebeschwerde nur die *Aufhebung* des angefochtenen Hoheitsaktes verlangt werden[42]. Anträge auf Erlass positiver Anordnungen oder auf ein Feststellungsurteil sind grundsätzlich unzulässig[43]. Eine Ausnahme gilt nur dann, wenn die von der Verfassung geforderte Lage nicht schon mit der Aufhebung des kantonalen Entscheides hergestellt wird, sondern dafür eine positive Anordnung nötig ist[44]. Im Beschwerdeantrag muss angegeben werden, ob die ganze oder nur teilweise Aufhebung eines Hoheitsaktes verlangt wird. Werden bspw. nur Teile eines Erlasses angefochten, sind die beanstandeten Artikel genau anzugeben[45]. Auch Eventualanträge sind möglich[46].

Der Beschwerdegegner kann nur Nichteintreten bzw. Abweisung der Beschwerde beantragen.

---

[37] Vgl. Art. 90 Abs. 1 OG.
[38] Nachfolgend Ziff. 2.
[39] Nachfolgend Ziff. 3.
[40] Siehe auch hinten S. 140.
[41] Zu den Beweisanträgen hinten S. 190; zum Antrag auf vorsorgliche Massnahmen hinten S. 189.
[42] BGE 95 I 36 E.1b *(St. Moritz);* ZBl 1994, 277 *(Mund).* Zu einer Ausnahme von der kassatorischen Wirkung siehe hinten S. 144.
[43] KAELIN, Verfahren 362, 397.
[44] N.p. BGE vom 11. November 1985 E.2b i.S. *Plaffeien;* siehe auch hinten S. 144f.
[45] BGE 109 Ia 120.
[46] BGE 111 Ia 302 E.5.

b) Mitanfechtung vorangegangener kantonaler Hoheitsakte

Die staatsrechtliche Beschwerde richtet sich immer gegen einen letztinstanzlichen kantonalen Entscheid. Unter gewissen Voraussetzungen kann jedoch auch noch ein vorangegangener kantonaler Hoheitsakt mitangefochten werden[47]. In bezug auf die Autonomiebeschwerde sind v.a. zwei Fälle von Bedeutung: Bei der Anfechtung von Erlassen kann mit der im Anschluss an einen kantonalen Rechtsmittelentscheid erhobenen staatsrechtlichen Beschwerde auch noch die Anfechtung der angefochtenen Vorschrift selber verlangt werden[48]. Bei der Anfechtung eines Nichtgenehmigungsbeschlusses bezüglich einer Ortsplanungsrevision kann ausnahmsweise auch noch vorfrageweise der kantonale Richtplan in Frage gestellt werden[49]. In einem solchen Fall muss ausdrücklich die Aufhebung des letztinstanzlichen und des vorinstanzlichen Hoheitsaktes beantragt werden[50].

3. Beschwerdebegründung

a) Das qualifizierte Rügeprinzip

Gemäss Art. 90 Abs. 1 lit. b OG sind Autonomiebeschwerden hinreichend zu begründen[51]. Das Bundesgericht beschränkt sich auf die vom Beschwerdeführer vorgebrachten Rügen[52]. Geprüft werden nur Rügen, die genügend klar und detailliert erhoben und, soweit möglich, belegt werden[53]. Auf mangelhaft begründete Beschwerden bzw. Rügen tritt das Bundesgericht nicht ein[54]. Blosse Verweisungen auf andere Rechtsschriften sind unzulässig[55].

b) Tatbeständliche Begründung

Die Beschwerde muss die entscheidrelevanten Tatsachen nennen. Bei Anerkennung des Sachverhalts, wie ihn die kantonale Behörde festgestellt hat, darf auf den angefochtenen Hoheitsakt oder andere eingereichte Akten verwiesen werden[56].

---

[47] BGE 114 Ia 311 E.3a; 111 Ia 353. Dazu hinten S. 160.
[48] In BGE 104 Ia 136f E.2 *(Tägerig)* liess das Bundesgericht die Mitanfechtung eines Grossratsbeschlusses aus "prozessökonomischen" Gründen zu.
[49] BGE 111 Ia 130ff *(Wiesendangen)*.
[50] KAELIN, Verfahren 363.
[51] Zahlreiche Beschwerden scheitern am Begründungserfordernis. Vgl. MARC FORSTER, Woran staatsrechtliche Beschwerden scheitern - Zur Eintretenspraxis des Bundesgerichts, in SJZ 1993, 77ff.
[52] SPUEHLER, Praxis 29. PETER GALLI, Die rechtsgenügende Begründung einer staatsrechtlichen Beschwerde, in SJZ 1985, 121ff.
[53] BGE 114 Ia 316 E.1b *(Savognin)*; 101 Ia 263 E.4 *(Ritzingen)*.
[54] BGE 116 Ia 428 E.4a *(Düdingen)*; 114 Ia 76 E.2a *(Klosters-Serneus)*; 113 Ia 163 *(Moutier)*.
[55] BGE 115 Ia 30 *(Biel)*.
[56] BGE 87 I 216.

c) Rechtliche Begründung

Entsprechend dem bundesgerichtlichen Prüfungsprogramm bei einer Autonomiebeschwerde hat die Gemeinde erstens zu begründen, inwiefern das kantonale Recht ihr im betreffenden Sachbereich eine relativ erhebliche Entscheidungsfreiheit einräumt, und zweitens darzulegen, inwiefern der angefochtene Hoheitsakt ihre Autonomie verletzt[57]. Dabei genügt es nicht, dass die Gemeinde nur ihre Autonomie dartut und die nach ihrer Ansicht richtige Rechtsanwendung nennt; sie muss substantiiert darlegen, inwieweit das Recht im angefochtenen Entscheid unrichtig angewendet worden sei[58]. Die Beschwerdebegründung setzt also eine intensive *Auseinandersetzung mit dem angefochtenen kantonalen Entscheid* voraus[59]. Wichtig ist insbesondere, ob eine Rüge umfassend oder nur auf Willkür geprüft wird[60]. Das Bundesgericht prüft nicht, welches die (theoretisch) richtige Auslegung im konkreten Fall wäre, sondern nur, ob der Standpunkt der kantonalen Behörde den von der Gemeinde substantiiert vorgebrachten Anforderungen der Verfassung gerecht wird. Eine mögliche Fehlerquelle besteht darin, dass die Gemeinde sich zu sehr auf ihren eigenen, im kantonalen Verfahren vertretenen Standpunkt konzentriert, während für den Erfolg einer Autonomiebeschwerde einzig das Aufzeigen der Verfassungswidrigkeit des kantonalen Entscheides ausschlaggebend ist. Die Tatsache, dass der angefochtene Entscheid nur knapp begründet ist, entbindet die Beschwerdeführerin nicht davon, genügend substantiierte Rügen zu erheben und nötigenfalls Begründungselemente aufzugreifen, die die verfügende Behörde nicht angesprochen hat[61]. Besonders eingehend zu begründen ist die Rüge der *Rechtsanwendungswillkür*. Die Beschwerdeführerin hat die Rechtsnorm, die qualifiziert unrichtig angewandt bzw. nicht angewandt worden sein soll, zu bezeichnen und anhand der angefochtenen Subsumtion im einzelnen zu zeigen, *inwiefern* der Entscheid offensichtlich unhaltbar ist, mit der tatsächlichen Situation in klarem Widerspruch steht, eine Norm oder einen Rechtsgrundsatz krass verletzt oder in stossender Weise dem Gerechtigkeitsgedanken zuwiderläuft[62].

d) Begründung der Eintretensvoraussetzungen

Das Bundesgericht prüft bei einer Autonomiebeschwerde die Eintretensfrage frei und von Amtes wegen[63]. Auch nach dem Wortlaut von Art. 90 OG ist eine Begründung der Sachurteilsvoraussetzungen nicht erforderlich[64]. Diesbezügliche Ausführungen, insbesondere zur Legitimation, empfehlen sich aber für Nicht-Gemeinden.

---

[57] BGE 114 Ia 76f E.2a *(Klosters-Serneus)*.
[58] BGE 114 Ia 316 E.1b *(Savognin)*, 82 E.b *(Gemeinde X.)*.
[59] Vgl. BGE 99 Ia 252 E.3 *(betr. Kaiseraugst)*.
[60] Kognitionsregeln siehe hinten S. 146ff.
[61] BGE 114 Ia 317 *(Savognin)*.
[62] BGE 112 Ia 264 E.b *(Kloten)*.
[63] Siehe hinten S. 147.
[64] Vgl. aber BGE 113 Ia 252 E.aa sowie KAELIN, Verfahren 367f m.w.V.

4. Beschränktes Novenrecht

Beim Novenrecht geht es um die Frage, ob mit staatsrechtlicher Beschwerde neue Tatsachen oder Beweismittel oder neue rechtliche Argumente vorgebracht werden dürfen, welche im kantonalen Verfahren nicht geltend gemacht wurden. Dies ist grundsätzlich zu verneinen[65]. Ausnahmsweise werden aber bei Autonomiebeschwerden rechtliche Nova zugelassen, falls die letzte kantonale Instanz volle Ueberprüfungsbefugnis besass und das Recht von Amtes wegen anzuwenden hatte[66]; in diesem Rahmen sind auch neue tatsächliche Vorbringen und Beweismittel erlaubt[67]. Diese Ausnahme gilt nicht für Willkürbeschwerden[68] und Beschwerden, die damit inhaltlich weitgehend zusammenfallen[69] - was das Bundesgericht bei Autonomiebeschwerden z.T. angenommen hat[70]. Erlaubt sind zudem nach der allgemeinen Praxis zur staatsrechtlichen Beschwerde neue Vorbringen, zu deren Geltendmachung erst die Begründung des angefochtenen Entscheides Anlass gab, sowie Gesichtspunkte, die sich derart aufdrängen, dass sie von der kantonalen Instanz offensichtlich von Amtes wegen hätten berücksichtigt werden müssen, und schliesslich neue Tatsachen und Beweismittel im Zusammenhang mit Sachverhaltsabklärungen des Bundesgerichts gemäss Art. 95 OG[71].

IV. Instruktionsstadium

1. Allgemeines

Das Instruktionsstadium umfasst alle Handlungen, die der Vorbereitung der Urteilsberatung dienen, mithin den Schriftenwechsel, den Entscheid über allfällige vorsorgliche Verfügungen und, soweit erforderlich, das Beweisverfahren.

2. Schriftenwechsel

a) Vernehmlassung

Ordnet das Bundesgericht einen Schriftenwechsel an, stellt es die Beschwerde der Behörde, von welcher der angefochtene Entscheid oder Erlass ausgegangen ist, sowie dem Beschwerdegegner und allfälligen weiteren Beteiligten zu. Es setzt ihnen eine angemessene, erstreckbare Frist zur Einsendung der Akten und zur Vernehmlassung[72]. Die Vernehmlassung muss den Anforderungen von Art. 90 OG genügen[73].

---

[65] BGE 107 Ia 191 E.b.

[66] BGE 113 Ia 339 E.c *(St-Maurice)*.

[67] BGE 107 Ia 191 E.b.

[68] BGE a.a.O.

[69] KAELIN, Verfahren 371.

[70] Siehe vorne S. 31 und hinten S. 166.

[71] Zum Ganzen KAELIN, Verfahren 369ff; SPUEHLER, Praxis 53f.

[72] Art. 93 Abs. 1 OG. Im vereinfachten Verfahren gemäss Art. 36a OG muss bei offensichtlich unzuläs-

b) Beschwerdeergänzung

Sind die Entscheidungsgründe erst in der Vernehmlassung der kantonalen Behörde enthalten, welche den angefochtenen Hoheitsakt erlassen hat, kann der Beschwerdeführerin eine Frist zur Ergänzung der Beschwerde angesetzt werden[74].

c) Weiterer Schriftenwechsel

Art. 93 Abs. 3 OG gestattet ausnahmsweise einen zweiten Schriftenwechsel[75]. Eine Beschwerdeergänzung ist in einem solchen Fall jedoch nur insoweit zulässig, als die Erwägungen der kantonalen Behörde hierzu Anlass geben; Anträge und Rügen, welche bereits in der Beschwerde selbst hätten gestellt bzw. vorgebracht werden können, sind unstatthaft[76].

3. Vorsorgliche Verfügungen

Das Fehlen der Suspensivwirkung bei der staatsrechtlichen Beschwerde hat zur Folge, dass der angefochtene Hoheitsakt trotz hängiger Beschwerde in Kraft treten bzw. vollstreckt werden kann. Auf Antrag einer Partei können jedoch diejenigen vorsorglichen - unter Umständen sogar superprovisorischen - Verfügungen getroffen werden, die erforderlich sind, um den bestehenden Zustand zu erhalten oder bedrohte rechtliche Interessen einstweilen sicherzustellen[77]. Neben der Gewährung der aufschiebenden Wirkung kommen auch konkrete Anweisungen und andere Massnahmen in Betracht. Antragsberechtigt sind alle am Verfahren Beteiligten[78]. Zuständig zum Erlass vorsorglicher Verfügungen ist der Abteilungspräsident[79].

4. Beweisverfahren

Der Instruktionsrichter ordnet gemäss Art. 95 Abs. 1 OG die zur Aufklärung des Sachverhalts erforderlichen Beweisaufnahmen an, wenn der relevante Sachverhalt durch den Schriftenwechsel nicht genügend geklärt ist. Es gilt die Offizialmaxime[80] - trotzdem sind Beweisanträge der Parteien zulässig[81] - sowie der Grundsatz der freien Beweiswürdigung[82]. Bei Autonomiebeschwerden im Bereich des Bau- und Planungs-

---

sigen oder unbegründeten Beschwerden kein Schriftenwechsel durchgeführt werden.

[73] BGE 115 Ia 30 *(Biel)*.

[74] Art. 93 Abs. 2 OG; BGE 119 Ia 216 *(Küsnacht u.a.)*.

[75] Z.B. BGE 96 I 722 E.F *(Regensdorf)*.

[76] BGE 118 Ia 308 E.1c; MARTI, Beschwerde 145.

[77] Art. 94 OG.

[78] BIRCHMEIER, Bundesrechtspflege 401.

[79] BGE 115 Ia 323 E.c.

[80] AUER 255.

[81] MARTI, Beschwerde 147.

[82] Art. 95 Abs. 2 OG.

rechts kommt als Beweismittel vor allem ein Augenschein in Frage[83], seltener eine Expertise[84]. Die Beweisaufnahme wird vom Instruktionsrichter[85] oder einer Instruktionskommission[86] durchgeführt. Aus Gründen des rechtlichen Gehörs sind die Parteien bei einem Augenschein einzuladen; unter Umständen kommt es dabei zu einer eigentlichen Instruktionsverhandlung, an der die Parteien Gelegenheit haben, ihren Standpunkt zu erläutern[87].

V. Urteilsstadium

1. Entscheidverfahren

Ueber Autonomiebeschwerden entscheiden die öffentlichrechtlichen Abteilungen[88], in der Regel in der Besetzung mit drei Richtern[89]. Zur Anwendung gelangt meist das Zirkulationsverfahren nach Art. 36b OG[90]. Danach kann das Gericht auf dem Weg der Aktenzirkulation entscheiden, wenn Einstimmigkeit vorliegt und kein Richter eine mündliche Beratung verlangt[91].

Bei Nichteintreten auf offensichtlich unzulässige Beschwerden, bei Abweisung offensichtlich unbegründeter und Gutheissung offensichtlich begründeter Beschwerden wird das Urteil im vereinfachten Verfahren nach Art. 36a OG nur summarisch begründet.

2. Urteil

a) Allgemeines

Das Verfahren der staatsrechtlichen Beschwerde wird entweder mit einem Abschreibungsbeschluss oder mit einem Urteil[92] beendet. Letzteres lautet dabei auf Nichteintreten, auf Gutheissung oder auf Abweisung der Beschwerde. Die Parteien erhalten vorerst ein Dispositiv zugestellt, hernach folgt ein schriftlich begründeter Entscheid[93].

---

[83] BGE 118 Ia 456 *(Alvaneu)*; 114 Ia 376 *(Aesch)*; 107 Ia 241 *(Churwalden)*; 106 Ia 95 *(Klosters-Serneus)*; 104 Ia 129 E.c *(Sils)*.

[84] BGE 96 I 722 E.F *(Regensdorf)*.

[85] So Art. 95 Abs. 1 OG.

[86] So z.B. in BGE 106 Ia 95 *(Klosters-Serneus)*; 96 I 722 E.G *(Regensdorf)*.

[87] Vgl. BGE 113 Ia 196 E.b *(Uster)*; 96 I 722 E.G *(Regensdorf)*.

[88] In der Regel die I., vgl. Art. 2 Abs. 1 Ziff. 2 Reglement für das Schweizerische Bundesgericht (SR 173.111.1).

[89] Art. 15 Abs. 1 OG; vgl. auch Abs. 2 und 3.

[90] Vgl. z.B. ZBl 1995, 183 *(St. Moritz)*.

[91] Grundlage bildet dabei gewöhnlich ein schriftliches Referat eines Richters (Referent), das bei den übrigen Richtern in Zirkulation gesetzt wird.

[92] Zur Rechtskraft (Art. 38 OG) vgl. KAELIN, Verfahren 392ff.

[93] Art. 37 Abs. 1 und 2 OG. Im Einverständnis mit den Parteien und der Vorinstanz kann von einer schriftlichen Begründung abgesehen werden, Art. 37 Abs. 2bis OG.

b) Abschreibungsbeschluss

Ein Abschreibungsbeschluss ergeht bei Rückzug der Beschwerde oder Aufhebung des angefochtenen Hoheitsaktes durch die kantonale Behörde.

c) Nichteintretensentscheid

Bei Fehlen einer Sachurteilsvoraussetzung[94] tritt das Bundesgericht auf die Beschwerde nicht ein. Der Nichteintretensentscheid kann die ganze Beschwerde oder bloss einzelne Rügen betreffen.

d) Abweisung der Beschwerde

Zeigt sich, dass die Beschwerde bzw. die einzelnen Rügen unbegründet sind, weist das Bundesgericht die Beschwerde ab. Die Abweisung kann ganz oder teilweise erfolgen[95].

e) Gutheissung der Beschwerde

Stellt das Bundesgericht eine Verletzung der Gemeindeautonomie oder eines anderen konnexen verfassungsmässigen Rechts bzw. Verfassungsgrundsatzes fest, wird die Beschwerde gutgeheissen. Der angefochtene kantonale Hoheitsakt wird aufgehoben. Erlässt die kantonale Behörde einen neuen Hoheitsakt, muss sie dabei die Entscheidgründe des Bundesgerichtsurteils berücksichtigen[96]. Aufgrund der kassatorischen Natur der staatsrechtlichen Beschwerde kann grundsätzlich nur die Aufhebung des angefochtenen Entscheides oder Erlasses erreicht werden[97]. Davon macht das Bundesgericht einige Ausnahmen[98]. Auch bei Autonomiebeschwerden kann ausnahmsweise mehr als die blosse Aufhebung des Anfechtungsobjekts resultieren: So wurde im Rahmen eines Planfestsetzungsverfahrens "einzig die ursprünglich vom Gemeinderat vorgesehene Zonierung" vom Bundesgericht "als angemessene Lösung" bezeichnet[99]. Im Ergebnis kommt dies einer positiven, bundesgerichtlichen Festsetzung der Zonenbegrenzung gleich[100].

---

[94] Dazu hinten S. 152ff.

[95] In BGE 109 Ia 81 *(Sumvitg)* wurde eine Autonomiebeschwerde "im Sinne der Erwägungen" abgewiesen. Das Bundesgericht erachtete die Nichtgenehmigung eines absoluten, dreijährigen Pilzsammelverbotes durch die Bündner Regierung als sachlich gerechtfertigt. In den Erwägungen wurden Kriterien entwickelt, die das Bundesgericht für den Fall, dass die Gemeinde ein neues, weniger weitgehendes Sammelverbot beschliessen sollte - das wiederum vom Kanton zu genehmigen wäre -, angewendet wissen wollte, um ein zweites Verfahren vor Bundesgericht zu vermeiden.

[96] BGE 112 Ia 354 E.3c/bb (Art. 38 OG und Art. 66 Abs. 1 OG analog).

[97] Vgl. vorne S. 138.

[98] Dazu KAELIN, Verfahren 400ff.

[99] BGE 114 Ia 370 *(Obfelden)*.

[100] Die Beschwerde wurde "im Sinne der Erwägungen" gutgeheissen.

3. Kostenentscheid

Im Kostenentscheid hat das Bundesgericht über die Tragung der Gerichts- und Parteikosten zu befinden. Gemeinden, die in ihrem "amtlichen Wirkungskreis" und ohne dass es sich um Vermögensinteressen handelt[101], an das Bundesgericht gelangen, dürfen in der Regel *keine Gerichtskosten* auferlegt werden; dasselbe gilt, wenn die Gemeinde als Beteiligte auf der beschwerdebeklagten Seite steht[102]. Die unterliegende Gemeinde kann gemäss Art. 159 Abs. 2 OG verpflichtet werden, dem obsiegenden Privaten eine Parteientschädigung zu zahlen[103], es sei denn, der Private ist nicht anwaltlich vertreten und macht auch keine Umtriebsentschädigung geltend[104]. Umgekehrt muss der unterliegende Private der Gemeinde in der Regel keine Parteientschädigung bezahlen[105].

---

[101] Um Vermögensinteressen handelt es sich bspw. beim Finanzausgleich; ZBl 1993, 467 E.4 *(Küsnacht u.a.)*.

[102] Art. 156 Abs. 2 OG. BGE 118 Ia 327 E.6 *(Lugano)*; 116 Ia 263 E.9 *(Cadro)*; 109 Ia 81 *(Sumvitg)*.

[103] Z.B. n.p. BGE vom 13. Juli 1989 i.S. *St. Gallen*.

[104] BGE 110 Ia 6 E.6.

[105] Allerdings haben kleinere Gemeinden, d.h. solche die über keinen Rechtsdienst verfügen und daher auf Vertretung durch einen Anwalt angewiesen sind, Anspruch auf Parteientschädigung; ZBl 1989, 458 E.8 e contrario; vgl. KAELIN, Verfahren 405 Fn 401.

SECHSTES KAPITEL : KOGNITION

I. Einleitung

Der Begriff der Kognition umschreibt, mit welchem Massstab, d.h. in welchem Umfang und mit welcher Intensität, der Richter vorgebrachte Rügen zu beurteilen hat[106]. Die herrschende Lehre versteht die Kognition als Aspekt der Zuständigkeitsordnung[107]: Die Unterscheidung zwischen freier und beschränkter Kognition hängt damit zusammen, dass das Bundesgericht Verfassungsverletzungen behandeln muss, andere Rügen aber, worunter die Verletzung von Gesetzesrecht, grundsätzlich nicht prüfen darf. Auch eine blosse Gesetzesverletzung kann jedoch eine Verfassungsverletzung darstellen, nämlich dann, wenn sie qualifiziert ist, mithin gegen das Willkürverbot verstösst. Die Kognition ist von erheblicher praktischer Bedeutung. Der Prüfungsumfang ist oft für die Erfolgsaussichten einer staatsrechtlichen Beschwerde entscheidend[108]. Mitunter übt das Bundesgericht innerhalb eines Prüfungsmassstabes eine gewisse Zurückhaltung, bspw. gegenüber Hoheitsakten des kantonalen Gesetzgebers. Diesem Phänomen ist unter dem Stichwort Prüfungsdichte nachzugehen.

II. Kognitionsregeln bei der Autonomiebeschwerde

Das Bundesgericht wendet bei Autonomiebeschwerden die allgemeinen, bei Verfassungsbeschwerden zum Zuge kommenden Kognitionsregeln an. Zusammengefasst prüft es die Anwendung von Verfassungsrecht frei, die Handhabung von Gesetzesrecht hingegen lediglich auf Willkür[109], wobei die Willkürprüfung als Regelfall erscheint. Die Praxis ist aber einiges komplexer als diese einfache Formel. Entsprechend der materiellrechtlichen Betrachtungsweise ist die Kognitionsproblematik bereits im Sachzusammenhang, vor allem bei der Darstellung der Autonomieverletzung, angesprochen. Im folgenden sollen - im Sinne einer Zusammenfassung - die einzelnen Prüfungsschritte einer Autonomiebeschwerde unter dem Aspekt der Kognition dargestellt werden.

---

[106] Zur Kognition bei der staatsrechtlichen Beschwerde vgl. KAELIN, Verfahren 157ff; HAEFELIN/ HALLER 548ff; HALLER, in Kommentar BV, Art. 113, N 99.

[107] Sog. materiellrechtliche Betrachtungsweise; dazu GYGI, Kognition 97ff; KAELIN, Verfahren 16 m. w.V.

[108] SPUEHLER, Praxis 55.

[109] BGE 120 Ia 204 E.2a *(Bern)*; 120 Ib 210 *(Wangen)*; 118 Ia 219f E.3a *(Gemeinde X.)*; 115 Ia 46 E.3c *(Bulle u. Freiburg)*; 114 Ia 372 *(Aesch)*; KAELIN, Verfahren 190; SPUEHLER, Praxis 60.

1. Eintretensfragen

Das Bundesgericht prüft die Zulässigkeit einer Autonomiebeschwerde frei und von Amtes wegen, d.h. ohne an die Vorbringen der Parteien gebunden zu sein[110]. Dies gilt für alle Sachurteilsvoraussetzungen: Legitimation, Anfechtungsobjekt, Subsidiarität, Frist und formelles Genügen der Beschwerdeschrift.

2. Sachverhaltsfeststellung und Beweiswürdigung

Das Bundesgericht ist im Verfahren der staatsrechtlichen Beschwerde an die Sachverhaltsabklärung der kantonalen Behörden gebunden. Soweit Sachverhaltsfeststellungen und damit auch Fragen der Beweiswürdigung zu beurteilen sind, greift das Bundesgericht grundsätzlich nur ein, wenn die tatsächlichen Feststellungen oder die Würdigung der Beweise durch die kantonale Instanz *willkürlich* sind[111].

Von diesem Grundsatz macht die Praxis Ausnahmen bei zulässigen Nova und allenfalls bei eigenen Sachverhaltsabklärungen im Rahmen von Art. 95 OG[112].

3. Ermessensausübung

Die Rüge, die kantonale Behörde habe das ihr gesetzlich eingeräumte Ermessen fehlerhaft ausgeübt, prüft das Bundesgericht grundsätzlich nur auf *Willkür* hin, d.h. es muss ein Ermessensmissbrauch oder eine Ermessensüberschreitung vorliegen[113]. Dies folgt aus dem erwähnten Grundgedanken der Zuständigkeit des Staatsgerichtshofes: Der Verfassungsrichter hat erst einzuschreiten, wenn der Ermessensfehler eine Verfassungsverletzung darstellt. Neben dem Willkürverbot können Ermessensentscheide auch gegen andere Teilgehalte von Art. 4 BV verstossen, wie bspw. das Gebot der Rechtsgleichheit oder das Prinzip von Treu und Glauben. Eine solche Verfassungswidrigkeit wird vom Bundesgericht umfassend geprüft[114]; dies muss auch für die Autonomiebeschwerde gelten.

---

[110] BGE 116 Ia 255 *(Cadro)* m.w.V.; ZBl 1987, 120 E.1d *(Adliswil)*.

[111] BGE 116 Ia 256 E.3c *(Cadro)*; ZBl 1989, 365 *(Oberwil)*; vgl. auch BGE 117 Ia 74 E.1; 105 Ia 1.

[112] Dazu KAELIN, Verfahren 171f. Zum Novenrecht siehe S. 141; zu Art. 95 OG vorne S. 142.

[113] BGE 110 Ia 202 E.b *(Zermatt)*; 115 Ia 297 E.b; 105 Ia 191; 99 Ia 472. Siehe auch hinten S. 150. Zu Ermessensfehlern vgl. IMBODEN/RHINOW/KRAEHENMANN, Nr. 67. Zur Autonomieverletzung im Bereich der Ermessensausübung siehe vorne S. 104f. Zum Planungsermessen vgl. PIERRE TSCHANNEN, in AJP 1994, 377. Zur Strafzumessung vgl. BGE 115 Ia 406 *(Flims)*.

[114] Vgl. BGE 106 Ia 275 E.b (Rechtsgleichheit); 117 Ia 287 E.2b, 103 Ia 508 (Treu und Glauben). Dazu KAELIN, Verfahren 77, 173 und v.a. 187.

4. Kontrolle von Rechtssetzungs- und Planungsakten

a) Ueberschreitung der Zuständigkeit

Soweit nicht die Verletzung justiziabler Kompetenznormen der Verfassung gerügt wird, prüft das Bundesgericht eine Ueberschreitung der Zuständigkeit bei kantonalen Rechtssetzungs- und Planungsakten lediglich auf *Willkür* hin[115].

b) Inhaltsmängel

Richtet sich die Autonomiebeschwerde gegen einen kantonalen Erlass, prüft das Bundesgericht im Rahmen der abstrakten Normenkontrolle *frei* und umfassend, ob eine Norm ein *verfassungsmässiges* Recht verletzt[116].

Frei prüft das Bundesgericht somit, ob ein kantonaler Erlass bspw. gegen das Willkürverbot, das Gebot der Rechtsgleichheit, das Prinzip der Verhältnismässigkeit, den Grundsatz von Treu und Glauben oder gegen Art. 2 UebBest.BV verstösst. Ebenfalls frei wird bei Anrufung des Prinzips der Gewaltentrennung geprüft, ob eine Delegationsnorm, die bspw. dem Regierungsrat Rechtssetzungsbefugnisse einräumt, den in der Praxis entwickelten verfassungsrechtlichen Anforderungen genügt[117]. Zu beachten ist, dass die Gemeinde im Rahmen der abstrakten Normenkontrolle nicht legitimiert ist, individualrechtliche Verfassungsgarantien, bspw. die Handels- und Gewerbefreiheit, anzurufen[118].

Die gleichen Grundsätze wendet das Bundesgericht bei Autonomiebeschwerden gegen kantonale Planfestsetzungen, insbesondere die Richtplanung, an[119].

Wird eine Verordnung angefochten, wird die Vereinbarkeit mit kantonalem Gesetzesrecht auf *Willkür* überprüft[120].

c) Verfahrensfehler

Verfahrensfehler bei Erlass von Rechtssätzen oder Plänen werden *frei* geprüft, soweit es um verfassungsmässige Ansprüche, insbesondere den Gehörsanspruch der Gemeinde, geht.

---

[115] Allerdings liegt die Bejahung von Willkür bei der Verletzung von Zuständigkeitsvorschriften m.E. nahe.

[116] BGE 114 Ia 354; 113 Ia 131; 111 Ia 24. Da i.d.R. der kantonale Gesetzgeber den Umfang der Autonomie festlegt, wird nur ausnahmsweise eine Verletzung einer spezifischen Autonomiegarantie gerügt werden können; siehe vorne S. 52 und 107.

[117] Vgl. KAELIN, Verfahren 191f.

[118] BGE 103 Ia 196 *(Moosseedorf)*.

[119] BGE 119 Ia 295f E.c *(Winterthur)*. Neben Willkür kann die Gemeinde, die sich gegen einen kantonalen Planungsakt zur Wehr setzt, auch vorbringen, der Hoheitsakt verfolge typisch ortsplanerische Ziele und verletze dadurch ihre Autonomie; siehe vorne S. 96f.

[120] BGE 117 Ia 357 E.4b *(Kloten u. Uster)*.

d) Regelungskonflikte

Frei wird geprüft, ob die kantonale Kompetenz verfassungswidrig, auf *Willkür* hin, ob sie gesetzwidrig ausgeübt wurde.

5. *Einzelaktkontrolle*

a) Autonomiebereich

Im Rahmen der materiellen Prüfung einer Autonomiebeschwerde untersucht das Bundesgericht zuerst, ob der Gemeinde im fraglichen Bereich qualifizierte Entscheidungsfreiheit zukommt. "Wird der Autonomiebereich durch das kantonale Verfassungsrecht umschrieben, so prüft das Bundesgericht frei, ob eine Gemeinde in einem bestimmten Gebiet autonom sei; hingegen beschränkt es sich auf eine Willkürprüfung, wenn die massgebenden Bestimmungen dem kantonalen Gesetzesrecht angehören"[121].

Die Willkürprüfung ist in diesem Zusammenhang allerdings fraglich. Das Bundesgericht deklariert den Autonomiebereich zwar als "materielle" Frage[122]. Faktisch ist das Vorliegen von Autonomie jedoch Voraussetzung für die Prüfung der Verfassungsmässigkeit des angefochtenen Hoheitsaktes und ist deshalb frei zu prüfen. Es verhält sich damit nicht anders als mit den übrigen (expliziten) Sachurteilsvoraussetzungen[123]. Hinzu kommt, dass die Frage des Autonomiebereichs im kantonalen Verfahren regelmässig gar nicht Thema ist. Beurteilt das Bundesgericht jedoch erstmalig das Vorliegen von Autonomie, ist eine Ueberprüfung des kantonalen Entscheides auf Willkür in diesem Punkt nicht möglich.

b) Autonomieverletzung

Im Sinne eines Ueberblicks werden nachfolgend die Kognitionsregeln bei einer Autonomieverletzung durch kantonale Rechtsanwendungsakte dargestellt:

aa) *Formelle Autonomieverletzung* [124]

- *Verneinung Autonomiebereich*: Willkürprüfung, falls nicht Autonomie aufgrund Verfassung[125].
- *Ueberschreitung Zuständigkeit*: Willkürprüfung, soweit gesetzliche Kompetenznormen[126].

---

[121] ZBl 1987, 121 E.2 (Adliswil) mit Hinweis auf BGE 104 Ia 138 E.3b (Tägerig), wo an der zitierten Stelle jedoch von der Kognition bei der Autonomieverletzung die Rede ist. ZBl 1982, 324 *(Gemeinde G.)*.

[122] Allerdings nicht konsequent, vgl. BGE 118 Ia 221 E.d (Gemeinde X.).

[123] Die Praxis erweckt bisweilen auch den Eindruck einer freien Prüfung, vgl. MEYLAN 115. Zum gleichen Ergebnis führt der Vorschlag, das Bundesgericht solle analog zur Praxis bei der Stimmrechtsbeschwerde jener kantonalen Gesetzesbestimmungen frei überprüfen, die den Inhalt und Umfang der Gemeindeautonomie umschreiben; GYGI, Prüfung 202.

[124] Dazu im einzelnen vorne S. 100ff.

[125] Im Ergebnis und zutreffend nimmt das Bundesgericht jedoch bisweilen eine freie Prüfung vor; siehe hiervor lit. a.

- Ueberschreitung Prüfungsbefugnis[127]:

-- unrichtige Rechts-/Ermessenskontrolle: Willkürprüfung[128];

-- Missachtung Beurteilungsspielraum: freie Prüfung bei Gemeinderecht, Willkür
   prüfung bei kantonalem oder eidgenössischem Recht;

-- bei umfassender Prüfungsbefugnis: nur Willkürprüfung.

bb) Materielle Autonomieverletzung [129]

- Konkrete Verfassungsgarantie zugunsten Gemeinde verletzt: freie Prüfung;

- falsche Anwendung von Verfassungsrecht: freie Prüfung;

- falsche Anwendung von Gesetzes- oder Verordnungsrecht: Willkürprüfung[130];

- Tragweite eines Grundrechts verkannt: nach den Kognitionsregeln, die für die behauptete Grundrechtsverletzung Anwendung finden[131];

- fehlerhafte Interessenabwägung: im Zusammenhang mit einem spezifischen Grundrecht frei, sonst nur Willkürprüfung.

III. Prüfungsdichte

Mit dem Begriff der Prüfungsdichte wird das Phänomen umschrieben, dass das Bundesgericht bestimmte Fragen, selbst innerhalb der freien bzw. der Willkürprüfung,
zum Teil zurückhaltender, zum Teil intensiver prüft[132]. Auch im Rahmen der Autonomiebeschwerde ist gelegentlich eine solche Variation im Prüfungsmassstab anzutreffen. Es handelt sich dabei vor allem um Fälle zurückhaltender Prüfung.

- In BGE 117 Ia 352 *(Kloten, Uster u.a.)*, in dem ein generell-abstrakter Erlass der kantonalen
   Exekutive angefochten wurde, auferlegte sich das Bundesgericht Zurückhaltung. Unter
   Rücksichtnahme auf den kantonalen Gesetzgeber wird festgehalten: "Einen angefochtenen

---

[126] Immerhin liegt es nahe, einen Entscheid, der in Verletzung von Zuständigkeitsvorschriften erging, als
unhaltbar zu bezeichnen.

[127] Zu beachten ist, dass ungeachtet der Kognition der Vorwurf der Ueberschreitung der Prüfungsbefugnis neben der Willkürrüge besteht, da ersterer auf eine Kompetenzverletzung zielt, während die Willkürrüge die inhaltliche Unrichtigkeit zum Gegenstand hat.

[128] Mitunter nimmt das Bundesgericht aber eine freie Prüfung vor, bspw. bei der Frage, ob die kantonale
Behörde, der bloss eine Rechtmässigkeitsprüfung zusteht, nicht faktisch eine Ermessensprüfung vorgenommen hat; vgl. DAHINDEN 187f und vorne S. 103ff. Zur Kontrolle der Ermessensausübung
siehe auch vorne S. 147.

[129] Dazu im einzelnen vorne S. 106ff.

[130] ZBl 1994, 304 *(Gemeinde E.)*; BGE 118 Ia 220 *(Gemeinde X.)*.

[131] Bei schweren Eingriffen ist hier auch die Gesetzesauslegung frei zu prüfen; vgl. KAELIN, Verfahren
190.

[132] Vgl. MATTHIAS LEUTHOLD, Die Prüfungsdichte des Bundesgerichts im Verfahren der staatsrechtlichen Beschwerde wegen Verletzung verfassungsmässiger Rechte, Diss. Bern 1992; KAELIN, Verfahren 197ff.

Rechtssatz hebt das Bundesgericht nur auf, wenn er sich jeder Auslegung entzieht, die mit der Gemeindeautonomie und anderen angerufenen Garantien übereinstimmt"[133].

- Art. 4 BV (Willkürverbot und Rechtsgleichheit) belässt dem kantonalen Gesetzgeber eine "erhebliche Gestaltungsfreiheit". Um diese zu respektieren, auferlegt sich das Bundesgericht bei der Frage, ob eine kantonale Vorschrift mit Art. 4 BV vereinbar sei, eine gewisse Zurückhaltung[134].

- Die Frage, ob ein Grundrechts-Eingriff durch ein öffentliches Interesse gedeckt und verhältnismässig sei, prüft das Bundesgericht grundsätzlich frei. Dabei auferlegt es sich indes Zurückhaltung, soweit die Beurteilung von der Würdigung örtlicher Verhältnisse abhängt, welche die kantonalen Behörden besser kennen und überblicken, und sich ausgesprochene Ermessensfragen[135] stellen[136].

- In BGE 94 I 549 *(Grandson)* wurde frei, aber - da es um die Würdigung örtlicher Verhältnisse ging - zurückhaltend geprüft, ob das kantonale Interesse an einem Sondernutzungsplan ausgewiesen sei[137].

Von den Fällen zurückhaltender Prüfung zu unterscheiden ist die bundesgerichtliche Kontrolle der den kantonalen Behörden gesetzlich zugewiesenen Ermessensausübung; diese entspricht im Ergebnis einer Willkürprüfung[138].

In gewissen Fällen fordert das Bundesgericht von der kantonalen Behörde Zurückhaltung bei der Ueberprüfung kommunaler Entscheide, bspw. soweit der Gemeinde ein - geschützter - Beurteilungsspielraum zusteht[139]. Dies führt im Ergebnis zu einer "verstärkten" Prüfung vor Bundesgericht, obwohl es eigentlich um die Auslegung von Gesetzesrecht geht.

---

[133] BGE a.a.O. 357; vgl. auch BGE 115 Ia 47 E.3c *(Bulle u. Freiburg)*.

[134] BGE 109 Ia 327f *(Igis)*. Diese Gestaltungsfreiheit kann aber auch die rechtsetzende Gemeinde gegenüber kantonalen Behörden beanspruchen.

[135] Gemeint sind Ermessensfragen in einem untechnischen Sinn, d.h. Fälle, in denen es eine "Ermessensfrage" ist, welche von verschiedenen möglichen Beurteilungen vorzuziehen ist; vgl. KAELIN, Verfahren 204.

[136] BGE 115 Ia 30 *(Biel)* betr. Denkmalschutz und Eigentumsgarantie; BGE 104 Ia 126 *(Sils)* betr. Auszonung und Art. 4 sowie 22ter BV; 101 Ia 395 E.2a *(Hünenberg)* betr. Glaubens- und Gewissensfreiheit. Vgl. auch BGE 107 Ia 38 *(Full-Reuenthal)* betr. Grösse einer Industriezone. Zu beachten ist jedoch, dass das Bundesgericht sich auch unter Rückzug auf kantonale Autonomie nicht davon entbinden kann, das Vorliegen einer Autonomieverletzung zu prüfen.

[137] Solche Kognitionsbeschränkungen gelten auch in jenen Fällen, in denen das Bundesgericht einen Augenschein durchgeführt hat, ZBl 1992, 324 *(Zürich)*.

[138] Dazu vorne S. 147/150.

[139] Dazu vorne S. 76/79.

SIEBTES KAPITEL : PROZESSVORAUSSETZUNGEN

I. Einleitung

Im folgenden werden die übrigen Sachurteilsvoraussetzungen einer Autonomiebeschwerde dargestellt. Die Zulässigkeit einer staatsrechtlichen Beschwerde wird vom Bundesgericht, wie erwähnt, frei und von Amtes wegen geprüft[140].

II. Legitimation

1. Allgemeines

Nach Art. 88 OG[141] steht das Recht zur Beschwerdeführung auch Korporationen[142] zu, und zwar bezüglich "solcher Rechtsverletzungen (...), die sie durch allgemein verbindliche oder sie persönlich treffende Erlasse oder Verfügungen erlitten haben". Der Beschwerdebefugnis im Verfahren der staatsrechtlichen Beschwerde sind, wie bereits erwähnt, in verschiedener Hinsicht Grenzen gesetzt[143]: Ausgeschlossen ist die Popularbeschwerde[144]; legitimiert ist nur, wer in rechtlich geschützten, eigenen Interessen beeinträchtigt wird[145]; schliesslich steht der Behörde als solcher, bspw. dem Gemeinderat, keine Verfassungsbeschwerde zu[146]. Auch die Legitimation der Gemeinde als öffentlichrechtliche Korporation muss sich im Rahmen der Autonomiebeschwerde grundsätzlich aus Art. 88 OG ergeben[147]. Allerdings hat die Beschwerdebefugnis der Gemeinde eine eigene Ausgestaltung erfahren. Bei der Autonomiebeschwerde wird deutlich, wie eng formelle und materielle Fragen miteinander verknüpft sind. Die Autonomierechtsprechung hat im Bereich der Legitimation verschiedene Entwicklungsstufen durchgemacht[148]. Die Berechtigung der Gemeinde zur Erhebung einer Autonomiebeschwerde erscheint nach der heutigen Praxis als Ausnahme.

---

[140] BGE 119 Ia 217 E.2 *(Küsnacht u.a.)*; 116 Ia 79 E.1 *(Arosa)*; 114 Ia 467 E.1 *(Luterbach)*.

[141] Art. 88 OG regelt auch die Frage der Parteifähigkeit, dazu vorne S. 134. Zu den Teilaspekten der Legitimationsfrage vgl. KAELIN, Verfahren 223f.

[142] Französisch: "collectivités"; italienisch: "enti collettivi".

[143] Siehe vorne S. 43f; KAELIN, Verfahren 227.

[144] Statt vieler BGE 112 Ia 177.

[145] Statt vieler BGE 110 Ia 79.

[146] BGE 102 Ia 566 E.1 *(Meggen)*.

[147] A.M. HAEFELIN/HALLER N 1735 d.

[148] Dazu MATTER 7ff; MEYLAN 106f; vorne S. 4ff.

2. Legitimation der Gemeinde zur Autonomiebeschwerde

a) Formel des Bundesgerichts

Die aktuelle Praxis des Bundesgerichts zur Legitimation der Gemeinde wird in folgender Formel zusammengefasst:

"Eine Gemeinde ist zur Erhebung einer staatsrechtlichen Beschwerde wegen Verletzung ihrer Autonomie befugt, wenn sie durch den angefochtenen Entscheid in ihrer Eigenschaft als Trägerin hoheitlicher Gewalt berührt wird"[149].

Die Gemeinde muss mithin eine Verletzung ihrer Autonomie behaupten[150] und durch den kantonalen Hoheitsakt in ihrer spezifisch öffentlichrechtlichen Stellung als Selbstverwaltungskörper und dezentralisierte Hoheitsträgerin[151] betroffen sein. Keine Frage des Eintretens, sondern der materiellen Prüfung ist, ob die Gemeinde tatsächlich Autonomie geniesst[152].

Die so verstandene Legitimation der Gemeinde zur Autonomiebeschwerde bereitet keine grossen Probleme. Bei Einzelfragen kommt die Praxis zu Art. 88 OG zur Anwendung[153].

b) Der Hoheitsbegriff

Das Bundesgericht geht von einem weiten Hoheitsbegriff aus: Als hoheitlich gilt alles, was die Gemeinde nicht im Rahmen des Privatrechts oder als dem Privaten gleichgestelltes Rechtssubjekt unternimmt[154]. Hoheitlich kann auch rein tatsächliches Handeln sein, wie bspw. die Kehrichtabfuhr[155]. Solange das Bundesgericht die Frage der Autonomie erst unter materiellen Gesichtspunkten prüft, geht es bei der Beschwerdeberechtigung nur um eine negative Abgrenzung. Die Gemeinde hat lediglich nachzuweisen, dass sie sich nicht auf dem Boden des Privatrechts bewegt. Das Bundesgericht prüft von Amtes wegen, ob der Gemeinde im betreffenden Bereich tatsächlich hoheitliche Befugnisse zustehen[156].

---

[149] BGE 120 Ib 209 E.1b *(Wangen)*; 119 Ia 216f E.1c *(Küsnacht u.a.)*, 294 E.a *(Winterthur)*; 114 Ia 467 E.1a *(Luterbach)*.

[150] BGE 100 Ia 202 E.1 *(Celerina)*.

[151] So BGE 119 Ia 216 E.1b *(Küsnacht u.a.)*.

[152] BGE 120 Ia 204 E.2a *(Bern)*.

[153] So wurde in ZBl 1994, 301 E.2 *(Gemeinde E.)* entsprechend der Praxis trotz fehlendem praktischem Interesse auf die Autonomiebeschwerde eingetreten, da sich der gerügte Eingriff jederzeit wiederholen könnte, an der Beantwortung der Frage wegen ihrer grundsätzlichen Bedeutung ein öffentliches Interesse besteht und eine rechtzeitige verfassungsrichterliche Ueberprüfung im Einzelfall kaum je möglich wäre. Vgl. auch BGE 91 I 41 E.2 *(Ilanz)*.

[154] ZBl 1987, 121 *(Adliswil)*; BGE 100 Ia 282 E.3 *(Lens)*; KAELIN, Verfahren 272.

[155] BGE 100 Ia 283 *(Lens)*.

[156] BGE 107 Ia 178 E.a *(Arosa)*.

c) Sonderfall: Legitimation zur Rüge der Verletzung von Art. 4 BV

Gemäss der aktuellen bundesgerichtlichen Praxis kann die hoheitlich handelnde Gemeinde den Rechtsschutz und damit die Legitimation nur aus der Gemeindeautonomie ableiten. Eine selbständige Anrufung von Art. 4 BV durch die Gemeinde wird vom Bundesgericht in konstanter Praxis abgelehnt[157]. In der Lehre taucht die Forderung, dass sich Gemeinden auch auf andere verfassungsmässige Rechte selbständig berufen können sollten, immer wieder auf[158]. In einem neueren Entscheid, der eine staatsrechtliche Beschwerde eines Kantons betraf, bekräftigte das Bundesgericht erneut, dass öffentlichrechtliche Korporationen nur insoweit eine Verletzung von Verfahrensgarantien rügen können, "als die entsprechenden Rügen in engem Zusammenhang mit jener einer Verletzung der Autonomie oder Bestandesgarantie stehen"[159]. Dreh- und Angelpunkt der Legitimation der Gemeinde bleibt somit das verfassungsmässige Recht der Gemeindeautonomie. Nur über diesen Weg kann die hoheitlich handelnde Gemeinde eine Verfassungsverletzung geltend machen.

Es ist nicht zwingend, dass vom Kanton gesetzte Verfassungsverletzungen deshalb nicht gerügt werden können, weil sie nicht in den Autonomiebereich der Gemeinde fallen. Werden die Beschwerdemöglichkeiten der Gemeinde mit dem Autonomiebereich verknüpft, erscheint die Beschwerdebefugnis mitunter zufällig und deshalb unbefriedigend. Die Frage der Beschwerdebefugnis ist bundesrechtlich geregelt und zwar in Art. 88 OG. Dieser spricht nicht von einem Autonomiebereich, sondern von "Rechtsverletzungen". Ein hinreichendes Rechtsschutzinteresse kann auch ausserhalb des Autonomiebereichs bestehen.

d) Verfahrensrügen trotz fehlender Legitimation in der Sache?

Die Rechtsprechung lässt bei privaten Beschwerdeführern trotz fehlender Legitimation in der Sache die Rüge der Verletzung von Verfahrensvorschriften, deren Missachtung eine formelle Rechtsverweigerung darstellt, zu. Das nach Art. 88 OG erforderliche rechtlich geschützte Interesse ergibt sich in diesem Fall allein aus der Berechtigung, am kantonalen Verfahren teilzunehmen, mithin aus der Parteistellung[160]. Für hoheitlich handelnde öffentlichrechtliche Korporationen gilt dies nicht; sie können verfassungsrechtliche Verfahrensgarantien nur im Zusammenhang mit einer Autonomieverletzung rügen[161].

---

[157] BGE 116 Ia 224 E.c *(Kappel)*; 115 Ia 46 E.c *(Bulle u. Freiburg)*; 113 Ia 333 *(Sonogno)*; 111 I 251 *(Barbengo)*; 102 Ia 166 E.5 *(Villars-sur-Glâne)*; 100 Ia 90 E.1b *(Bassersdorf)*; 97 I 511 *(Romanel-sur-Lausanne)*; 94 I 455 E.b *(Lausanne)*. Vgl. vorne S. 93 und 107. Ein etwas weniger enger Zusammenhang mit der Autonomierüge wird in ZBl 1994, 277 E.1c *(Mund)* hergestellt.

[158] Früher MATTER 58ff, heute v.a. HANGARTNER, in AJP 1994, 1523 und 1307.

[159] BGE 120 Ia 100 *(Kanton BS)*. Die Verfahrensgarantien von Art. 4 Abs. 1 BV haben - anders als das Willkürverbot - selbständige Bedeutung, weshalb es im Rahmen der Legitimation genügt, dass der (private) Beschwerdeführer Partei in einem kantonalen Verfahren war, BGE 119 Ia 4.

[160] BGE 119 Ia 4 E.1; vgl. auch KAELIN, Legitimation 184ff.

[161] BGE 120 Ia 100 E.2 *(Kanton BS)* bestätigt die konstante Praxis. Vgl. auch BIRCHMEIER, Legitimation 127; KAELIN, Verfahren 273. Zu einer anderen Lösung siehe hinten S. 183ff.

3. *Legitimation anderer öffentlichrechtlicher Körperschaften*

a) Allgemeines

Neben Gemeinden können andere öffentlichrechtliche Körperschaften grundsätzlich nicht staatsrechtliche Beschwerden führen, soweit sie als Träger hoheitlicher Gewalt auftreten[162]. Ausnahmsweise sind sie wie die Gemeinden beschwerdebefugt, wenn ihnen das kantonale Recht Autonomie garantiert[163], d.h. wenn die Kantonsverfassung oder die kantonale Gesetzgebung ihnen als Träger hoheitlicher Gewalt ein Selbstbestimmungsrecht gewährleisten[164]. Das Bundesgericht ist mehrfach auf Beschwerden öffentlichrechtlicher Korporationen, welche einen Eingriff in ihre Autonomie behaupteten, mangels Legitimation nicht eingetreten. So bei einer Bodenverbesserungskorporation[165], bei einer Güterzusammenlegungskorporation[166], bei der Studentenschaft der Universität Bern[167], bei einer kantonalen Pensionskasse[168], bei einer Wasserkorporation[169], bei einem Schwellenbezirk nach bernischem Recht[170] oder bei der Schweizerischen Gewerbekrankenkasse[171]. Vereinzelt wird aufgrund dieser zahlreichen Nichteintretens-Entscheide zu Unrecht gefolgert, eine Autonomiebeschwerde stehe prinzipiell nur Gemeinden zu[172]. Entscheidend ist jedoch, ob das kantonale Recht einer öffentlichrechtlichen Korporation Autonomie - bzw. irgendeine verfassungsmässige Garantie - einräumt. Ist dies der Fall, steht auch einer solchen Korporation der Weg der Verfassungsbeschwerde offen[173].

b) Insbesondere die Legitimation von Gemeindeverbänden

Mehrere Gemeinden können sich zur gemeinschaftlichen Erfüllung bestimmter kommunaler Aufgaben zu einem Gemeindeverband (Zweckverband) zusammenschliessen. Das Bundesgericht ist mehrmals auf Beschwerden von Gemeindeverbänden nicht eingetreten. Das Beschwerderecht wurde in den konkreten Fällen verneint mit der Begründung, dem Zweckverband könne keine Autonomie zuerkannt werden, wie sie die Gemeinde geniesse[174]. Mit anderen Worten ist ein Gemeindeverband nur dann zur

---

[162] BGE 112 Ia 363 E.5a; 109 Ia 174 E.1. Ebensowenig privatrechtlich organisierte Korporationen, die vom kantonalen Recht mit öffentlichen Aufgaben betraut sind und gegenüber Privaten als Hoheitsträger auftreten, wie bspw. Kranken- oder Ausgleichskassen; BGE 112 Ia 364; 111 Ia 148.

[163] Abgesehen von der Legitimation, die ihnen zukommt, wenn sie wie ein Privater betroffen sind.

[164] BGE 108 Ia 85 *(Kirchgemeinde Straubenzell u. ev.-ref. Kirche des Kantons St. Gallen).*

[165] BGE 83 I 268ff.

[166] BGE 95 I 45 E.4 u. 5.

[167] BGE 99 I 756ff.

[168] BGE 103 Ia 59ff.

[169] N.p. BGE vom 15. Juni 1982 i.S. *Corporaziun d'ana Spina u.a.*

[170] BGE 109 Ia 175 E.3.

[171] BGE 112 Ia 365 E.c u. d.

[172] So MARTI, Beschwerde 79; MACHERET 193; SPUEHLER, Praxis 183.

[173] In BGE 108 Ia 82 *(ev.-ref. Kirche des Kantons St. Gallen)* wurde sogar auf eine Autonomiebeschwerde einer *kantonalen* Korporation eingetreten.

[174] BGE 113 Ia 235 E.2b *(Consorzio del Mendrisiotto per l'eliminazione dei rifiuti);* 95 I 54 E.3 *(Zweck-*

Autonomiebeschwerde legitimiert, wenn ihm die Verfassung oder ein kantonales Gesetz "wie einer Gemeinde" Autonomie garantiert[175]. Zu dieser Praxis ist zweierlei zu bemerken:

aa) Festzuhalten ist einmal, dass das Bundesgericht die Autonomiebeschwerde eines Gemeindeverbandes nicht generell ausschliesst[176]. Fraglich ist allerdings die Voraussetzung, dass das kantonale Recht eine ausdrückliche Autonomiegewährleistung zugunsten des Gemeindeverbandes an sich enthalten muss[177]. Wenn die Gemeinden einem Gemeindeverband Aufgaben aus dem autonomen Bereich übertragen, nimmt dieser insoweit an der Rechtsstellung der Gemeinden und damit an deren Autonomie teil. Er kann sich somit auch auf die Autonomie der Verbandsgemeinden berufen. Ist der Gemeindeverband rechtlich selbständig, muss er die Autonomie im entsprechenden Sachbereich sogar als sein eigenes Recht geltend machen können[178].

bb) Nicht einzusehen ist sodann, wieso nicht auch bei den Gemeindeverbänden die Frage der Autonomie Teil der materiellen Prüfung bilden sollte. Für diese unterschiedliche Prüfung der Zulässigkeit einer Autonomiebeschwerde bei Gemeinden und Gemeindeverbänden gibt es keinen sachlichen Grund[179].

4. Die Legitimation des Privaten zur Rüge der Verletzung der Gemeindeautonomie

a) Grundsatz

Die Gemeindeautonomie wird als verfassungsmässiges Recht der Gemeinde, nicht der Gemeindebürger, verstanden[180]. Ein Privater kann dementsprechend nicht selbständig eine staatsrechtliche Beschwerde wegen Verletzung der Gemeindeautonomie führen[181]. Er kann jedoch im Rahmen einer staatsrechtlichen Beschwerde, mit der er die Verlet-

---

verband der Abwasserregion Solothurn-Emmen).

[175] BGE 113 Ia 236 *(Consorsio del Mendrisiotto per l'eliminazione dei rifiuti)*. Zustimmend MEYLAN 184, der allerdings eine Garantie auf Verfassungsebene verlangt.

[176] So im Ergebnis auch KAELIN, Verfahren 274; ZIMMERLI, Rechtsprechung 272.

[177] In BGE 95 I 55 *(Zweckverband der Abwasserregion Solothurn-Emmen)* hielt das Bundesgericht fest: "Die Annahme, den Zweckverbänden käme Autonomie zu, könnte sich - mangels einer dahin gehenden Bestimmung - höchstens dann rechtfertigen, wenn das GG (Gemeindegesetz) den Zweckverbänden bestimmte, von denjenigen der Gemeinden verschiedene Aufgaben zuwiese und ihnen bei der Erfüllung eine relativ erhebliche Entscheidungsfreiheit einräumte."

[178] HANGARTNER, Rechte 116.

[179] Es liesse sich umgekehrt überlegen, ob nicht auch bei Autonomiebeschwerden von Gemeinden die Frage der Autonomie als Teil der formellen Prüfung zu verstehen wäre; dazu hinten S. 180.

[180] Vgl. vorne S. 17f und 134.

[181] Zur ursprünglich grosszügigeren Praxis vgl. ZWAHLEN 646; ZIMMERLI, Rechtsprechung 272. MAX IMBODEN, in ZSR 1962, 575, verstand die Legitimation des Gemeindebürgers als Folge der genossenschaftlichen Struktur der Gemeinde. Ein solcher historisch begründeter Ansatz ist heute nicht mehr haltbar; dazu vorne S. 17.

zung verfassungsmässiger Individualrechte rügt, "vorfrage- oder hilfsweise geltend machen, der angefochtene Entscheid verstosse gegen die Gemeindeautonomie"[182]. Ein privater Beschwerdeführer kann die Rüge der Autonomieverletzung[183] somit nur zur Unterstützung einer anderen Verfassungsrüge, zu deren Erhebung er legitimiert ist (bspw. einer Stimmrechtsbeschwerde[184]), vorbringen[185].

In BGE 116 Ia 221 *(Kappel)* rügten neben der Gemeinde private Grundeigentümer, die von der teilweisen Nichtgenehmigung der Ortsplanung betroffen waren - das Gebiet, auf dem sich ihre Grundstücke befanden, sollte nach Auffassung des Kantons nicht zur Bauzone geschlagen werden -, eine Verletzung der Eigentumsgarantie, des Art. 4 BV sowie der Gemeindeautonomie. Das Bundesgericht hielt bezüglich der Legitimation der privaten Beschwerdeführer fest, dass eine definitive Eigentumsbeschränkung noch gar nicht vorliege. Der kantonale Entscheid berühre jedoch auch die privaten Grundeigentümer in ihren rechtlich geschützten Interessen, soweit er aufgrund der Autonomiebeschwerde der Gemeinde vom Bundesgericht zu überprüfen sei. Deshalb und aus Gründen der Prozessökonomie sei auf die staatsrechtliche Beschwerde der Privaten, einschliesslich der Rüge der Autonomieverletzung, einzutreten[186].

b) Ausnahme

Von der Zulässigkeit der vorfrage- oder hilfsweisen Autonomierüge eines Privaten macht das Bundesgericht eine Ausnahme: Wenn dasjenige Organ, das für die Vertretung der Gemeinde zuständig ist[187], ausdrücklich oder stillschweigend darauf verzichtet hat, sich auf die behauptete Verletzung der Gemeindeautonomie zu berufen[188]. Diese Einschränkung erscheint fraglich[189]. Wenn eine Verfassungsverletzung vorliegt und ein Privater davon betroffen ist, dann kann dessen Beschwerdebefugnis nicht davon abhängen, ob die Gemeinde selbst eine Autonomiebeschwerde führt oder darauf verzichtet. Zu fragen ist, warum ein privater Beschwerdeführer sich auf ein verfassungsmässiges Recht der Gemeinde berufen können soll. Darauf gab das Bundesgericht in BGE 102 Ia 430 *(betr. Lostorf)* eine Antwort. Es hielt fest, die hilfsweise Anrufung der Gemeindeautonomie durch Private sei deswegen möglich, weil für den behaupteten Eingriff in die dem Beschwerdeführer persönlich zustehenden Grundrechte

---

[182] BGE 114 Ia 292 E.3a *(betr. Zollikofen)*; 108 Ia 264 *(Kirchgemeinde Roggwil)*; 107 Ia 96 *(betr. Laax)*; 105 Ia 48 E.2 *(Laax)*; 99 Ia 252 *(Kaiseraugst)*; vgl. SPUEHLER, Praxis 183.

[183] Die Praxis des Bundesgerichts basiert auf der Annahme, dass die Autonomieverletzung einen eigenen Beschwerdegrund darstellt. Dazu vorne S. 35, 85 und 107.

[184] BGE 100 Ia 427 *(betr. Maienfeld)*; 113 Ia 246 *(betr. Bern)*.

[185] BGE 105 Ia 48 E.2 *(Laax)*; 113 Ia 246 E.3 *(Sozialdemokratische Partei Ostermundigen)*.

[186] BGE a.a.O. 226.

[187] Dazu vorne S. 134.

[188] BGE 107 Ia 96 *(betr. Laax)*; SPUEHLER, Rechtsschutz 106.

[189] Ablehnend KAELIN, Verfahren 275, Fn 337, und YVO HANGARTNER, in AJP 1993, 1522. Zustimmend ZIMMERLI, Rechtsprechung 273, wonach in solchen Fällen das an sich schützenswerte Interesse des Bürgers an der Verwirklichung des richtigen Rechts hinter das öffentliche Interesse an der Erhaltung einer funktionsfähigen Demokratie zurückzutreten habe.

die hinreichende gesetzliche Grundlage fehle, wenn die Beschränkung unter Verletzung der Gemeindeautonomie erfolge[190]. Folgt man dieser Argumentation, ist der Ausschluss des Privaten von der Rüge der Autonomieverletzung in Fällen, in denen die Gemeinde auf die Beschwerdeführung verzichtet, nicht haltbar.

III. Anfechtungsobjekt

1. Kantonale Hoheitsakte

Die Autonomiebeschwerde an das Bundesgericht kann gegen kantonale Erlasse oder Verfügungen (Entscheide) geführt werden (vgl. Art. 84 Abs. 1 OG). Anfechtungsobjekt[191] bilden mithin Hoheitsakte, die von einer kantonalen Behörde ausgehen und auf kantonaler Herrschaftsgewalt beruhen[192]. Der Begriff des "kantonalen Hoheitsaktes" gehört in diesem Zusammenhang dem Bundesrecht an[193]. Unerheblich für die Qualifikation als kantonaler Hoheitsakt ist, ob das kantonale Organ eidgenössisches oder kantonales Recht anwendet[194]. Nach der bundesgerichtlichen Praxis liegt ein kantonaler Hoheitsakt nur vor, wenn
- das kantonale Organ als Träger öffentlicher Gewalt handelt,
- dieses Handeln den Beschwerdeführer zu einem Tun, Unterlassen oder Dulden verpflichtet oder in anderer Art seine Rechtsbeziehung zum Staat festlegt und
- dieses Handeln verbindlich und erzwingbar ist[195].

Als Hoheitsakte fallen in Betracht: Erlasse und Beschlüsse des Parlaments oder des Regierungsrates, Verfügungen einer kantonalen Verwaltungsabteilung und Entscheide kantonaler Gerichtsinstanzen. Hinzu kommen Entscheide kantonaler öffentlichrechtlicher Körperschaften, wie Bezirke[196] oder kirchlicher Behörden[197]. Auch öffentlichrechtliche Anstalten, Stiftungen und gemischtwirtschaftliche Unternehmungen sind kantonale Organe, deren Akte anfechtbar sind, soweit sie hoheitlich handeln. Selbst Private, welche vom Kanton mit hoheitlicher Gewalt ausgestattet worden sind, können u.U. anfechtbare Verfügungen treffen. Die Gemeinde muss sich auch gegen hoheitliche Akte von Gemeindeverbänden zur Wehr setzen können, soweit diese befugt sind,

---

[190] BGE a.a.O. 436 E.8a.
[191] Zur Abgrenzung von Anfechtungsobjekt und Legitimation vgl. KAELIN, Verfahren 116f.
[192] BGE 108 Ia 266 *(Kirchgemeinde Roggwil)*.
[193] KAELIN, Verfahren 107.
[194] A.a.O. 109.
[195] Z.B. BGE 117 Ia 113 E.d.
[196] Ein Entscheid des (zürcherischen) Bezirksrates, der nach Weisungen des Verwaltungsgerichts zu ergehen hat, kann direkt beim Bundesgericht angefochten werden, ZBl 1982, 326 E.3 *(Gemeinde G.)*.
[197] In BGE 108 Ia 267 *(Kirchgemeinde Roggwil)* wurde ein Beschluss des evangelischen Kirchenrates des Kantons TG angefochten.

für die Mitgliedsgemeinden verbindliche Verfügungen zu treffen[198]. Als "abgeleitete" kantonale Erlasse oder Verfügungen kommen auch Hoheitsakte von interkantonalen Organen und Konkordate als Anfechtungsobjekt der Autonomiebeschwerde in Frage[199].

Nicht anfechten können Gemeinden im Rahmen der Autonomiebeschwerde Hoheitsakte des Bundes[200] oder Akte anderer Gemeinden[201]. Auch kann sich ein Gemeindeorgan nicht gegen einen Entscheid eines anderen Gemeindeorgans zur Wehr setzen[202].

2. Kategorien anfechtbarer Hoheitsakte

a) Erlasse

Unter Erlassen[203] versteht das Bundesgericht Anordnungen genereller und abstrakter Natur, die für eine unbestimmte Vielheit von Adressaten gelten und die eine unbestimmte Vielzahl von Tatbeständen regeln[204]. Als Anfechtungsobjekte einer Autonomiebeschwerde in Betracht fallen insbesondere Gesetze[205], Parlamentsbeschlüsse[206] und regierungsrätliche Verordnungen[207]. Nicht darunter fallen Verfassungsnormen. Generell-abstrakte Anordnungen von öffentlichrechtlichen Korporationen, bspw. Statuten eines Zweckverbandes, bedürfen in der Regel der Genehmigung einer kantonalen Behörde, so dass dieser Genehmigungsbeschluss Anfechtungsobjekt bildet[208]. Bei der Anfechtung von Erlassen kann mit einer Autonomiebeschwerde, die gegen einen - im abstrakten Normenkontrollverfahren[209] herbeigeführten - kantonalen Rechtsmittelent-

---

[198] Zu denken ist etwa an Beitragsleistungen oder an die Erteilung von Bewilligungen zur Benutzung von Verbandsanlagen. In aller Regel bedürfen Beschlüsse von Gemeindeverbänden der Genehmigung durch eine kantonale Behörde, so dass dieser Entscheid Anfechtungsobjekt bildet.

[199] Bei kantonsüberschreitenden Gemeindeverbänden kann u.U. der Fall eintreten, dass eine Gemeinde Beschwerde gegenüber einem anderen Kanton erhebt. Ist für Streitigkeiten zwischen Verbandsgemeinden ein Schiedsgericht vorgesehen, entscheidet dieses i.d.R. endgültig. Soweit der Schiedsgerichtsentscheid an eine kantonale Instanz weitergezogen werden kann, ist gegen dieses Urteil wiederum Autonomiebeschwerde möglich.

[200] Vgl. aber Modellstudie EJPD 1985, Art. 125 Abs. 1 lit. a i.V.m. Abs. 2; "Reformvorschläge Justiz" zum Verfassungsentwurf des Bundesrates 1995, Art. 168 Abs. 2.

[201] Davon zu unterscheiden ist der Fall eines kantonalen Hoheitsaktes, der an eine bestimmte Gemeinde gerichtet ist, aber auch eine andere Gemeinde betreffen kann, wie bspw. bei der Ortsplanung der Nachbargemeinde, BGE 114 Ia 466 *(Luterbach)*. Zu Ausnahmen vgl. auch vorne S. 88.

[202] PFISTERER, Stellung 227. Vgl. aber BGE 113 Ia 212, wo die *Politische Gemeinde* und der *Grosse Gemeinderat Winterthur* gegen den *Stadtrat Winterthur* und den Regierungsrat Autonomiebeschwerde führten.

[203] Zum Rechtssatzbegriff siehe vorne S. 52 und 87.

[204] BGE 113 Ia 439.

[205] BGE 103 Ia 191 *(Moosseedorf)*.

[206] BGE 104 Ia 136 E.2a *(Tägerig)*.

[207] BGE 117 Ia 354 *(Kloten u. Uster)*; 115 Ia 43f *(Bulle u. Freiburg)*.

[208] Vgl. BGE 113 Ia 202 *(Egerkingen)*, 343 *(Rümlang u.a.)*. Siehe auch hinten S. 161.

[209] Zum Erfordernis der Erschöpfung des kantonalen Instanzenzuges siehe hinten S. 164f.

scheid erhoben worden ist, auch noch die Aufhebung der angefochtenen Vorschrift selber verlangt werden[210].

b) Verfügungen/Entscheide

Unter einer Verfügung versteht das Bundesgericht einen individuellen, an den Einzelnen gerichteten Hoheitsakt, durch den eine konkrete öffentlichrechtliche Rechtsbeziehung rechtsgestaltend oder feststellend in verbindlicher und erzwingbarer Weise geregelt wird[211]. Als Anfechtungsobjekt einer Autonomiebeschwerde sind vor allem Beschlüsse und Rechtsmittelentscheide kantonaler Behörden zu erwähnen. Im Vordergrund stehen dabei Entscheide des Regierungsrates und des Verwaltungsgerichts. In Frage kommen auch Entscheide einer Rekurskommission[212] oder departementale Entscheide[213]. Je nach Ausgestaltung des kantonalen Rechts kommt u.U. auch dem Kantonsparlament Rechtsanwendungskompetenz zu, weshalb auch solche Verfügungen Anfechtungsobjekt sein können[214]. Zu beachten ist dabei aber immer das Erfordernis der Letztinstanzlichkeit[215]. Blosse Ansichtsäusserungen, Empfehlungen oder Meinungsäusserungen von kantonalen Behörden sind keine anfechtbaren Hoheitsakte, da sie nicht Verfügungscharakter haben[216].

Entscheidet eine kantonale Rechtsmittelbehörde mit freier Kognition, so ersetzt ihr Urteil den vorausgegangenen unterinstanzlichen Entscheid, und es kann nur der Rechtsmittelentscheid Anfechtungsobjekt einer staatsrechtlichen Beschwerde bilden. War die Ueberprüfungsbefugnis der letzten kantonalen Instanz beschränkt und enger als diejenige des Bundesgerichts im Verfahren der staatsrechtlichen Beschwerde, so kann mit der im Anschluss an den Rechtsmittelentscheid erhobenen staatsrechtlichen Beschwerde auch noch die Anfechtung des unterinstanzlichen Sachentscheids verlangt werden[217].

Nach der Rechtsprechung des Bundesgerichts ist grundsätzlich nur das Dispositiv, nicht aber die Begründung eines Entscheides anfechtbar[218].

---

[210] BGE 104 Ia 136 E.2 *(Tägerig)*. Trotz fehlender verfahrensrechtlicher Notwendigkeit - die Gemeinde erhob vor Bundesgericht keine Rügen, die der Kognition des aargauischen Verwaltungsgerichts entzogen gewesen wären - sah das Bundesgericht diese Möglichkeit vor, "weil ein solches Vorgehen prozessökonomisch erscheint und gegebenenfalls die Wiederherstellung der verfassungsmässigen Lage erleichtert".

[211] BGE 101 Ia 74.

[212] Z.B. BGE 114 Ia 80 und 96 I 151: *Steuerrekurskommission FR*; 108 Ia 74: *Baupolizeirekurskommission VD*.

[213] BGE 103 Ia 487 *(Bassersdorf)*; 96 I 718 *(Regensdorf)*.

[214] BGE 95 I 33 *(St. Moritz)*.

[215] Dazu hinten S. 164f.

[216] BGE 108 Ia 268 E.5 *(Kirchgemeinde Roggwil)*; MARTI, Beschwerde 87.

[217] BGE 104 Ia 138 E.2a *(Tägerig)* m.w.V. und Präzisierung in BGE 111 Ia 353ff E.1b. Entscheidend ist also, ob die Gemeinde die vor Bundesgericht vorgetragene Rüge bereits vor der kantonalen Rechtsmittelinstanz - in der Regel das Verwaltungsgericht - erheben konnte.

[218] ZBl 1995, 184 E.4b *(St. Moritz)*, mit Ausnahmen, falls das Dispositiv auf Erwägungen verweist.

c) Sonderfälle

aa) Genehmigungsakte

Für gewisse Verwaltungs- und Rechtssetzungsakte der Gemeinde besteht eine Genehmigungspflicht durch kantonale Organe. Die Rechtsnatur solcher Genehmigungsentscheide ist umstritten[219]. Wirkt die Genehmigung eines Erlasses konstitutiv, ist sie keine Verfügung, sondern Bestandteil des Rechtssetzungsverfahrens[220]. Für die betroffene Gemeinde ist ein Entscheid, der einen kommunalen Erlass nicht oder nur teilweise genehmigt, im Unterschied zu einem privaten Beschwerdeführer Anfechtungsobjekt einer Autonomiebeschwerde[221]; unter Umständen ist der Genehmigungsentscheid ein Zwischenentscheid im Sinne von Art. 87 OG[222]. In gleicher Weise kann die Gemeinde auch einen Genehmigungsentscheid betreffend die Statutenrevision eines Zweckverbandes anfechten[223]. Neben der Rechtssetzung betrifft die Genehmigung auch kommunale Verwaltungsakte.

So kann bspw. die Nichtgenehmigung einer Pfarrwahl durch eine kantonale kirchliche Oberbehörde von der Kirchgemeinde angefochten werden[224]. - In BGE 105 Ia 255 (*St-Aubin-Sauges u. Gorgier*) fochten zwei neuenburgische Gemeinden einen Beschluss des Regierungsrates an, welcher eine interkommunale Vereinbarung genehmigte und gleichzeitig Beschlüsse der beschwerdeführenden Gemeinden, welche die Vereinbarung an Vorbehalte knüpften oder ablehnten, aufhob.

In der Praxis von zentraler Bedeutung ist die Genehmigung kommunaler Nutzungspläne durch eine kantonale Behörde, meist den Regierungsrat[225]. Dieser Genehmigungsentscheid ist ein selbständig anfechtbarer Hoheitsakt. Die Gemeinde kann sich mittels Autonomiebeschwerde gegen eine Nichtgenehmigung bzw. bloss teilweise Genehmigung ihrer Ortsplanungsrevision zur Wehr setzen[226].

Anfechtungsobjekt kann sodann ein kantonaler Entscheid sein, der zu Unrecht ein Genehmigungsrecht beansprucht oder einen von der Gemeinde noch gar nicht beschlossenen Nutzungsplan genehmigt[227]. Ist ein Genehmigungsentscheid mit einem kantonalen Rechtsmittel anfechtbar, so kann erst gegen den Rechtsmittelentscheid Autonomiebeschwerde geführt werden[228].

---

[219] Dabei geht es um die Frage, ob sie einer Verfügung oder einem Erlass gleichzusetzen sind; am Rechtscharakter ändert sich nichts, d.h. auch vom Kanton genehmigtes Recht bleibt Gemeinderecht, BGE 111 Ia 69 *(Trimbach)*.

[220] RHINOW/KRAEHENMANN, Nr. 144 B VIII.

[221] BGE 114 Ia 315 *(Savognin)*; 109 Ia 76 *(Sumvitg)*; 104 Ia 43 *(Egg)*; GADOLA 298; KAELIN, Verfahren 145.

[222] Dazu hinten S. 162 und 165f.

[223] BGE 113 Ia 200 *(Egerkingen)*, 341 *(Rümlang u.a.)*.

[224] BGE 108 Ia 264 *(Kirchgemeinde Roggwil)*.

[225] Vgl. Art. 26 RPG.

[226] Z.B. BGE 119 Ia 300 *(Zauggenried)*; 116 Ia 221 *(Kappel)*, 339 *(Tersnaus)*; 114 Ia 371 *(Aesch)*.

[227] BGE 111 Ia 70 *(Trimbach)*.

[228] Vgl. BGE 118 Ia 322 *(Lugano)*. Zur Erschöpfung des kantonalen Instanzenzuges hinten S. 164f.

bb) Kantonale Raumpläne

Angesichts der Behördenverbindlichkeit der Richtplanung[229] können Gemeinden kantonale Richtpläne, worunter auch genehmigte Regionalpläne und kantonale Gesamtpläne, mit Autonomiebeschwerde anfechten[230]. Die Gemeinde hat eine sie belastende Richtplanung grundsätzlich direkt im Anschluss an deren Erlass - unter Vorbehalt eines allfälligen kantonalen Rechtsmittels - anzufechten[231]. In Anlehnung an die akzessorische Normenkontrolle und die Rechtsprechung über die Anfechtung von Nutzungsplänen lässt das Bundesgericht die Autonomiebeschwerde der Gemeinde ausnahmsweise auch noch im Zeitpunkt der (späteren) Anwendung auf die Ortsplanung zu. Die Gültigkeit des Richtplanes muss stets dann in Zweifel gezogen werden können, wenn die gesetzlichen Vorschriften über die Gesamtplanung geändert werden oder wenn sich die Gemeinde über die Wirkung des Gesamtplanes bei dessen Erlass noch nicht im klaren sein konnte. Letzteres trifft u.a. zu, wenn sich die tatsächlichen Verhältnisse seither erheblich geändert haben[232]. Von der Frage der Anfechtbarkeit zu unterscheiden ist das Problem, ob der kantonale Richtplan der Gemeinde überhaupt noch qualifizierte Entscheidungsfreiheit belässt[233]. Neben Richtplänen können auch *kantonale Nutzungspläne*[234] sowie *Schutzverordnungen*[235] Anfechtungsobjekt der Autonomiebeschwerde bilden.

3. Hinweis auf prozessuale Beschränkungen

Als anfechtbare kantonale Hoheitsakte gelten auch *Zwischenentscheide*. Nach Art. 87 OG ist eine staatsrechtliche Beschwerde wegen Verletzung von Art. 4 BV[236] gegen letztinstanzliche Zwischenentscheide nur zulässig, sofern diese für den Betroffenen einen nicht wiedergutzumachenden Nachteil zur Folge haben[237]. Einen solchen Zwischenentscheid stellt bspw. ein Rückweisungsentscheid einer kantonalen Genehmigungsbehörde im Rahmen eines Planfestsetzungsverfahrens dar, da mit der Rückweisung der Vorlage an die Gemeinde das Ortsplanungsverfahren nicht abgeschlossen ist[238].

---

[229] Art. 9 Abs. 1 RPG.

[230] BGE 111 Ia 130 E.3 *(Wiesendangen)*; 119 Ia 290 *(Winterthur)*; n.p. BGE vom 17. Dezember 1986 i.S. *Sutz-Lattrigen*. Vgl. KUTTLER 51; SPUEHLER, Rechtsschutz 100f; MOOR II 312.

[231] Zur Beschwerdefrist siehe vorne S. 136.

[232] BGE 111 Ia 131f *(Wiesendangen)*; 119 Ia 294 E.a *(Winterthur)*.

[233] Vgl. BGE 112 Ia 270 E.b *(Zürich)*; PIERRE TSCHANNEN, in AJP 1994, 376.

[234] BGE 119 Ia 290 E.c *(Winterthur)*.

[235] BGE 96 I 237 *(Bachs)*.

[236] Darunter fallen auch Verfassungsrügen, die mit der Willkürrüge zusammenfallen, mithin keine selbständige Bedeutung haben, was das Bundesgericht bei Autonomiebeschwerden mitunter angenommen hat, BGE 116 Ia 43 E.1b *(Silvaplana)*; 114 Ia 78 E.3b *(Klosters-Serneus)*.

[237] Dazu hinten S. 166.

[238] BGE 116 Ia 224 E.d *(Kappel)*.

IV. Subsidiarität

1. Die absolute Subsidiarität

Gemäss Art. 84 Abs. 2 OG ist die staatsrechtliche Beschwerde nur zulässig, wenn die behauptete Rechtsverletzung nicht sonstwie durch Klage oder Rechtsmittel beim Bundesgericht oder einer anderen Bundesbehörde gerügt werden kann. Der Grundsatz der absoluten Subsidiarität kommt dann zum Tragen, wenn die behauptete Verfassungsverletzung gleichzeitig auch mit einem anderen bundesrechtlichen Rechtsmittel geltend gemacht werden könnte[239]. Davon zu unterscheiden ist der Fall, in dem die Autonomierüge nicht mit der Verfassungsbeschwerde nach Art. 84 Abs. 1 lit. a OG vorgebracht wird[240]. Bei der Autonomiebeschwerde der Gemeinde stellen sich mitunter Abgrenzungsprobleme zur Verwaltungsgerichtsbeschwerde, seltener zur Verwaltungsbeschwerde an den Bundesrat.

Ist die *Verwaltungsgerichtsbeschwerde*[241] in der Hauptsache zulässig und haben die kantonalen Instanzen Bundesverwaltungsrecht angewendet, so kann auch die Verletzung verfassungsmässiger Rechte, allerdings nur der Bundesverfassung, geltend gemacht werden[242]. Die Verwaltungsgerichtsbeschwerde übernimmt insofern die Rolle der staatsrechtlichen Beschwerde[243]. Ein Verstoss gegen die Gemeindeautonomie stellt eine Verletzung kantonalen Rechts dar, die nicht mit Verwaltungsgerichts- sondern mit staatsrechtlicher Beschwerde zu rügen ist[244]. Immerhin wird auch (selbständiges) kantonales Recht, das in engem Zusammenhang mit dem anzuwendenden Bundesrecht steht, im Rahmen einer Verwaltungsgerichtsbeschwerde geprüft, und zwar nach den für die staatsrechtliche Beschwerde geltenden Kognitionsregeln[245]. Ausnahmsweise behandelt das Bundesgericht somit auch eine Autonomiefrage im Rahmen einer Verwaltungsgerichtsbeschwerde, wenn die Gemeinde eine auf kantonales Recht gestützte Anordnung beanstandet, die in engem Sachzusammenhang mit dem Bundesrecht steht[246], oder wenn bspw. der Regierungsrat gegen einen Entscheid des Verwaltungsgerichts, der eine Autonomierüge beurteilte, Verwaltungsgerichtsbeschwerde führt[247].

Im Zusammenhang mit der Anfechtung eines kantonalen Gesamtplanes - der nach der Rechtsmittelordnung des Raumplanungsgesetzes (Art. 34 RPG) nicht mit Verwaltungsgerichts-, sondern mit staatsrechtlicher Beschwerde anzufechten ist - stellte sich dem Bundesgericht die

---

[239] KAELIN, Verfahren 282.
[240] So ist eine Autonomierüge auch im Rahmen der Stimmrechtsbeschwerde gemäss Art. 85 lit. a OG möglich, BGE 113 Ia 246 E.3 *(betr. Bern)*; 100 Ia 427 *(Maienfeld)*.
[241] Art. 97ff OG.
[242] BGE 112 Ib 237; 110 Ib 257.
[243] BGE 111 Ib 202; 108 Ib 382.
[244] BGE 114 Ia 78 *(Klosters-Serneus)*; ZBl 1981, 550.
[245] BGE 116 Ib 10 *(Bösigen)*.
[246] BGE 118 Ib 199 E.c und 201 E.c *(Arosa)*. Das Bundesgericht wandte die Regel an, wonach die Verwaltungsgerichtsbeschwerde der staatsrechtlichen Beschwerde vorgeht; vgl. BGE 117 Ib 11.
[247] BGE 115 Ib 302 *(Kanton AG g. Staufen u. Schafisheim)*.

Frage, ob die Rechtsprechung zur Anfechtung von das Bewilligungsverfahren weitgehend präjudizierenden (Sonder-)Nutzungsplänen auf den Richtplan übertragen werden könne[248]. Die Frage wurde im konkreten Fall verneint, da der angefochtene Richtplanbeschluss, der den Standort einer Sonderverbrennungsanlage festlegte, keine hinreichend konkrete und also verfügungsähnliche Anordnung enthielt. Entsprechend wurde auf die Verwaltungsgerichtsbeschwerde der Gemeinde mangels eines zulässigen Anfechtungsgegenstandes nicht eingetreten[249].

Ausnahmsweise kann die Rüge der Verletzung der Gemeindeautonomie Gegenstand eines *Verwaltungsbeschwerde-* Verfahrens vor dem Bundesrat[250] sein:

- Im "Kruzifix"-Fall erhob die Gemeinde Cadro gegen ein Urteil des Tessiner Verwaltungsgerichts staatsrechtliche Beschwerde an das Bundesgericht wegen Verletzung der Gemeindeautonomie sowie der Art. 27 und 49 BV (Glaubens- und Gewissensfreiheit in öffentlichen Schulen)[251]. Das Bundesgericht überwies die Beschwerde an den Bundesrat. Dieser bejahte seine Zuständigkeit, soweit es um die Rüge der Verletzung von Art. 27 Abs. 3 BV ging[252]. Aus prozessökonomischen Gründen beurteilte der Bundesrat nach dem Grundsatz der Kompetenzattraktion auch die Rüge der Autonomieverletzung, und zwar als Vorfrage[253]. Auf die Verletzung der Glaubens- und Gewissensfreiheit könne sich die Gemeinde nur akzessorisch berufen, nämlich soweit dadurch auch die Gemeindeautonomie verletzt worden sei. Der Bundesrat hiess die "Verwaltungsbeschwerde" der Gemeinde gut[254]. Dagegen erhob ein Lehrer der Gemeinde Beschwerde an die Bundesversammlung. Diese hob den Entscheid des Bundesrates wegen fehlender Zuständigkeit auf und wies den Fall an das Bundesgericht zurück, welches schliesslich eine Autonomieverletzung verneinte[255].

- Art. 3 Abs. 4 SVG sieht die Beschwerdelegitimation der Gemeinde vor dem Bundesrat vor, wenn Verkehrsmassnahmen auf ihrem Gebiet angeordnet werden.

---

[248] BGE 119 Ia 291 E.d *(Winterthur)*.

[249] BGE a.a.O. 291ff. Die von der Gemeinde gleichzeitig eingereichte staatsrechtliche Beschwerde wegen Verletzung der Gemeindeautonomie wurde hingegen zugelassen.

[250] Art. 72ff VwVG.

[251] Das Verwaltungsgericht hatte einen Beschluss der Gemeinde, wonach in jedem Schulzimmer ein Kruzifix anzubringen sei, aufgehoben.

[252] Vgl. Art. 73 Abs. 1 lit. a Ziff. 2 VwVG.

[253] Vgl. Art. 96 Abs. 3 OG.

[254] ZBl 1989, 19ff.

[255] BGE 116 Ia 252 *(Cadro)* = ZBl 1991, 70ff.

2. Die relative Subsidiarität

Nach dem Grundsatz der relativen Subsidiarität ist eine staatsrechtliche Beschwerde nur gegen letztinstanzliche kantonale Entscheide[256] zulässig[257]. Ein Entscheid ist letztinstanzlich, wenn gegen ihn auf kantonaler Ebene kein weiterer Rechtsbehelf mehr zur Verfügung steht. Darunter fallen nicht nur ordentliche und ausserordentliche Rechtsmittel i.e.S., wie Beschwerde oder Rekurs an das Verwaltungsgericht[258] oder den Regierungsrat[259]; es muss jeder Rechtsweg beschritten worden sein, der einen Anspruch auf einen Entscheid der angerufenen Behörde gibt und der geeignet ist, den behaupteten rechtlichen Nachteil zu beheben[260].

In BGE 104 Ia 131 *(Tägerig)* wurde zu den Rechtsbehelfen, von denen zur Erschöpfung des kantonalen Instanzenzuges Gebrauch zu machen ist, auch ein im kantonalen Recht vorgesehenes Normenkontrollverfahren[261] gezählt. Das Normenkontrollbegehren ist dabei innert der "üblichen" Rechtsmittelfrist einzureichen, selbst wenn es nach kantonalem Recht jederzeit statthaft wäre[262].

Im Rahmen der Autonomiebeschwerde bereitet die Voraussetzung der relativen Subsidiarität kaum Probleme. Letztinstanzliche kantonale Entscheide sind zur Hauptsache solche des Regierungsrates und des Verwaltungsgerichts. Im Bereich der Ortsplanung bspw. kann ein Nichtgenehmigungsentscheid des kantonalen Baudepartementes regelmässig mit Beschwerde an Regierungsrat weitergezogen werden. Der regierungsrätliche Entscheid bildet dann Anfechtungsobjekt einer Autonomiebeschwerde. Im Baubewilligungsverfahren anderseits entscheidet in der Regel das Verwaltungsgericht letztinstanzlich.

3. Endentscheide und Zwischenentscheide

Die Erschöpfung des kantonalen Instanzenzuges vorausgesetzt, kann sich eine Autonomiebeschwerde nicht nur gegen Endentscheide, sondern auch gegen Zwischenentscheide richten[263]. Zwischenentscheide sind bspw. Rückweisungsentscheide einer

---

[256] Eine Autonomiebeschwerde untersteht dem Grundsatz der relativen Subsidiarität, unabhängig davon, ob eine Verfügung bzw. ein Entscheid oder ein Erlass angefochten wird.

[257] Art. 86 Abs. 1 OG.

[258] Etwa als kantonale Autonomiebeschwerde bezeichnet, GLAUS 235.

[259] Z.B. BGE 116 Ia 78ff *(Arosa).*

[260] BGE 94 I 461 E.2; KAELIN, Verfahren 330ff. Die Erschöpfung des kantonalen Instanzenzuges bildet eine Sachurteilsvoraussetzung, die das Bundesgericht frei und von Amtes wegen prüft.

[261] §§ 68ff Verwaltungsrechtspflegegesetz des Kantons Aargau vom 9. Juli 1968.

[262] BGE 106 Ia 320.

[263] *Endentscheid* ist jeder Entscheid, der ein Verfahren vorbehältlich der Weiterziehung an eine höhere Instanz abschliesst, sei es durch einen Sach- oder Prozessentscheid; *Zwischenentscheid* ist dagegen derjenige Entscheid, der bloss einen Schritt auf dem Weg zum Endentscheid darstellt, BGE 117 Ia 253.

kantonalen Genehmigungsbehörde im Rahmen einer Planfestsetzung. Bei staatsrechtlichen Beschwerden gegen Zwischenentscheide ist Art. 87 OG zu beachten. Danach sind Beschwerden *wegen Verletzung von Art. 4 BV* [264] gegen letztinstanzliche Zwischenentscheide nur zulässig, wenn diese für den Betroffenen einen nicht wiedergutzumachenden Nachteil zur Folge haben. Soweit andere Rügen, worunter die Verletzung der Gemeindeautonomie, erhoben werden, können letztinstanzliche Zwischenentscheide auch dann angefochten werden, wenn sie keinen nicht wiedergutzumachenden Nachteil zur Folge haben. Dies ist jedoch nur möglich, wenn die erhobenen Rügen neben Art. 4 BV selbständige Bedeutung besitzen und nicht offensichtlich unzulässig oder unbegründet sind [265].

In bezug auf die Rüge der Verletzung der Gemeindeautonomie ist zu präzisieren: Nach heutiger bundesgerichtlicher Praxis steht der Gemeinde keine "selbständige" Beschwerde wegen Verletzung von Art. 4 BV zu [266]. Im Rahmen der Legitimation wird die Autonomieverletzung vom Bundesgericht überhaupt als einzige "selbständige" Rüge der hoheitlich betroffenen Gemeinde behandelt [267]. Folgerichtig müsste der Rüge der Autonomieverletzung selbständige Bedeutung neben einer von der Gemeinde weiter vorgebrachten Rüge der Verletzung von Art. 4 BV beigemessen werden, und es müsste generell Autonomiebeschwerde auch gegen Zwischenentscheide erhoben werden können. Das Bundesgericht prüft jedoch bei Autonomiebeschwerden gegen Zwischenentscheide, ob die gegen den kantonalen Entscheid konkret erhobenen Vorwürfe von Art. 4 BV gedeckt sind. Ist dies der Fall - und das ist die Regel -, wird der Rüge der Autonomieverletzung keine selbständige Bedeutung im Sinne von Art. 87 OG zuerkannt, und die Beschwerdeführerin hat das Vorliegen eines nicht wiedergutzumachenden Nachteils nachzuweisen [268].

Die Rechtsprechung nimmt einen *nicht wiedergutzumachenden Nachteil* u.a. an, wenn die Gemeinde der Weisung der Aufsichtsbehörde entgegen ihrer eigenen Rechtsauffassung nachkommen müsste, bevor über die Frage, ob eine Autonomieverletzung vorliegt, entschieden ist [269]. Dies ist insbesondere der Fall, wenn eine letztinstanzliche kantonale Behörde eine Sache an die Gemeinde zur Neubeurteilung zurückgewiesen hat und diese verpflichtet, direkt eine neue, ihrer Auffassung widersprechende Anord-

---

[264] Darunter fallen nicht nur Willkürbeschwerden, sondern alle Beschwerden wegen Verletzung von Art. 4 Abs. 1 BV.

[265] BGE 117 Ia 249 E.2; 116 Ia 43 E.1b *(Silvaplana)*; 99 Ia 250 *(betr. Kaiseraugst)*.

[266] Vgl. vorne S. 107 und 93.

[267] Vgl. BGE 103 Ia 197 *(Moosseedorf)*.

[268] ZBl 1982, 322 *(Gemeinde G.)*. Diese Praxis überzeugt nicht. Solange die Verletzung der Gemeindeautonomie vom Bundesgericht als Beschwerdegrund der Autonomiebeschwerde verstanden und eine selbständige Willkürbeschwerde der Gemeinde abgelehnt wird, müssen Gemeinden (letztinstanzliche) Zwischenentscheide anfechten können, ohne dass es auf die Voraussetzung eines nicht wiedergutzumachenden Nachteils ankäme. Umgekehrt steht hinter der heutigen Praxis die - vertretbare - Auffassung, dass es bei einem Grossteil der Autonomiebeschwerden im Grunde um Willkürbeschwerden geht; siehe vorne S. 35ff und hinten S. 180ff.

[269] BGE 116 Ia 44 E.1b *(Silvaplana)*, 225 E.aa *(Kappel)*; ZBl 1991, 280 E.3a *(Thun)*.

nung zu treffen[270]. Diesfalls tritt das Bundesgericht auf eine Autonomiebeschwerde ein, da es der Gemeinde ansonsten verwehrt wäre, sich je über eine Verletzung ihrer Autonomie vor Bundesgericht zu beschweren[271].

Beruft sich die Gemeinde neben Art. 4 BV noch auf andere Beschwerdegründe, rügt sie bspw., es sei die Tragweite eines Grundrechts verkannt worden, ist auf die Autonomiebeschwerde gegen einen letztinstanzlichen Zwischenentscheid ohne weiteres einzutreten[272].

Der private Grundeigentümer, dessen Grundstück von einer Nichtgenehmigung erfasst wird, ist zur Anfechtung eines Rückweisungsentscheides nicht befugt, sofern er nicht die Verletzung verfassungsmässiger Rechte, deren Schutz über Art. 4 BV hinausgeht, geltend macht. Auch die hilfsweise Anrufung der Gemeindeautonomie hilft ihm nicht weiter, da diese i.a. keinen über Art. 4 BV hinausgehenden Schutz gewährt. Ein Privater kann seine verfassungsmässigen Rechte gegenüber dem neuen Entscheid der Gemeinde immer noch wahrnehmen[273]. Erheben bspw. im Fall der Nichtgenehmigung einer Planfestsetzung sowohl die Gemeinde als auch betroffene Grundeigentümer staatsrechtliche Beschwerde wegen Verletzung von Art. 4 BV und der Gemeindeautonomie, so tritt das Bundesgericht aus prozessökonomischen Gründen auch auf die Autonomiebeschwerde der privaten Beschwerdeführer ein[274].

---

[270] Z.B. Aenderung von Zonenplan und Baureglement; ZBl 1994, 276 E.1b *(Mund)*; BGE 120 Ib 209 *(Wangen)*.

[271] BGE 116 Ia 44 E.1b *(Silvaplana)*, 225 E.aa *(Kappel)*.

[272] BGE 116 Ia 43f *(Silvaplana)*, 224f *(Kappel)*; 114 Ia 78 E.3 *(Klosters-Serneus)*.

[273] KUTTLER 57.

[274] BGE 116 Ia 198 E.1b *(betr. Kappel)*.

VIERTER TEIL

NEUKONZEPTION
DER AUTONOMIEBESCHWERDE

Nachdem die Praxis der Autonomiebeschwerde dargestellt worden ist, soll im letzten Teil der Arbeit die verfassungstheoretische Frage nach der Konzeption vertieft werden. Zuerst interessiert, welche der aufgezeigten theoretischen Ansätze[1] die aktuelle bundesgerichtliche Rechtsprechung verwendet und ob sich allenfalls eine Hauptentwicklungslinie abzeichnet; es wird sich zeigen, dass nach wie vor eine einheitliche Konzeption fehlt (nachfolgend Kapitel 8). Anschliessend werden die drei theoretischen Ansätze als idealtypische Modelle entworfen, welche als Fundament der Gemeindeautonomiebeschwerde in Frage kommen, und es wird an den Bundesgesetzgeber und an das Bundesgericht appelliert, diese Grundlagen zu klären (Kapitel 9). Zum Schluss wird dargelegt, warum - nach hier vertretener Ansicht - das verfahrensrechtliche Modell den Vorzug verdient (Kapitel 10).

ACHTES KAPITEL : VERWENDUNG DER THEORETISCHEN ANSAETZE IN DER AKTUELLEN BUNDESGERICHTLICHEN PRAXIS

I. Einleitung

Das Bundesgericht erachtet es, wie erwähnt, nicht als seine Aufgabe, das Phänomen der Gemeindeautonomie theoretisch zu erörtern. Vielmehr habe es, den Bedürfnissen der Praxis folgend, festzulegen, in welchen Fällen eine Gemeinde staatsrechtliche Beschwerde ergreifen kann[2]. Trotzdem enthalten einzelne Entscheide Aussagen, die nicht nur für den konkreten Fall von Bedeutung sind, sondern verallgemeinerungsfähige

---

[1] Siehe vorne S. 14ff.
[2] BGE 103 Ia 474 E.4a *(Lugano)*.

Züge tragen. Festzustellen ist, dass sich das Bundesgericht, je nach Problemlage im Einzelfall, unterschiedlicher Konzeptionen bedient. Bereits im ersten Teil wurden Hinweise auf theoretische Ansätze in der Rechtsprechung des Bundesgerichts dargestellt[3]. An dieser Stelle interessiert, welche Argumentationsmuster in der aktuellen Rechtsprechung verwendet werden und ob sich eine Hauptrichtung erkennen lässt.

II. Argumentationsmuster in der aktuellen bundesgerichtlichen Praxis

1. Grundrechtliche Argumentation

Ansatzpunkte zur grundrechtlichen Konzeption finden sich vor allem in älteren Entscheiden. Allerdings tauchen grundrechtliche Formulierungen in der bundesgerichtlichen Praxis immer wieder auf, so wenn von einem "Eingriff" in den Autonomiebereich oder sogar in den "Wesenskern" der Gemeindeautonomie die Rede ist[4]. Es ist zu vermuten, dass auch die Theorie der Wirkungskreise noch "weiterwirkte". Sodann werden methodische Anleihen bei der Grundrechtsdogmatik sichtbar, wenn erwogen wird: "Dieser Grundsatz (Erfordernis eines hinreichenden öffentlichen Interesses bei Grundrechtsbeschränkungen), der im Hinblick auf die Eigentumsgarantie für das Verhältnis von Gemeinde und Grundeigentümer geprägt worden ist, muss sinngemäss auch im Hinblick auf die Gemeindeautonomie für das Verhältnis von Kanton und Gemeinde gelten[5]."

In den achtziger Jahren scheinen konkrete grundrechtliche Argumentationsfiguren seltener geworden. Interessant ist nun, dass im Jahre 1992 eine deutliche Wiederaufnahme stattgefunden hat. In einer der wenigen detaillierten Ausführungen zum Begriff der relativ erheblichen Entscheidungsfreiheit erklärt das Bundesgericht nämlich, das einem kommunalen Schulrat eingeräumte Ermessen sei nicht "gemeindefreiheitsbezogen" und stelle deshalb qualitativ keinen autonomiebegründenden Spielraum dar[6]. Ein solcher Begriff einer "Gemeindefreiheit" kann nur in einem grundrechtlichen Sinn verstanden werden.

2. Verfahrensrechtliche Argumentation

Die verfahrensrechtliche Konzeption[7] zeigt sich zeitlich vor allem in neueren Entscheiden und inhaltlich insbesondere in bezug auf zwei Problemkreise: bei der Ab-

---

[3] Vgl. vorne S. 14ff.
[4] BGE 119 Ia 218 *(Küsnacht)*; ZBl 1980, 210f *(Zürich)*.
[5] BGE 103 Ia 187 E.b *(Savognin)*.
[6] BGE 118 Ia 222 *(Gemeinde X.)*.
[7] Siehe vorne S. 30ff.

grenzung der formellen von der materiellen Prüfung einer Autonomiebeschwerde einerseits und beim Verhältnis von Autonomierüge i.e.S. zur Willkürrüge der Gemeinde anderseits.

In der Regel hält das Bundesgericht fest, ob der Gemeinde Autonomie zustehe, sei keine Eintretensfrage, sondern bilde Gegenstand der materiellen Beurteilung[8]. In einzelnen Entscheiden wird jedoch das "Eintreten" auf eine materielle Prüfung der Verfassungsverletzung ausdrücklich davon abhängig gemacht, dass die Gemeinde in einem Autonomiebereich getroffen worden ist[9]. Eine Klärung dieses Widerspruchs fand bisher nicht statt. Die Rechtsprechung ist sich nicht klar über die Abgrenzung von prozessualen Fragen zu solchen des materiellen Verfassungsrechts. Dies hängt mit dem Defizit hinsichtlich der theoretischen Grundlagen zusammen[10].

Mühe bekundet das Bundesgericht mit der Abgrenzung der Rüge der Autonomieverletzung zur Rüge der Verletzung von Art. 4 BV (Willkürverbot). Mehrfach wird erwogen, dass diese beiden Rügen "zusammenfallen"[11]. Auch in Schlussfolgerungen findet sich diese Gleichsetzung von Gemeindeautonomie und Willkürverbot: "Hält somit der Entscheid vor dem Willkürverbot stand, so hat das Verwaltungsgericht die Autonomie der Beschwerdeführerin nicht verletzt"[12]. In einem Urteil aus dem Jahre 1993 hält das Bundesgericht ausdrücklich fest: "Die Beschwerde wegen Verletzung der Gemeindeautonomie hat ... im vorliegenden Fall neben der Willkürrüge keine selbständige Bedeutung"[13]. Damit liegt im Ergebnis eine Willkürbeschwerde der Gemeinde vor. Dies ist gerade die Kernaussage des verfahrensrechtlichen Ansatzes.

3. Organisationsrechtliche Argumentation

Im Gegensatz zu den beiden anderen Konzeptionen finden sich in der neueren Praxis keine ausdrücklichen Hinweise mehr auf den organisationsrechtlichen Ansatz[14]. Damit kann zwanglos festgestellt werden, dass die Entwicklung der bundesgerichtlichen Rechtsprechung nicht in diese Richtung verläuft. Allerdings kommen organisationsrechtliche Argumentationsmuster zum Teil auch in den anderen beiden Konzeptionen vor. Auch wenn die Gemeindeautonomie nicht zum Kreis der Grundrechte zu zählen ist, lässt sie sich dennoch als verfassungsmässiges Recht bezeichnen. Aehnlich dem Grundsatz der derogatorischen Kraft des Bundesrechts oder dem Prinzip der Gewaltentrennung kann von einem "Recht im bundesstaatlichen Verhältnis"[15] i.w.S. gespro-

---

[8] Statt vieler BGE 119 Ia 294 E.a *(Winterthur)*. Vorne S. 41 und 153.
[9] BGE 114 Ia 76 E.2a *(Klosters-Serneus)*; 118 Ia 221 E.d *(Gemeinde X.)*.
[10] Vgl. KOELZ, Legitimation 745.
[11] Z.B. BGE 116 Ia 225 *(Kappel)*, 43f *(Silvaplana)*; 112 Ia 269 E.1a *(Zürich)*.
[12] BGE 112 Ia 268 E.b *(Kloten)*.
[13] BGE 119 Ia 116 E.c *(Baden)*. Die Gemeinde wäre allerdings als Eigentümerin ohnehin befugt gewesen, eine Willkürbeschwerde zu erheben.
[14] Vgl. vorne S. 25.
[15] Vgl. KAELIN, Verfahren 42.

chen werden. Zudem steht hinter dem Tatbestand der formellen Autonomieverletzung ein organisationsrechtlicher Gedanke.

4. Fazit

Im Ergebnis ist festzuhalten, dass bis heute eine einheitliche Konzeption zur Gemeindeautonomie-Beschwerde in der höchstrichterlichen Praxis fehlt. Während der Phase der Wirkungskreise wurden grundrechtliche und organisationsrechtliche Argumentationsfiguren gebraucht. Die Rechtsprechung der letzten Jahrzehnte verwendete stärker den verfahrensrechtlichen und den grundrechtlichen Ansatz. Insgesamt entstand bisweilen der Eindruck, dass die Entwicklung und damit der Abbau des konzeptionellen Defizits in Richtung des verfahrensrechtlichen Ansatzes verlaufe. Mit der Einführung des Begriffs der "Gemeindefreiheit" im Jahre 1992 erlebte die grundrechtliche Betrachtungsweise jedoch eine Wiederaufnahme. Dies zudem in einem Kernpunkt der Praxis der Autonomiebeschwerde - der Umschreibung der relativ erheblichen Entscheidungsfreiheit. Es erscheint somit nicht zufällig, dass eine aktuelle Publikation eines Bundesrichters zur Praxis der staatsrechtlichen Beschwerde den Ausführungen zur Gemeindeautonomie den Titel voranstellt: "Das Grundrecht der Gemeindeautonomie"[16]. Die Frage, inwiefern die verschiedenen theoretischen Ansätze in der gegenwärtigen Rechtsprechung des Bundesgerichts aufgenommen werden, führt zum Schluss, dass sowohl die grundrechtliche als auch die verfahrensrechtliche Konzeption Verwendung finden. Kaum mehr von Bedeutung - abgesehen von der erwähnten Präzisierung - ist hingegen der organisationsrechtliche Ansatz.

Nach wie vor besteht bei der Autonomiebeschwerde somit ein konzeptionelles Defizit. Es ist aus dogmatischen Ueberlegungen unbefriedigend und der Rechtssicherheit abträglich, wenn bei derselben Problemlage immer wieder verschiedene theoretische Fundamente verwendet werden. Bei einer solchen Situation der Unvorhersehbarkeit besteht zudem die Gefahr, dass begründete Beschwerden nicht und unbegründete auf "Zusehen" hin geführt werden, da eine einigermassen zuverlässige Beurteilung der Prozesschancen vielfach nicht möglich ist. Auf welche Weise eine verfassungstheoretische Grundlegung der Autonomiebeschwerde zu erfolgen hat, soll im folgenden Kapitel aufgezeigt werden. Dabei werden die bereits erwähnten Ansätze zu idealtypischen Modellen ausformuliert. Dies ermöglicht es, sich über die Konsequenzen des einen oder anderen Entwurfs Klarheit zu verschaffen.

---

[16] KARL SPUEHLER, Die Praxis der staatsrechtlichen Beschwerde, Bern 1994, 181.

NEUNTES KAPITEL : MODELLE DER AUTONOMIEBESCHWERDE

Bis anhin wurde gefragt, welche Konzeption der bundesgerichtlichen Praxis zur Autonomiebeschwerde der Gemeinde zugrunde liegt. Es wurde festgestellt, dass das Bundesgericht nicht von einem einheitlichen verfassungstheoretischen Ansatz ausgeht. Im folgenden soll die Fragestellung umgekehrt werden: Welche Konsequenz hätte es, wenn das Bundesgericht bzw. der Gesetzgeber sich für eine bestimmte Konzeption entscheiden würde? Wie sähe die konkrete Ausgestaltung eines grundrechtlichen[17] oder verfahrensrechtlichen[18] Ansatzes in den Grundzügen aus? Dabei soll jeweils in zwei Schritten vorgegangen werden: Zuerst wird die jetzige Rechtsprechung gewissermassen in ein verfassungstheoretisches Gebäude plaziert. Anschliessend werden im Rahmen des jeweiligen Modells Möglichkeiten einer Weiterentwicklung der Praxis aufgezeigt. Nur kurz eingegangen wird auf den heute kaum mehr verwendeten organisationsrechtlichen Ansatz.

I. Das grundrechtliche Modell

Die Ausgestaltung der Autonomiebeschwerde nach dem grundrechtlichen Ansatz und die konsequente Befolgung desselben bei der Lösung von Einzelfragen würde zu einer erhöhten Transparenz der Rechtsprechung und zu einer wesentlichen Vereinfachung führen, dies bei der Prüfung sowohl der Zulässigkeit (nachfolgend Ziff. 2) als auch der materiellen Begründetheit der Beschwerde (Ziff. 3). Neben der blossen Einbettung der bundesgerichtlichen Praxis in ein kohärentes verfassungstheoretisches Modell lassen sich weitergehende Postulate diskutieren (Ziff. 4). Vorangestellt werden sollen diesen konkreten Modalitäten einer Grundrechts-Beschwerde grundsätzliche Ueberlegungen über die Tragweite eines Grundrechts der Gemeindeautonomie (Ziff. 1).

1. Bedeutungsschichten der Gemeindeautonomie

Wird die Gemeindeautonomie als Grundrecht verstanden, lassen sich - entsprechend der schweizerischen Grundrechtstheorie - verschiedene Bedeutungsschichten ausmachen. Da die Gemeindeautonomie nach heutiger Auffassung ein kantonales Recht ist, sind bei der Konkretisierung Verfassung, Gesetzesrecht und Rechtsprechung des jeweiligen Kantons heranzuziehen.

---

[17] Siehe vorne S. 16ff.
[18] Siehe vorne S. 30ff.

Als programmatischer Gehalt[19] richtet sich die Gemeindeautonomie in erster Linie an den Gesetzgeber. Ihm ist aufgetragen, das Recht der Gemeinde auf Selbstgesetzgebung und Selbstverwaltung zu verwirklichen. Die positive Ausstrahlung dieser programmatischen Schicht liegt darin, dass der Gesetzgeber Handlungsspielräume der Gemeinde zu schaffen bzw. zu bewahren hat[20]. Es geht dabei primär um die politische Wirksamkeit von Verfassungsnormen zugunsten der Gemeinde. Anderseits schützt die Garantie die Gemeinde insofern "negativ", als der Gesetzgeber das kommunale Selbstbestimmungsrecht nicht grundsätzlich in Frage stellen darf (Wesens- oder Kerngehaltsgarantie)[21]. In diesem letzteren Sinn wäre, in Anlehnung an die Eigentumsgarantie, die Entwicklung einer Institutsgarantie denkbar[22]. Zugunsten des Kantons wirkt sich im Rahmen der abstrakten Normenkontrolle eines kantonalen Erlasses der Grundsatz der verfasssungskonformen Auslegung aus. Danach wird ein angefochtener Rechtssatz nur aufgehoben, wenn er sich jeder Auslegung entzieht, die mit der Gemeindeautonomie übereinstimmt[23].

Schwieriger ist die Umschreibung eines *direkt-anspruchsbegründenden* Gehalts[24], d.h. die Bestimmung von verfassungsgerichtlich durchsetzbaren Ansprüchen der Gemeinde. Massgebend ist hierfür primär das kantonale Recht.

Soweit die Kantonsverfassungen unter dem Titel der Gemeindeautonomie nur allgemeine Zielnormen enthalten, lassen sich direkt aus der Verfassung nur beschränkt justiziable Ansprüche der Gemeinde auf Handlungsfreiheit ableiten. Die bloss allgemeine Gewährleistung der Gemeindeautonomie in zahlreichen älteren Kantonsverfassungen ist weitgehend substanzlos. Neuere Verfassungen gehen diesbezüglich weiter. Es werden konkrete Gemeindeaufgaben aufgezählt, bei denen jeweils zu beurteilen ist, ob die Kompetenzzuweisung auch einen autonomierelevanten Entscheidungsspielraum beinhaltet[25]. Zu beachten ist, dass die Aufgabe der Verfassungskonkretisierung hinsichtlich der Gemeindeautonomie sowohl dem Verfassungs-[26] und dem Gesetzgeber als auch der Rechtsprechung zukommt. Zwar besitzen Verfassungsnormen wesensgemäss einen hohen Abstraktionsgrad. Im Unterschied zu den individuellen Grundrechten, die auf einer anthropologischen Grundlage basieren, fehlt bei der Gemeindeautonomie jedoch ein dem Recht vorgegebener Bezugspunkt[27]. Nicht elementare Erschei-

---

[19] J.P. MUELLER, Elemente 48.

[20] Ein programmatischer Gehalt findet sich v.a. in neueren Verfassungsbestimmungen, die nicht mehr bloss Freiheit gewährleisten, sondern die Einräumung von Selbstbestimmung postulieren. Z.B. Art. 109 Abs. 2 KV BE, Art. 101 Abs. 2 KV AR, § 106 Abs. 2 KV AG.

[21] Vgl. BGE 103 Ia 195 *(Mosseedorf)*.

[22] Nach YVO HANGARTNER, in AJP 1993, 1522, ist eine solche bereits heute "anerkannt".

[23] BGE 117 Ia 357 *(Kloten u. Uster)*; 115 Ia 47 *(Bulle u. Freiburg)*.

[24] J.P. MUELLER, Elemente 47.

[25] Vgl. ZIMMERLI, Gemeinden 208f; WALTER KAELIN, Oeffentliche Aufgaben, in Handbuch des bernischen Verfassungsrechts, Bern/Stuttgart/Wien 1995, 57ff, 62.

[26] Aktuelle Verfassungsrevisionen bieten die Möglichkeit, die Bedeutung der Gemeindeautonomie zu diskutieren und eine stärkere Verankerung auf Verfassungsstufe vorzusehen.

[27] ZWAHLEN, 631, entnimmt der Praxis zur Gemeindeautonomie ein "droit ... assimilé aux droits constitutionnels du citoyen, plus spécialement à la liberté individuelle au sens large".

nungen der Persönlichkeit, die auf der Würde des Menschen basieren, bilden den Massstab bei der Verwirklichung einer "Verbandsfreiheit"[28], sondern das positive Recht der Kantone und allenfalls dessen Konkretisierung durch die Rechtsprechung. Soweit die Inhaltsbestimmung auf der Grundlage der jeweiligen kantonalen Rechtsordnung vorgenommen würde, könnte aus Sicht des Bundesgerichts von einer formellen Konzeption gesprochen werden[29].

Naheliegender ist es, sich auf gewisse gemeineidgenössische Grundgehalte der Gemeindeautonomie abzustützen. Eine solche materielle Inhaltsbestimmung soll vorliegend aufgezeigt werden[30].

Eine *flankierende* Funktion[31] der Gemeindeautonomie schliesslich käme im Rahmen der Möglichkeit verfassungskonformer Auslegung bei der Anfechtung kantonaler Rechtssetzungsakte zum Tragen[32]. Sodann wären unklare gesetzliche Bestimmungen im Lichte der Gemeindeautonomie auszulegen, bspw. kantonale Verfahrensnormen, welche die Prüfungsbefugnis kantonaler Behörden regeln. Konkret wäre zu fordern, dass eine Zweckmässigkeitskontrolle stets einer klaren gesetzlichen Grundlage bedarf.

2. Zulässigkeitsprüfung

Von den verschiedenen Sachurteilsvoraussetzungen der staatsrechtlichen Beschwerde wegen Verletzung verfassungsmässiger Rechte ist in diesem Zusammenhang einzig auf die Beschwerdebefugnis[33] einzugehen. Die Legitimation i.e.S. setzt die persönliche Betroffenheit der Beschwerdeführerin in eigenen rechtlich geschützten Positionen voraus. Die Frage der Beschwerdebefugnis ist allein im Hinblick auf die Rüge der Verletzung der Gemeindeautonomie zu beurteilen. Die Figur der Konnexität entfällt.

Das Rechtsschutzinteresse der Gemeinde ergibt sich aus dem angerufenen verfassungsmässigen Recht der Gemeindeautonomie[34]. Die Beschwerdeführerin hat nach der Rechtsprechung allerdings darzutun, dass sie sich im Geltungsbereich der Gemeindeautonomie befindet[35]. Das Bundesgericht behandelt die Frage des persönlichen und sachlichen Geltungsbereichs eines Grundrechts z.T. als materielles, z.T. als formelles Problem[36]. Bei der Autonomiebeschwerde ist die Frage nach dem Autonomiebereich vergleichbar mit jener nach dem Schutzbereich bei einer Beschwerde wegen Verlet-

---

[28] PFISTERER, Stellung 2 und 198.
[29] Vgl. MEYLAN 73.
[30] Siehe hinten S. 176f.
[31] J.P. MUELLER, Elemente 49, 70.
[32] Vgl. BGE 117 Ia 357 (*Kloten u. Uster*).
[33] Art. 88 OG. Siehe auch vorne S. 152.
[34] Durch die Ausgestaltung als Grundrecht fällt die Gemeindeautonomie ohne weiteres in den Kreis der verfassungsmässigen Rechte gemäss Art. 84 Abs. 1 OG.
[35] Vgl. BGE 118 Ia 51 E.3a m.w.V.
[36] J.P. MUELLER, Elemente 95; KAELIN, Verfahren 237.

zung eines Freiheitsrechts. Insofern könnte der Autonomiebereich als materiellrechtliches Problem verstanden werden, wie dies die Praxis heute - scheinbar - tut. In Wirklichkeit würde eine Prüfung im Rahmen der Eintretensfrage der aktuellen Rechtsprechung besser entsprechen, vor allem was den persönlichen Geltungsbereich betrifft. Dieser ist für die politische Gemeinde unproblematisch. Soweit eine andere öffentlichrechtliche Korporation, bspw. eine Kirchgemeinde, staatsrechtliche Beschwerde wegen Verletzung ihrer Autonomie führt, hätte sie darzulegen, dass sie Trägerin einer Autonomiegarantie ist[37].

Kein Raum bleibt für die Rüge eines Privaten, die Gemeindeautonomie sei verletzt. Trägerin des Grundrechts der Gemeindeautonomie ist einzig die Gemeinde. Ein Privater befindet sich nicht im persönlichen Geltungsbereich dieses Grundrechts.

Bei der Anfechtung von Zwischenentscheiden im Sinne von Art. 87 OG besitzt die Autonomierüge neben Art. 4 BV selbständige Bedeutung, weshalb es nicht auf einen nicht wiedergutzumachenden Nachteil ankommt.

3. Materielle Prüfung

a) Teilgehalte der Gemeindeautonomie

Die Frage, wann ein kantonaler Hoheitsakt gegen die Autonomiegarantie verstösst und wegen Verfassungswidrigkeit aufgehoben werden muss, hängt direkt mit der Inhaltsbestimmung eines solchen Grundrechts zusammen. Im Rahmen eines grundrechtlichen Modells lassen sich, ausgehend von der Rechtsprechung des Bundesgerichts, vier Haupt-Tatbestände einer Autonomieverletzung beschreiben. Da es dabei um Teilgehalte eines verfassungsmässigen Rechts geht, hat das Bundesgericht eine freie Prüfung vorzunehmen[38].

aa) Anspruch auf Einhaltung der Zuständigkeit

Die Gemeindeautonomie ist verletzt, wenn der Kanton in Rechtssetzungsbefugnisse der Gemeinde eingreift bzw. einen autonomierelevanten Bereich regelt, ohne dafür zuständig zu sein. Auch gegenüber kantonalen Rechtsanwendungsakten kann die Gemeinde die Rüge der Zuständigkeitsverletzung erheben, einschliesslich der zu Unrecht erfolgten Nichtanwendung kommunalen Rechts.

bb) Anspruch auf Beachtung der Prüfungsbefugnis

Eine Autonomieverletzung liegt vor, wenn der Kanton eine Ermessenskontrolle durchführt, obwohl er nur zur Rechtskontrolle befugt ist, oder wenn er im Rahmen der Rechtskontrolle einen der Gemeinde zustehenden Beurteilungsspielraum bei der An-

---

[37] Vgl. RHINOW, Prozessrecht N 1495.

[38] Bei der willkürlichen Gesetzesauslegung heisst dies nichts anderes, als dass frei zu prüfen ist, ob Rechtsanwendungswillkür vorliegt. Im Einzelfall, bspw. bei der Prüfung eines kantonalen Rechtssetzungsaktes, käme eine reduzierte Prüfungsdichte zur Anwendung.

wendung unbestimmter Rechtsbegriffe missachtet. Hierher gehören sodann die Fälle der unrichtigen Annahme einer Rechtsverletzung und der zu weit gehenden Ermessenskontrolle.

cc) Schutz vor willkürlicher Gesetzesauslegung
Ein Verstoss gegen die Gemeindeautonomie liegt in der willkürlichen Anwendung von kommunalem, kantonalem oder eidgenössischem Recht.

dd) Schutz vor falscher Verfassungsauslegung
Schliesslich verletzt eine falsche Anwendung von Verfassungsrecht, insbesondere die Verkennung der Tragweite eines Grundrechts, die Gemeindeautonomie.

Mit diesen vier Grundansprüchen ist die Rechtsprechung zur Autonomieverletzung, vor allem in bezug auf den Schutz gegenüber kantonalen Rechtsanwendungsakten, im wesentlichen abgedeckt. Der Schutz gegenüber kantonalen Rechtssetzungs- und Planungsakten hängt entscheidend von der Justiziabilität entsprechender Verfassungsnormen in den Kantonen ab; unproblematisch sind jedenfalls die Rügen der Ueberschreitung der Zuständigkeit und der Verletzung von Art. 4 BV (Willkür und Rechtsgleichheit). Der Konkretisierung bedarf - weiterhin - die Frage eines Wesensgehalts[39].

An einem Grundrecht der Gemeindeautonomie können sodann weitere, von der Rechtsprechung bereits anerkannte Schutzansprüche der Gemeinde als Teilgehalte angeknüpft werden. Im Vordergrund stehen Garantien aus Art. 4 Abs. 1 BV, insbesondere der Anspruch auf rechtliches Gehör, der nicht nur in der Rechtsanwendung, sondern auch im Rechtssetzungs- und Planungsverfahren, zumindest bei besonderer Betroffenheit, zum Tragen kommt[40].

b) Keine Anwendbarkeit des Standardprogramms der Grundrechtseinschränkung
Die Grenzen des grundrechtlichen Modells und die Besonderheit der Gemeindeautonomie werden deutlich, wenn das herkömmliche Prüfungsschema, das bei der Verletzung von Freiheitsrechten zur Anwendung gelangt, herangezogen wird. Danach läge eine Verfassungsverletzung vor bei einem unzulässigen Eingriff in die Autonomie der Gemeinde[41]. Gemäss der Praxis des Bundesgerichts müssen Grundrechtseinschränkungen auf einer gesetzlichen Grundlage beruhen, einem überwiegenden öffentlichen Interesse entsprechen, verhältnismässig sein und den Kerngehalt wahren[42]. Die Prüfung der Autonomieverletzung nach dem Modell der Einschränkung von Freiheitsrechten

---

[39] Siehe sogleich lit. b/cc.
[40] N.p. BGE vom 13. Juni 1989 E.6 i.S. *Altstätten.*
[41] So BGE 112 Ia 281 E.6 *(Sent);* 106 Ia 208 E.3a *(Zürich).*
[42] Z.B. BGE 120 Ia 132 E.4a; vgl. J.P. MUELLER, Elemente 104ff; HAEFELIN/HALLER 368ff. In dieser Richtung MEYLAN 82: "... l'autonomie communale est violée, lorsque n'étaient pas réunies les conditions formelles ou matériélles auxquelles l'autorité cantonale avait pouvoir d'intervenir contre la commune".

würde allerdings voraussetzen, dass der Autonomieanspruch selbst hinreichend klar feststeht[43].

aa) Gesetzliche Grundlage

Die ältere Praxis des Bundesgerichts, die nur dann eine Autonomieverletzung annahm, wenn der Kanton seine Zuständigkeit überschritt (formelle Autonomieverletzung[44]), hängt - grundrechtlich betrachtet - mit dem Erfordernis der gesetzlichen Grundlage zusammen. Der Kanton verletzt die Autonomie, wenn sein "Eingriff" sich nicht auf eine gesetzliche Grundlage stützt.

bb) Oeffentliches Interesse und Verhältnismässigkeit

Eine Beschränkung eines Freiheitsrechts ist nur zulässig, wenn sie durch ein überwiegendes öffentliches Interesse gerechtfertigt ist. Stützen sowohl Gemeinde als auch Kanton ihre gegensätzlichen Positionen auf eine gesetzliche Grundlage, muss der Entscheid der kantonalen Behörde materiell verfassungswidrig sein, damit von einer Autonomieverletzung die Rede sein kann. Im Unterschied zur gesetzlichen Grundlage lässt sich dieser Prüfungsschritt nicht ohne weiteres in die geltende Praxis zur Autonomiebeschwerde einfügen. Zwar gibt es Autonomiestreitigkeiten, die sich mit dieser Methode beurteilen liessen, so etwa im Bereich der Raumplanung, wenn der Kanton die kommunale Planungshoheit verletzt, oder bei einem Normenkontrollverfahren. Bei den meisten Autonomiestreitigkeiten muss ein solches Vorgehen jedoch scheitern: Kontrolliert eine kantonale Behörde die Rechtsanwendung der Gemeinde, bspw. in einem Baubewilligungsverfahren, geht es - zumindest bei der Rechtskontrolle - einzig um die Frage, ob der kommunale Entscheid rechtmässig ist oder nicht. Für eine Interessenabwägung oder eine Verhältnismässigkeitsprüfung bleibt kein Raum.

cc) Wesensgehalt

Eine Beschränkung der Autonomie ist unzulässig, wenn sie den Wesensgehalt der Autonomiegarantie verletzt[45]. Doch worin besteht ein solcher Kern der Gemeindeautonomie? Richtpunkt ist die der bundesgerichtlichen Praxis zugrunde liegende Prämisse, wonach Massnahmen, welche die Gemeinde zu einer blossen Verwaltungseinheit reduzieren, verfassungsrechtlich unerwünscht sind[46]. Anleihen können bei der Eigentumsgarantie und der Lehre von der Institutsgarantie[47] gemacht werden. Wie schon bei der Umschreibung des Schutzbereichs festgestellt, fehlt bei der Gemeinde-

---

[43] Vgl. J.P. MUELLER, in Kommentar BV, Einleitung zu den Grundrechten, N 113.

[44] Siehe vorne S. 92 und 100.

[45] So BGE 103 Ia 195 *(Moosseedorf)*; vgl. J.P. MUELLER, Elemente 141; ders., in Kommentar BV, Einleitung zu den Grundrechten, N 174.

[46] BGE 109 Ia 173 *(Schwellenbezirk Beatenberg)*.

[47] Die bei Freiheitsrechten mitunter vorgenommene Differenzierung in einen objektivrechtlichen (Institutsgarantie) und einen subjektivrechtlichen (Wesensgehalt) Kernbereich, dazu J.P. MUELLER, Elemente 154, erübrigt sich bei der Gemeindeautonomie.

autonomie - im Gegensatz zu den Freiheitsrechten - ein vorgegebener Bezugspunkt. Liesse sich ein Kerngehalt hinreichend präzis umschreiben, wäre insbesondere die Frage der Autonomieverletzung durch kantonale Rechtssetzungsakte danach zu beurteilen, und es resultierte daraus eine justiziable Bindung des kantonalen Gesetzgebers. Eine Verletzung des Wesensgehalts müsste bspw. bei einer Abschaffung der kommunalen Planungsautonomie angenommen werden. Noch grundlegender könnte jedenfalls von einem absoluten Schutz der Institution der Gemeinde gesprochen werden[48].

c) Grundrechtskollision?

Hinzuweisen ist schliesslich auf eine Konsequenz im Hinblick auf den Grundrechtsschutz des Privaten. Die Einräumung eines grundrechtlich gestalteten Selbstbestimmungsrechts zugunsten der Gemeinde kann zu einer Beschränkung des Rechtsschutzes des Privaten führen. Wenn eine Gemeinde bspw. in einem Baubewilligungsverfahren ihren Standpunkt - etwa bei der Auslegung eines unbestimmten Rechtsbegriffes - aufgrund ihrer Autonomie durchsetzen kann, dann muss sich der private Bauherr mit einem Resultat abfinden, welches er bei uneingeschränkter Prüfungsbefugnis des Kantons möglicherweise hätte umstürzen können. Dies ist eine durchaus systemkonforme Folge der verfassungsmässigen Konstituierung der Gemeindeautonomie.

4. Weiterführung des grundrechtlichen Modells

In bezug auf die bundesgerichtliche Kognition stellt sich die Frage, ob die Auslegung von Gesetzesrecht, das der Gemeinde Autonomie einräumt, lediglich auf Willkür überprüft werden kann. Zu überlegen ist, ob die bei kantonalen Wahlen und Abstimmungen gehandhabte Unterscheidung in einfaches Recht mit materiellem Verfassungsrang einerseits und bloss untergeordnete Verfahrensvorschriften anderseits[49] auch auf die Autonomiebeschwerde übertragen werden soll[50]. Beachtenswert ist, dass die autonomierelevanten Gesetzesbestimmungen - im Unterschied zu den politischen Rechten - in sehr grosser Zahl vorkommen und über das ganze kantonale Recht verstreut sind. Die Uebernahme der erwähnten Grundsätze der Stimmrechtsbeschwerde würde zu einem weitreichenden Eingriff in die kantonale Autonomie führen. Eine Konkretisierung von Teilgehalten auf Verfassungsstufe erscheint deshalb als die sinnvollere Lösung. Insbesondere der Anspruch der Gemeinde auf verfassungskonforme Interessenabwägung - auch ausserhalb der Auslegung spezieller Grundrechte - wäre in Weiterführung der Praxis als eigenständiger Teilgehalt der Gemeindeautonomie zu konstituieren. Vom Gesagten zu unterscheiden ist die Frage, ob die Gemeinde überhaupt als

---

[48] JAGMETTI 344. Hier kommt allerdings die Existenz- und Bestandesgarantie zum Tragen.
[49] Dazu CHRISTOPH HILLER, Die Stimmrechtsbeschwerde, Diss. Zürich 1990, 385ff.
[50] Vgl. GYGI, Prüfung 202.

autonomer Verband handelt; dies sollte im Rahmen des Eintretens und damit frei geprüft werden.

II. Das verfahrensrechtliche Modell

Im Unterschied zum vorangegangenen, grundrechtlichen Entwurf braucht beim verfahrensrechtlichen[51] Modell nicht näher auf die Begründetheitsprüfung eingegangen zu werden. Es stellt sich einzig die Frage, hinsichtlich welcher verfassungsmässiger Rechte der hoheitlich handelnden Gemeinde die *Beschwerdebefugnis* zukommt. Die Verletzung der Gemeindeautonomie als selbständiger Beschwerdegrund tritt hier in den Hintergrund, wenn er auch - je nach Ausgestaltung des kantonalen Rechts - nicht völlig ausgeschlossen ist[52]. Nicht mehr massgebend ist das Erfordernis eines "engen Zusammenhangs" zwischen dem angerufenen verfassungsmässigen Recht und der kommunalen Selbständigkeit. Verfassungsmässige Rechte stehen auch öffentlichrechtlichen Körperschaften grundsätzlich zu, soweit sie eben ihrem Wesen nach auf diese anwendbar sind[53]. Ausgangspunkt bildet Art. 88 OG. Danach sind eine Beschwer durch den angefochtenen Hoheitsakt und eine Beeinträchtigung in rechtlich geschützten Interessen erforderlich. Die Gemeinde muss somit eigene Interessen geltend machen, und zwar in einer Situation, in der sie als vom Kanton verschiedenes Rechtssubjekt auftritt, mithin nicht (bloss) wie eine kantonale Verwaltungseinheit. Diese Abgrenzung wird durch das Kriterium der Autonomie bewerkstelligt. Handelt die Gemeinde im Autonomiebereich, kommt ihr bei einer Beeinträchtigung durch kantonale Behörden grundsätzlich ein Rechtsschutzinteresse zu. Offen ist, welche konkreten Rügen sie vorbringen kann.

Die Autonomiefrage verlagert sich beim verfahrensrechtlichen Modell von der materiellen auf die formelle Ebene. Im folgenden sind verschiedene Gruppen von verfassungsmässigen Rechten, auf die sich die Gemeinde nach dem verfahrensrechtlichen Modell berufen kann, darzustellen.

1. Willkürverbot und Rechtsgleichheit

Art. 4 Abs. 1 BV, der insbesondere das Willkürverbot und die Rechtsgleichheit gewährleistet, kommt im Rahmen der Rechtsordnung allgemeine Bedeutung zu, die über eine rein menschenrechtliche Funktion hinausgeht. Auch öffentlichrechtliche Körper-

---

[51] Zum verfahrensrechtlichen Ansatz vgl. vorne S. 30ff.

[52] Als materieller Beschwerdegrund wäre die Gemeindeautonomie jedoch nicht als "Grundrecht" zu bezeichnen, sondern eher mit "bundesstaatlichen" verfassungsmässigen Rechten, wie dem Prinzip der Gewaltenteilung, zu vergleichen.

[53] PFISTERER, Stellung 334; HANGARTNER, Grundrechte 40ff.

180

schaften müssen sich darauf berufen können. Offen ist allerdings der Umfang der Beschwerdeberechtigung.

Gemäss der heutigen Praxis verschafft das in Art. 4 BV enthaltene allgemeine Willkürverbot für sich allein noch keine geschützte Rechtsstellung im Sinne von Art. 88 OG[54]. Rügt die Gemeinde Willkür in der Rechtsanwendung (oder Rechtsungleichheit oder eine Verletzung von Treu und Glauben[55]) muss der Rechtsschutz direkt aus der gerügten Gesetzesbestimmung hergeleitet werden. Das Bundesgericht anerkennt keinen direkt aus Art. 4 BV fliessenden Anspruch auf willkürfreies staatliches Handeln[56]. Die Gemeinde hat somit nachzuweisen, dass die Gesetzesbestimmung, deren verfassungswidrige Anwendung sie behauptet, ihr einen Rechtsanspruch einräumt bzw. den Schutz ihrer Interessen bezweckt[57]. Ein solches Rechtsschutzinteresse nimmt die Rechtsprechung bei Normen an, die der Gemeinde Selbstgesetzgebungs- und -verwaltungsbefugnisse gewähren, mithin im Bereich der Autonomie[58].

Auch die Beschwerdebefugnis zur Rüge der Willkür bzw. Rechtsungleichheit in der Rechtssetzung hängt bei der Gemeinde - anders als bei einem privaten Beschwerdeführer[59] - von einer Berechtigung in der Sache, nach heutiger Praxis somit von Autonomie, ab[60].

Konkret mit der Willkürbeschwerde zu rügen ist insbesondere die formelle Autonomieverletzung, d.h. die Ueberschreitung der Zuständigkeit oder der Prüfungsbefugnis[61]. Ebenfalls eine Willkürrüge steht der Gemeinde zu bei der falschen Anwendung von kantonalem oder eidgenössischem Gesetzesrecht. Im Unterschied zum grundrechtlichen Modell, das vermehrt zu einer freien Prüfung führen würde, erfasst der verfahrensrechtliche Ansatz die heutige Praxis zur Autonomiebeschwerde, die mehrheitlich als Willkürbeschwerde von Gemeinden zu beschreiben ist, prägnanter.

2. Verfahrensgarantien

Ein verfassungsrelevantes Rechtsschutzbedürfnis der Gemeinde besteht insbesondere in bezug auf Verfahrensgarantien[62]. Diese sind vor allem in Art. 4 BV enthalten. Daneben kommen auch andere Verfassungsbestimmungen, wie z.B. Art. 58 BV, in Frage.

---

[54] BGE 118 Ia 51 m.w.V.
[55] Vgl. KAELIN, Verfahren 238.
[56] BGE 113 Ia 244; Kritik bei KAELIN, Verfahren 239 m.w.V.
[57] BGE 117 Ia 93 E.2b m.w.V.
[58] Im Ergebnis um eine Willkürbeschwerde handelt es sich bspw. in BGE 120 Ib 209 *(Wangen)*.
[59] Vgl. BGE 117 Ia 99f; 116 Ia 115 E.2.
[60] BGE 120 Ia 100 *(Kanton BS)*.
[61] Soweit es sich nicht um Verfassungsnormen handelt.
[62] Vgl. auch die *deutsche* Praxis, die juristischen Personen des öffentlichen Rechts die Berufung auf gewisse Prozessgrundrechte zuerkennt; nach Auffassung des Bundesverfassungsgerichts enthalten die Prozessgrundrechte objektive Verfahrensgrundsätze, so dass auch juristische Personen des öffentlichen Rechts sich darauf berufen können; dazu RICHTER/SCHUPPERT 24.

Das verfahrensrechtliche Modell bringt hier eine wesentliche Vereinfachung und eine erhöhte Transparenz. Die hoheitlich handelnde Gemeinde kann eine Verletzung allgemeiner rechtsstaatlicher Verfahrensgrundsätze geltend machen[63]. Voraussetzung ist, dass ihr im streitigen Sachbereich ein Entscheidungsspielraum zusteht. Die Gemeinde beruft sich dabei unmittelbar auf das vorgebrachte Verfassungsrecht. Der Nachweis einer materiellen Autonomieverletzung ist nicht nötig[64]. Die Rechtsprechung hat ein Rechtsschutzbedürfnis der Gemeinde bereits bejaht in bezug auf den Anspruch auf rechtliches Gehör[65], das Verbot widersprüchlichen Verhaltens[66], die Rechtsverweigerung i.e.S.[67] sowie die Garantie des verfassungsmässigen Richters[68].

Exemplarisch hat das Bundesgericht den Gehörsanspruch in einem Fall bejaht, der ein kantonales Rechtssetzungsverfahren betraf. Trotz Fehlens einer gesetzlichen Regelung und obwohl der fragliche Erlass (Staatsstrassenplan) für den ganzen Kanton geschaffen wurde und sich nicht nur an die beschwerdeführende Gemeinde richtete, wurde der Gemeinde das Aeusserungsrecht zuerkannt, und zwar "wegen ihrer starken Betroffenheit"[69].

3. Andere verfassungsmässige Rechte

Nach der Rechtsprechung des Bundesgerichts kann sich die Gemeinde nicht - im Sinne eines "Angriffsmittels" - auf verfassungsmässige *Individualrechte* berufen[70]. Davon zu unterscheiden ist der Fall, in dem der Kanton der Gemeinde eine Grundrechtsverletzung vorwirft, bspw. der Eigentumsgarantie im Zusammenhang mit der Ablehnung eines Baugesuches. In dieser Situation kann die Gemeinde eine falsche Auslegung des fraglichen Freiheitsrechts geltend machen. Die Gemeinde befindet sich zwar nicht im Geltungsbereich des jeweiligen Freiheitsrechts. Es kommt ihr jedoch als Autonomieträgerin und als Beteiligte im kantonalen Verfahren ein mittelbares Rechtsschutzinteresse zu: Wenn der Kanton eine autonome Entscheidung der Gemeinde aufhebt, muss diese sich zur Wehr setzen können, falls der kantonale Akt[71] seinerseits verfassungswidrig[72] ist. In diesem Sinn kann die Gemeinde auch vorbringen, der Kanton habe den Grundsatz der Gewaltentrennung[73] oder der derogatorischen Kraft des Bundesrechts[74] falsch angewendet.

---

[63] ZBl 1994, 277 E.1 *(Mund)*.

[64] Vgl. PFISTERER, Stellung 334f.

[65] BGE 116 Ia 54 E.2 *(Freiburg)*; 103 Ia 197 *(Moosseedorf)*.

[66] BGE 98 Ia 432f *(Cully)*.

[67] BGE 120 Ia 100 E.2 *(Kanton BS)*.

[68] ZBl 1993, 84 E.2a *(Gemeinde Y.)*; BGE 97 I 639 n.p. E.2a *(Pully)*; 110 Ia 198 *(Zermatt)*.

[69] N.P. BGE vom 13. Juni 1989 i.S. *Altstätten* E.6.

[70] Grundlegend BGE 103 Ia 196f *(Moosseedorf)*. Beschränkt der kantonale Gesetzgeber bspw. Ladenöffnungszeiten, ist nicht die Gemeinde, sondern höchstens ein betroffener Privater legitimiert, eine Verletzung der Handels- und Gewerbefreiheit zu rügen.

[71] Im Beispiel nimmt der Kanton an, dass die Gemeinde die Eigentumsgarantie verletzt habe.

[72] Die Annahme der kantonalen Behörde ist falsch; die Eigentumsgarantie ist nicht verletzt.

[73] BGE 118 Ia 323 E.2a *(Lugano)*.

Bereits heute anerkannt ist die Beschwerdeberechtigung der Gemeinde in bezug auf gewisse *allgemeine Verfassungsprinzipien*. Zu erwähnen sind namentlich das Gebot von Treu und Glauben[75], das Verhältnismässigkeitsprinzip[76], der Grundsatz der Rechtssicherheit[77] oder das Legalitätsprinzip[78].

4. Weitere Konsequenzen

Die Frage der Legitimation des Privaten zur Autonomiebeschwerde stellt sich beim verfahrensrechtlichen Modell nicht. Die Beschwerdebefugnis eines Privaten, der im Zusammenhang mit einer "Gemeindeangelegenheit" staatsrechtliche Beschwerde führt, ist nach den üblichen Grundsätzen zu beurteilen, d.h. es ist zu prüfen, ob ihm im Hinblick auf die konkret vorgebrachte Verfassungsrüge - bspw. Verletzung von Art. 4 BV - die Legitimation zukommt.

Einfacher stellt sich die Situation auch hinsichtlich der Kognition dar. Es kommen die allgemeinen Regeln zum Zug, d.h. der Prüfungsmassstab richtet sich nach dem von der Gemeinde konkret angerufenen Verfassungsrecht. Rügt die Gemeinde bspw. eine Missachtung eines ihr zustehenden Beurteilungsspielraumes, eine fehlerhafte Ermessenskontrolle oder Interessenabwägung oder die Ueberschreitung der Prüfungsbefugnis, hat das Bundesgericht den kantonalen Hoheitsakt grundsätzlich bloss auf Willkür zu prüfen, sofern die Gemeinde nicht ausnahmsweise einen verfassungsrechtlichen Anspruch geltend machen kann.

5. Perspektiven einer Weiterentwicklung

Ueber die blosse Einbettung der Autonomiebeschwerde in ein kohärentes verfassungstheoretisches Modell hinaus lässt sich im Rahmen des verfahrensrechtlichen Ansatzes eine Weiterentwicklung der Praxis im Lichte eines zeitgemässen Verfassungsschutzes öffentlichrechtlicher Korporationen aufzeigen. Im Vordergrund steht die Frage, ob die Gemeinde nur dann Verfassungsbeschwerde führen können soll, wenn sie sich im Autonomiebereich befindet. Angeschnitten ist das Problem der Behördenbeschwerde.

a) Willkürverbot und Rechtsgleichheit

Der Autonomiebereich erscheint nicht als ausreichendes Kriterium, um den Umfang der Legitimation der Gemeinde zur Willkürbeschwerde zu bestimmen[79]. Das Willkürverbot ist ein "elementares Kriterium rechtsstaatlichen Handelns"[80] und bildet "Grund-

---

[75] Soweit es nicht bereits vom Willkürverbot erfasst ist; siehe vorne S. 180.
[76] BGE 112 Ia 70 *(Bever); 102 Ia 71 (Bergün); 96 I 242 (Bachs)*.
[77] BGE 119 Ia 313 *(Zürich)*.
[78] BGE 104 Ia 140 *(Tägerig)*.
[79] Ebenso MATTER 54; PFISTERER, Stellung 335; YVO HANGARTNER, in AJP 1993, 1523.
[80] J.P. MUELLER, Grundrechte 241.

lage des Rechtsstaates"[81]. Es ist bei jeder staatlichen Tätigkeit zu beachten[82]. Dass die Gemeinde sich gegen einen sie treffenden, willkürlichen kantonalen Entscheid nicht zur Wehr setzen können soll, wenn sie nicht - zufällig - über Autonomie verfügt, ist nicht zwingend. Das verfahrensrechtliche Modell, das primär auf das Rechtsschutzinteresse abstellt, lässt eine Willkürbeschwerde der Gemeinde auch ausserhalb ihres Autonomiebereichs grundsätzlich zu[83]. Dies aber nur unter der Voraussetzung einer speziellen Betroffenheit.

Rügt die Gemeinde Willkür bzw. Rechtsungleichheit in der Rechtssetzung, spricht nichts dagegen, ihr den Rechtsschutz - wie beim privaten Beschwerdeführer[84] - unmittelbar aus Art. 4 BV zukommen zu lassen.

b) Verfahrensgarantien

Auch die Gemeinde hat einen Anspruch auf verfassungskonforme Behandlung; dies zumindest als Verfahrensbeteiligte und auch ohne dass sie einen gesetzlichen Anspruch geltend machen kann. Das verfahrensrechtliche Modell erlaubt hier eine wesentliche Vereinfachung und stellt hinsichtlich der Beschwerdebefugnis nicht auf die Autonomie, sondern auf das Rechtsschutzinteresse ab[85]. Das Rechtsschutzinteresse ist ein gängiges Kriterium im öffentlichen Prozessrecht, grenzt den Kreis der Beschwerdeberechtigten sinnvoll ein und erlaubt einzelfallgerechte Lösungen. Kommt hinzu, dass die Frage der Grundrechtsträgerschaft gerade bei den Prozessgrundrechten am wenigsten Probleme bereitet. Das Bundesgericht misst den Verfahrensgarantien von Art. 4 Abs. 1 BV selbständige Bedeutung zu[86]. Auch der Gemeinde als Verfahrensbeteiligte kann ein Rechtsschutzbedürfnis zukommen, das direkt aus dem angerufenen Teilgehalt von Art. 4 Abs. 1 BV abzuleiten ist.

Als hilfreich für die Frage, auf welche Verfahrensgarantien sich die Gemeinde berufen können muss[87], erweist sich die Unterscheidung in Verfassungsgarantien, die allgemeine Bedeutung haben (rechtsstaatliche Funktion), und solche, die spezifisch menschenbezogene Positionen schützen (menschenrechtliche Funktion)[88]. Allgemeine Bedeutung haben insofern bspw. das Rechtsmissbrauchsverbot oder das Verbot des

---

[81] BGE 94 I 521.

[82] BGE 117 Ia 93 E.2b. In der Lehre wird gefordert - allerdings unter dem Titel des Individualrechtsschutzes -, das Willkürverbot als selbständiges Grundrecht anzuerkennen: J.P. MUELLER Grundrechte 245; G. MUELLER, in Kommentar BV, N 15, 58 zu Art. 4; KAELIN, Verfahren 240; DANIEL THUERER, Das Willkürverbot nach Art. 4 BV, in ZSR 1987 II 413ff.

[83] Ebenso die Berufung auf das Rechtsgleichheitsgebot.

[84] Vgl. KAELIN, Verfahren 241f.

[85] So wird in einem n.p. Entscheid ausgeführt: "Ob bei Erlass des kantonalen Strassenplanes der Gemeinde das rechtliche Gehör hätte eingeräumt werden müssen, ist nach ihrer Betroffenheit und ihrem Rechtsschutzinteresse zu entscheiden" (Urteil vom 13. Juni 1989 i.S. *Altstätten* E.6b/bb).

[86] BGE 114 Ia 313; 117 Ia 287 E.b. Die Verletzung von Verfahrensgrundrechten, deren Missachtung eine formelle Rechtsverweigerung darstellt, kann von einem (privaten) Beschwerdeführer trotz fehlender Legitimation in der Sache gerügt werden, BGE 117 Ia 95 E.4a m.w.V.

[87] Zu den heute bereits anerkannten Garantien siehe vorne S. 181f.

[88] Vgl. HANGARTNER, Rechte 119.

überspitzten Formalismus. Neben Art. 4 Abs. 1 BV kommen auch andere eidgenössische oder kantonale Verfassungsnormen in Betracht, die prozessuale Garantien von allgemeiner Tragweite enthalten.

c) Andere verfassungsmässige Rechte

Anders als bei den Verfahrensgarantien ist es umstritten, ob sich die hoheitlich handelnde Gemeinde auf verfassungsmässige Individualrechte berufen kann[89]. Bei der Kategorie der Freiheitsrechte steht der menschenrechtliche Gedanke im Zentrum. Nach hier vertretener Ansicht muss eine Gemeinde auch die Verletzung spezieller verfassungsmässiger Rechte geltend machen können. Die Berechtigung hängt dabei allerdings von ihrer Betroffenheit und ihrem Rechtsschutzinteresse ab. Vorausgesetzt ist, dass sie sich im Geltungsbereich des konkret angerufenen Grundrechts befindet. Allein eine differenzierende, die Besonderheiten der Beschwerdeführerin und des angerufenen Rechts im Einzelfall bewertende Betrachtungsweise führt hier weiter. Dabei muss nicht so weit gegangen werden wie MATTER, der die Beschwerdebefugnis der Gemeinde negativ abgrenzt und im Ergebnis nur dort verneint, wo das kommunale Organ untere Behörde des Kantons ist[90]. In Frage kommen bspw. die Anrufung der Glaubens-, Gewissens- und Kultusfreiheit (Religionsfreiheit) durch eine Kirchgemeinde, des Grundsatzes der konfessionellen Neutralität der Schule durch eine Schulgemeinde oder der Petitionsfreiheit sowie politischer Rechte durch eine politische Gemeinde. Weniger Mühe bereitet die Beschwerdebefugnis in bezug auf "bundesstaatliche" Rechte. Von allgemeiner Tragweite sind die Grundsätze der Gewaltentrennung und der derogatorischen Kraft des Bundesrechts. Sie stellen primär organisationsrechtliche Vorschriften dar, die Praxis behandelt sie aber auch als verfassungsmässige Rechte[91].

Vom Gesagten zu unterscheiden ist eine staatsrechtliche Beschwerde, welche die Gemeinde als private Grundrechtsträgerin, bspw. als Eigentümerin, führt[92].

d) Beurteilung

Festzuhalten ist, dass das verfahrensrechtliche Modell an sich nur die herrschende Praxis zur Gemeindeautonomiebeschwerde theoretisch zu fundieren sucht. Die zuletzt aufgezeigten Perspektiven führen allerdings einen Schritt weiter. Die Verfassungsbeschwerde einer ausserhalb ihres Autonomiebereichs (hoheitlich) handelnden Gemeinde ist eine Behördenbeschwerde[93]. Wieweit eine solche zuzulassen sei, ist letzlich eine Wertungsfrage. Der Umfang des Rechtsschutzes der Gemeinde kann dabei nicht losgelöst vom Rechtsschutz des Privaten betrachtet werden. Trotz der

---

[89] Teilweise befürwortend MATTER 56ff, im Grundsatz ablehnend HANGARTNER, Rechte 120.

[90] MATTER 50ff, insbesondere 55.

[91] Vgl. BGE 118 Ia 309 E.2a; 114 Ia 166; 105 Ia 180; 107 Ia 288; HANGARTNER, Rechte 119f; KAELIN, Verfahren 42.

[92] Z.B. BGE 119 Ia 113 (Baden).

[93] Dazu GYGI, Bundesverwaltungsrechtspflege 163, 167f; RHINOW, Prozessrecht 165f.

Bedenken gegenüber einer zu extensiven Zulassung der Behördenbeschwerde existieren aber Fälle, wie bspw. Rechtsanwendungswillkür einer kantonalen Behörde, in denen auch öffentlichrechtliche Korporationen - sofern ihnen ein hinreichendes Rechtsschutzinteresse zukommt - zur staatsrechtlichen Beschwerde befugt sein müssen.

III. Die Kompetenzbeschwerde der Gemeinde

In Konkretisierung des organisationsrechtlichen Ansatzes[94] lässt sich zumindest theoretisch ein Modell der Autonomiebeschwerde als Rechtsbehelf zur Austragung "zwischenstaatlicher Streitigkeiten" entwerfen. Ausgangspunkt bildet dabei das Verfahren der staatsrechtlichen Klage gemäss Art. 83 OG. Diese Norm unterscheidet zwischen "Kompetenzkonflikten" und "staatsrechtlichen Streitigkeiten". Letztere umfassen zwar alle öffentlichrechtlichen Streitigkeiten[95], allerdings nur zwischen Kantonen, mithin zwischen gleichgeordneten Rechtssubjekten, was bei der Autonomiebeschwerde nicht der Fall ist. Näher liegt der Vergleich mit Kompetenzkonflikten zwischen Kanton und Bund gemäss Art. 83 lit. a OG. Autonomiestreitigkeiten liessen sich gewissermassen als Kompetenzkonflikte niederer Stufe beschreiben. Die Rechtsbeziehungen zwischen Kanton und Bund unterscheiden sich aber wesentlich von jenen zwischen Gemeinden und Kanton[96]. Die Kantone sind umfassend-subsidiär zuständig und nur in einzelnen Fällen der Oberaufsicht des Bundes unterstellt; sie treten im staatsrechtlichen Prozess gegenüber dem Bund in viel stärkerer Stellung auf, als dies die Gemeinden gegenüber dem Kanton tun. Mit einer Kompetenzbeschwerde könnte die Gemeinde eine Verletzung der Zuständigkeit rügen, sei es in der Rechtssetzung oder in der Rechtsanwendung. Dies entspricht im wesentlichen der Rüge der formellen Autonomieverletzung nach bisheriger Rechtsprechung[97]. Die richtige Ausübung einer Kompetenz durch die kantonale Behörde würde vom Bundesgericht nur beschränkt überprüft werden[98].

Die Ausgestaltung der Autonomiebeschwerde als Kompetenzbeschwerde erscheint aufgrund der Entwicklung der bundesgerichtlichen Rechtsprechung in Richtung materieller Ueberprüfung kantonaler Hoheitsakte auf ihre Verfassungsmässigkeit nicht sachgerecht. Sie würde im Vergleich zur heutigen Rechtsprechung den Rechtsschutz der Gemeinde beschränken. Immerhin wirft dieses Modell - im Blick auf Art. 83 und 84 Ziff. 1 lit. a OG - die Frage nach einem separaten Verfahren für Verfassungsbeschwerden von Gemeinden auf[99].

---

[94] Siehe vorne S. 25ff.
[95] HALLER, in Kommentar BV, Art. 113, N 28.
[96] Vgl. BGE 91 I 409.
[97] Dazu vorne S. 92 und 100.
[98] Vgl. BGE 117 Ia 209 m.w.V.
[99] Siehe vorne S. 29f.

IV. Folgerungen für den Bundesgesetzgeber und das Bundesgericht

Im Ergebnis ist festzuhalten, dass die gesetzliche Grundlage, mithin das Bundesgesetz über die Organisation der Bundesrechtspflege (OG), in bezug auf die Verfassungsbeschwerde der Gemeinde unklar ist. Zwar ist insbesondere die Regelung der Beschwerdebefugnis (Art. 88 OG) grundsätzlich offen gestaltet. Die Schwierigkeiten, auf dem Weg der Auslegung der Bundesverfassung und des OG die Frage der Zulassung der Gemeinde zur Verfassungsgerichtsbarkeit zu beantworten, und die Verschiedenheit der Antworten hängen mit ungeklärten Prämissen zusammen.

Die Rechtsprechung des Bundesgerichts enthält Ansätze zu mehreren Konzeptionen[100]. Eine historische Betrachtung macht sichtbar, dass das Bundesgericht seine Entscheide, mitunter unausgesprochen, auf rechtstheoretische[101] und rechtspolitische[102] Ueberlegungen stützt, ohne jedoch eine einheitliche Linie gefunden zu haben. Zwar darf eine verfassungstheoretische Grundlegung nicht Selbstzweck sein, und dem Bundesgericht ist zuzugestehen, dass seine Aufgabe vorab in der Entscheidung konkreter Einzelfälle liegt. Hinzu kommt aber auch der Auftrag, das Recht fortzubilden[103]. Die mangelnde Kohärenz im Bereich der dogmatischen Prämissen ist nicht bloss ein verfassungstheoretisches Problem, sondern wirkt sich unmittelbar auf praktische Fragen, wie bspw. die Beschwerdebefugnis, aus. Dem Bundesgericht ist immerhin zugute zu halten, dass seine z.T. uneinheitliche Praxis letztlich Folge fehlender Klarheit im positiven Recht ist. Insofern erscheint es angezeigt, das konzeptionelle Defizit primär auf dem Weg der Gesetzgebung abzubauen. Angesprochen ist damit der Bundesgesetzgeber[104]. Trotzdem ist das Bundesgericht nicht von der Aufgabe entbunden, eine einheitliche und widerspruchsfreie Rechtsprechung im Bereich der Verfassungsbeschwerden öffentlichrechtlicher juristischer Personen zu entwickeln. Dies ist aufgrund der Offenheit von Art. 88 OG auch möglich. Eine theoretische Fundierung würde die Rechtssicherheit sowie die Transparenz und die Nachvollziehbarkeit der Rechtsprechung erhöhen. Damit würde auch ein Massstab für die Lösung von Einzelfragen geschaffen. Inwiefern nun verfassungstheoretische Grundideen aus der ersten Hälfte des 20. Jahrhunderts[105] - die im positiven Recht gar keine Stütze finden - dem heutigen Verständnis der Verfassungsgerichtsbarkeit und dem Gedanken des Rechtsschutzinter-

---

[100] Siehe vorne S. 16ff, 170ff.

[101] Z.B. die Idee der staatsrechtlichen Beschwerde als Abwehrmittel des Individuums gegen den Staat.

[102] Z.B. das vorrechtliche Bild der freien Gemeinde.

[103] Auf den sich das Bundesgericht bspw. im Zusammenhang mit der anfangs 1995 diskutierten Erhöhung der Zahl der Richter auch selbst beruft, vgl. NZZ Nr. 25 vom 31. Januar 1995. Vgl. auch Bericht des Schweizerischen Bundesgerichts über seine Amtstätigkeit im Jahre 1994 vom 22. Februar 1995, S. 4.

[104] Z.Z. beschäftigt sich eine Expertenkommission mit der Revision des OG, vgl. SJZ 1993, 295; NZZ Nr. 146 vom 27. Juni 1995, Nr. 183 vom 10. August 1995.

[105] Siehe vorne S. 15.

esses öffentlichrechtlicher Korporationen noch entsprechen, bedarf eingehender Diskussion. Vorgegeben ist das Ziel: die Entwicklung zeitgemässer Grundlagen für den verfassungsgerichtlichen Schutz öffentlichrechtlicher Korporationen. Die Grundfrage, der sich Bundesgesetzgeber und Bundesgericht stellen müssen, lautet: Um was geht es bei der Autonomiebeschwerde der Gemeinde? Welche Funktion der Verfassungsgerichtsbarkeit[106] wird dadurch wahrgenommen?

Die bundesgerichtliche Argumentation, wonach die staatsrechtliche Beschwerde (nur) den Bürger gegen Uebergriffe der staatlichen Gewalt schützt und hoheitlich handelnden öffentlichrechtlichen Korporationen deshalb grundsätzlich keine Beschwerdebefugnis zuerkennt, erscheint undifferenziert. Sie ist nachvollziehbar, soweit es um Freiheitsrechte geht; in bezug auf Verfahrens-Grundrechte ist sie unzutreffend.

---

[106] Vgl. RHINOW, Prozessrecht, N 83; KAELIN, Verfassungsgerichtsbarkeit 24ff, 185.

ZEHNTES KAPITEL : MODELLVORSCHLAG

Im folgenden soll aufgezeigt werden, dass der verfahrensrechtliche Ansatz der Problemlage hinsichtlich der Gemeindeautonomiebeschwerde in der heutigen Zeit am besten gerecht zu werden vermag.

1. Ausschlaggebend für die Bevorzugung des verfahrensrechtlichen Modells gegenüber dem grundrechtlichen Entwurf sind vor allem zwei Gründe:

a) Die Ablehnung des grundrechtlichen Ansatzes[107] ist vorerst ein definitorisches Problem. Nach hier vertretener Ansicht ist Wesensmerkmal eines Grundrechts, dass es unmittelbar auf den Menschen bezogen ist[108]. Die Umschreibung als "grundrechtsähnlich"[109] verhilft nicht weiter und lässt sich strenggenommen nur als Scheitern des Versuchs, die Gemeindeautonomie als Grundrecht aufzufassen, verstehen. Auch eine Konstruktion von Grundrechten der einzelnen Bürger, die gewissermassen in der Gemeindeautonomie gebündelt werden, geht fehl, wie das Beispiel einer Grossstadtgemeinde augenfällig zeigt[110]. Zwar wäre eine Ausdehnung des personalen Grundrechts-Begriffs auf weitere Sachverhalte nicht von vornherein ausgeschlossen. Die Frage ist aber, ob es eine grundrechtliche Ausgestaltung der Gemeindeautonomie überhaupt braucht. Dies erschiene nur dann nötig, wenn der Gemeinde ein staatsunabhängiger oder zumindest staatsdistanzierter Freiraum zuerkannt werden müsste und die Autonomie als Stabilisierung oder sogar Konstituierung einer derartigen Freiheit in Erscheinung treten würde[111]. Ein solcher grundrechtsgeschützter Freiraum öffentlichrechtlicher juristischer Personen ist nur in besonderen Konstellationen erforderlich: bei einer Kirchgemeinde in bezug auf die Religionsfreiheit[112], bei einer Universität in bezug auf die Wissenschaftsfreiheit[113] oder bei Radio und Fernsehen hinsichtlich der Meinungsäusserungsfreiheit[114]. Bei der politischen Gemeinde greift diese Betrachtungsweise nicht bzw. nicht mehr. Die Gemeinde ist auch im Bereich ihrer Autonomie in den Staat ein-

---

[107] Siehe vorne S. 16ff und 173ff.

[108] Vgl. J.P. MUELLER, in Kommentar BV, Einleitung zu den Grundrechten, N 1.

[109] Siehe vorne S. 16.

[110] Das Bild der kompakten Landgemeinde mit starker Interessenkongruenz ist nicht (mehr) signifikant. Zwar weist die Schweiz einen hohen Prozentsatz an (bevölkerungsmässig) kleinen Gemeinden auf, aber fast die Hälfte der Bevölkerung lebt in etwa 100 Gemeinden, die je mehr als 10'000 Einwohner zählen; vgl. JEAN MEYLAN, Die Schweizer Gemeinden, Lausanne 1987, 16f.

[111] Vgl. BETHGE 280.

[112] Vgl. PETER KARLEN, Das Grundrecht der Religionsfreiheit in der Schweiz, Zürich 1988, 264f.

[113] HANGARTNER, Rechte 124.

[114] Vgl. MARTIN DUMMERMUTH, Die Programmaufsicht bei Radio und Fernsehen in der Schweiz, Basel 1992, 45.

gegliedert. Damit fehlt es buchstäblich an "Raum" für eine grundrechtliche Auseinandersetzung. Selbst wenn die Gemeindeautonomie als Grundrecht verstanden wird, ist immer noch offen, welcher Grundrechtsanspruch eigentlich geschützt werden soll. Die Bezugnahme auf eine "Gemeindefreiheit"[115] macht nur Sinn, wenn diese Freiheit normativ fassbar ist; dies ist aber nicht der Fall. Der Umstand, dass eine über hundertjährige Rechtsprechung bislang nicht einmal Kernbereiche der Gemeindeautonomie zu umschreiben vermochte, zeigt eindrücklich die Problematik des grundrechtlichen Ansatzes auf. Schon gar nicht kann hinsichtlich des Handlungsspielraums der Gemeinde von einer "Natur der Sache"[116] die Rede sein. Im Unterschied zur grundrechtsgestalteten Menschenwürde trägt die Gemeindeautonomie ihren Zweck nicht in sich selbst[117]. Das Verhältnis von Kanton zu Gemeinden ist allein eine Frage des positiven Rechts. Dieses ist allerdings ein Ergebnis geschichtlicher Entwicklung. Der Begriff "Gemeindefreiheit" fusst, etwas vereinfacht gesagt, auf einem "germanistischen" Verständnis von einer seit alters her existierenden, freien Gemeinde. Demgegenüber steht gewissermassen eine "romanistische" Auffassung, welche die Gemeinde als dezentrale Verwaltungseinheit des Kantons versteht[118].

b) Die prozessuale Vorschrift des Art. 88 OG erklärt ausdrücklich auch "Korporationen" zur Einlegung der staatsrechtlichen Beschwerde berechtigt[119]. Bereits der Wortlaut dieser Vorschrift legt es nahe, dass auch Gemeinden Verfassungsbeschwerde erheben können. Dass der Gesetzgeber davon abgesehen hat, Gemeinden ausdrücklich die Befugnis zu verleihen, staatsrechtliche Beschwerde wegen Verletzung ihrer Autonomie zu führen, zeigt gerade, dass er nicht von einem Ausnahmetatbestand ausgegangen ist[120]. Entsprechend dieser Ausgangslage im positiven Recht ist das Phänomen der Autonomiebeschwerde der Gemeinde somit in erster Linie ein formelles Problem[121]. Der Gemeinde als Korporation steht der Weg zum Verfassungsrichter offen; sie kommt grundsätzlich als Trägerin von verfassungsmässigen Rechten in Betracht, da

---

[115] BGE 118 Ia 222 *(Gemeinde X.)*.

[116] BGE 119 Ia 115 *(Baden)*.

[117] Vgl. SCHAFFHAUSER, Demokratie 65.

[118] Der germanistische Ansatz wird hier allerdings nur soweit abgelehnt, als es um die Frage geht, ob es die Gemeindeautonomie als *materielles* Recht gibt; im formellen Bereich, mithin bei der Beschwerdebefugnis (Art. 88 OG: Korporation) kommt er zu Recht zum Tragen und entspricht einer historisch verankerten und herrschenden Auffassung von einer föderalistischen Ordnung der Schweiz mit lokalen Gebietskörperschaften. Immerhin hat sich das ursprünglich genossenschaftliche Prinzip, das von der Gesamtheit aller Bürger einer Gemeinde ausging, zu einem Körperschaftsprinzip weiterentwickelt, das die Gemeinde als eigenständiges Rechtssubjekt versteht.

[119] Die Bundesverfassung spricht allerdings in Art. 113 Abs. 1 Ziff. 3 (und Art. 5) nur von "Bürgern" und "Privaten". Die Bezeichnung "Korporation" wird jedoch nicht als Erweiterung des in der Verfassung vorgesehenen Kreises der Beschwerdeberechtigten verstanden; HALLER, in Kommentar BV, Art. 113, N 42.

[120] Umgekehrt würde die bundesgerichtliche Konzeption (vorne S. 11) eine solche Ausnahmevorschrift im OG bzw. in der Verfassung nahe legen. Dies ist z.B. in *Deutschland* der Fall (§ 91 BVerfGG).

[121] Eine materielle Lösung sieht das Bonner Grundgesetz in Art. 19 Abs. 3 vor.

mit der Einräumung der Beschwerdebefugnis zugleich die Frage des materiellen Anspruchs bejaht wurde. Im Einzelfall zu prüfen bleibt, welche Beschwerdegründe sie vorbringen kann. Massgebliches Kriterium im Hinblick auf eine konkrete Rüge ist ein eigenes Rechtsschutzbedürfnis der Gemeinde[122]. Bei der Beantwortung dieser Frage spielen die Ausgestaltung im kantonalen Recht und der kommunale Entscheidungsspielraum durchaus eine Rolle. Gerade die Einräumung von Autonomie kann prozessual zur Beschwerdebefugnis führen. Die Gemeinde hat bspw. ein Interesse, sich gegen die Nichtgenehmigung ihrer Planfestsetzung zu wehren. Da sie als (Orts-)Planungsgeberin konstituiert ist, gilt dieses Interesse als rechtlich geschützt. Damit steht ihr in einem solchen Fall der Weg der Verfassungsbeschwerde offen. Eine besondere Betroffenheit kann freilich auch ausserhalb eines Autonomiebereichs bestehen.

2. Die Aufgabe der Verfassungsgerichtsbarkeit besteht in der Gewährung von Rechtsschutz und in der Wahrung wichtiger Elemente von Rechtsstaat, Demokratie und Bundesstaat[123]. Die Gemeinde, die staatsrechtliche Beschwerde erheben kann, muss sich vor allem auf allgemeine rechtsstaatliche Verfahrensgrundsätze, die das Bundesgericht hauptsächlich aus Art. 4 BV herleitet, berufen können.

Hinzu kommt die Rüge der falschen Anwendung von Verfassungsrecht durch den Kanton, insbesondere die Verkennung der Tragweite eines Grundrechts. Die Verletzung der Gemeindeautonomie als eigenständiger Beschwerdegrund bleibt möglich, wird aber zurückgeführt auf jene kantonalen Verfassungsbestimmungen, welche justiziable Selbständigkeits-Garantien enthalten.

3. Entscheidend bei der Diskussion über die Autonomiebeschwerde der Gemeinde ist, sich über die Prämissen Klarheit zu verschaffen. Auf der einen Seite ist der staatliche "Innen-Raum" nicht a priori der Verfassungsgerichtsbarkeit entzogen. Auf der anderen Seite bedeutet die Offenhaltung derselben zugunsten juristischer Personen des öffentlichen Rechts nicht zwingend, dass deren Selbständigkeit grundrechtlich konstituiert sein muss. Das Rechtsschutzbedürfnis einer Gemeinde ist nicht mit dem viel weiter gehenden Schutz der Würde und Freiheit des einzelnen Menschen als natürliche Person vergleichbar. Dennoch können sowohl der Bürger als Privater, wie auch die Gemeinde als Korporation bei besonderer Betroffenheit den Schutz der Verfassung anrufen.

---

[122] Daran fehlt es grundsätzlich bei nicht als Selbstverwaltungskörperschaften konstituierten Hoheitsträgern, wie bspw. einer Staatsanwaltschaft, einem Gericht oder einer kantonalen Verwaltungsabteilung.
[123] RHINOW, Prozessrecht, N 83ff und 91.

4. Wird die Notwendigkeit einer Klärung der verfassungstheoretischen Grundlagen der Autonomiebeschwerde anerkannt, ist der Entscheid zugunsten des grundrechtlichen oder des verfahrensrechtlichen Modells letztlich ein Werturteil. Immerhin liegt ein zusätzlicher Vorteil des verfahrensrechtlichen Modells darin, dass es der heutigen Realität der Autonomierechtsprechung besser entspricht als der grundrechtliche Entwurf. Wenn auch die Etikettierung der Gemeindeautonomie als Grundrecht scheinbar nahe liegt, beurteilt das Bundesgericht bei staatsrechtlichen Beschwerden von hoheitlich handelnden Gemeinden doch mehrheitlich Beschwerden wegen Verletzung des Willkürverbots und anderer allgemeiner Verfassungsgarantien. Würde die Gemeindeautonomie tatsächlich als Grundrechtsbeschwerde gehandhabt werden, wäre der Autonomieschutz spürbar umfassender, und zwar zu Lasten der Autonomie der Kantone (vermehrt freie Prüfung von kantonalem Gesetzesrecht) und zu Lasten des Rechtsschutzes Privater.